Betriebsrat ÖSWAG
(Hrsg.)

Die Arbeiter
an der Donau

D1665305

Studien zur Geschichte und Politik
in Oberösterreich, Band 6
Linz 1990

Studien zur Geschichte und Politik
in Oberösterreich, Band 6

Herausgegeben vom
Betriebsrat der Österreichischen Schiffswerften AG Linz-Korneuburg
in Zusammenarbeit mit dem
Institut für Wissenschaft und Kunst für Oberösterreich, Linz

Gefördert von:
Kammer für Arbeiter und Angestellte für OÖ und NÖ
Landesregierung OÖ und NÖ
Stadt Linz
Stadt Korneuburg
den Gewerkschaften MBE, HTV, GPA

Medieninhaber:
Institut für Wissenschaft und Kunst OÖ, Weissenwolffstraße 5, 4020 Linz
Copyright 1990 bei den Autoren
Fotosatz & Repros: Cicero, Haidfeldstraße 1, 4060 Linz-Leonding
Druck: Trauner-Druck, Köglstraße 14, 4021 Linz

ISBN: 3-900840-05-9
Printed in Austria

Inhalt

Zum Geleit

Lange Zeit galt die Geschichte der Arbeiter und der Arbeitswelt als unbekanntes Gebiet. Im letzten Jahrzehnt ist es gelungen, viele Forschungslücken zu schließen, was viel zu einer neuen, demokratischeren Sichtweise der jüngsten Vergangenheit beigetragen hat. Obwohl es noch weiße Flecken auf der Landkarte der Geschichte der Arbeiter und der Arbeiterbewegung gibt, sind die großen Entwicklungslinien und die zentralen Themen zunächst einmal als einigermaßen befriedigend aufbereitet anzusehen. Im bescheidenen Rahmen hat auch die Reihe „Studien zur Geschichte und Politik in Oberösterreich" des Instituts für Wissenschaft und Kunst - Oberösterreich dazu beigetragen.

Bei genauerer Betrachtung finde ich zwei Aspekte eindeutig zuwenig beachtet. Einmal fehlen immer noch Darstellungen der Arbeitswelt in den Betrieben. Zu sehr orientiert sich die Geschichtsschreibung der Arbeiterbewegung an der Organisationsgeschichte oder regionalen Zusammenhängen, die wohl für die Menschen zweitrangige Bedeutung hatten.

Das hängt sicherlich mit einem zweiten Manko zusammen. In der Zunft der Arbeiterhistoriker überwiegen jene, deren Wissen über die Arbeitswelt nicht aus direkter Erfahrung und Kenntnis der Probleme stammt.

Versuche der „Grabe wo Du stehst"- bzw. „Geschichte von unten"-Bewegung dieses Defizit auszugleichen, brachten nicht den gewünschten literarischen Niederschlag, sodaß die Malaise nach wie vor existiert.

Die vorliegende Publikation stellt einen Versuch dar, in bislang von der Geschichtsforschung zu wenig beleuchtetes Terrain vorzustoßen. Das Anliegen der Autoren ist ein sehr schwieriges. Aus den unterschiedlichsten Perspektiven, persönlicher Lebensgeschichte ebenso, wie der Firmengeschichte und ihrer Verquickung mit den großen Ereignissen der Zeitgeschichte, entstand ein interessantes Bild der Entwicklung im österreichischen Schiffbau. Es ist zu hoffen, daß die vorliegende Schrift Anstoß gibt zu weiteren einschlägigen Darstellungen unmittelbar selbst erlebter Geschichte.

Josef Weidenholzer

Vorwort

Im Schatten der Diskussion, ob die ÖSWAG in der Verstaatlichten Industrie verbleibt oder verkauft wird, feiert die Werft Linz in unserem Unternehmen das 150jährige Bestandsjubiläum.

Aus diesem Grunde haben wir uns entschlossen, dieses Buch, das die Geschichte der arbeitenden Menschen in diesem Unternehmen widerspiegeln soll, herauszugeben.

Die 150jährige Geschichte unserer Werft hat gezeigt, daß jede Zeitepoche nicht frei von politischen und wirtschaftlichen Einflüssen war und die Firma durch Höhen und Tiefen führte. Mit diesem Buch hält der Leser ein Stück Geschichte in den Händen, ein nicht unwesentliches Stück Zeitgeschichte sowie der Geschichte der Arbeitnehmer aus Sicht des ehemaligen Zentralbetriebsrates, Kollegen Absolon und des Kollegen Niederhametner, der 50 Jahre seines Lebens in der Werft verbracht hat.

Dieses Buch reflektiert auch die positive sozialpolitische Entwicklung der Arbeiterklasse, besonders in unserem Unternehmen.

Besonderer Dank gebührt den Arbeiterkammern für Oberösterreich und Niederösterreich, den Gewerkschaften MBE, HTV, GPA, den Ländern Oberösterreich und Niederösterreich und den Städten Linz und Korneuburg für die Mitfinanzierung dieses Buches, weiters Herrn Dr. Florian Kainzner für die wissenschaftliche Bearbeitung, sowie Herrn Prof. Josef Weidenholzer und Frau Johanna Klammer für Herausgabe und Betreuung.

Der Zentralbetriebsrat hofft, daß sich der positive Grundgedanke aus diesem Buch, trotz immer wieder auftretender Schwierigkeiten, in gemeinsamer, kollegialer und solidarischer Zusammenarbeit auch künftig Probleme meistern zu können, fortsetzen wird.

Glück Auf

Günter Kapeller
Zentralbetriebsratsobmann

Oskar Absolon
(1922 — 1988)

Oskar Absolon (2. von links) anläßlich des Werftbesuchs
des sowjetischen Ministerpräsidenten Kossygin

Die Arbeiter an der Donau

Verachte mich nicht, denn ich bin nicht arm,
arm ist nur der, der vieles begehrt.

Korneuburg von der Gründung
bis zum Ersten Weltkrieg

Als die ersten Dampfmaschinen im 18. Jahrhundert zu arbeiten begannen, konnte die Donauschiffahrt bereits auf eine jahrtausendlange Entwicklung, ähnlich der Seeschiffahrt, zurückblicken.

In Österreich gab es zu Beginn der Dampfschiffahrt die Ära Franz I. Die in der Monarchie begründeten Schwierigkeiten waren für Kaiser Franz kein Problem; sie wurden einfach nicht zur Kenntnis genommen, ebensowenig wie die Bedürfnisse der Einwohner oder von der Zeit aufgeworfene Fragen. Regieren hieß für ihn weder voraussehen noch einsehen. Die Räder drehten sich gleichsam in der Luft, ohne den Boden zu berühren. Es wurde außerordentlich viel und unnütz „verwaltet" aber nichts getan. Österreich stand im wesentlichen still und Stillstand war Versumpfung, wie Rückschritt und Verfall verschwistert sind. Franz I. wünschte keine Gelehrten, keine Ingenieure, er wollte brave Untertanen um sich haben. Dem aufgeklärten Absolutismus einer Maria Theresia und eines Joseph II. war ein stumpfsinniger oder inaktiver Absolutismus gefolgt, sehr zum Schaden des Reiches. Daher nicht nur das Raunzen, sondern das Stöhnen der Klar- und Weitblickenden, daher der nie ersterbende Ruf nach neuen Methoden und Techniken.

Es gehörte viel Energie und Tatkraft dazu, in dieser Zeit — 1823 —, die „Allererste Donaudampfschiffahrtsgesellschaft" zu gründen, die später zerfiel. Ihr erstes Dampfschiff „Franz I." wurde bei einer „Werft" bei Fischamend erbaut und fuhr am 10. Oktober 1823 stromaufwärts bis in die Nähe des Praterlusthauses und wurde am 12. Oktober 1823 am Ufer des Hauptstromes dem Publikum zur Schau gestellt. Die Fahrt nach Pest begann am 13. Oktober und die Rückkehr war am 20. Oktober, Eintreffen in Wien am 29. Oktober 1823. Später, 1824, wurde das Paketdampfboot „Erzherzog Anton" noch gebaut. Aber über all der Euphorie des geglückten Anfangs war doch die damalige öffentliche Meinung im allgemeinen gegen die Dampfschiffahrt. Im Sommer 1826 kam das Ende dieser Aktiengesellschaft. Aber immerhin, von der Technik und Nautik her hatte man wertvolle Erfahrungen gewonnen, daß die Donau mit Dampfschiffen tatsächlich befahrbar schien.

So kam die Sternstunde für 2 Engländer, John Andrews und Joseph Pritchard, so kam das Gründungsjahr der heutigen DDSG. Die beiden Engländer wußten, daß finanzielle Hilfsmittel der 1823-Gesellschaft gefehlt haben und suchten eine entsprechende Vertrauensbasis innerhalb der österreichischen Finanzwelt zu schaffen. Die konstituierende Generalversammlung fand am 13. März 1829 statt. Am 4. September 1830 fuhr das erste Schiff „Franz I." (nicht identisch mit dem Schiff der vorigen Gesellschaft) zur Probefahrt nach Pest aus und der langsame, aber stetige Aufstieg der DDSG begann.

Ein glücklicher Zufall hat es ergeben, daß die Erfindung der Schiffsschraube zur richtigen Zeit gemacht wurde. Am 1. Juni 1829 machte die „Civetta" mit 40 Passagieren im Hafen von Triest ihre erste Fahrt. Bei Ressels „Civetta" wurde der Propeller, wie seither bei allen modernen Dampfern, in einem besonderen Raum zwischen Hintersteven und Steuerruder gelagert. Er hat das Bronce-standbild von Fernkorn vor der Wiener Technischen Hochschule vollauf verdient.

1835 gab es einen Thronwechsel in Österreich. Am 2. März starb Kaiser Franz, der sich längst überlebt hatte. Ehe er die Augen schloß, brachte er Verhaltungsregeln für seinen Sohn Ferdinand zu Papier. „Verrücke nichts", hieß es in dem väterlichen Ratschlag, „schenke meinem Bruder, dem Erzherzog Ludwig volles Vertrauen, übertrage auf den Fürsten Metternich, meinem treuesten Diener und Freund, das Vertrauen, das ich ihm gewidmet habe." Das geheiligte Legitimitätsprinzip bewirkte, daß an die Spitze des weitläufigen Reiches ein Herrscher trat, der für dieses Amt gar keine Eignung besaß, 42jährig, doch mit den Geschäften völlig unvertraut, gutmütig, von Wohlwollen beseelt, wurde er durch seine bescheidenen Verstandeskräfte zur Puppe in den Händen jener, die ihm nahestanden und ihn beeinflußten. Historisch begann der Vormärz mit diesem Monarchen und endete mit der Revolution 1848.

Die Revolution von 1848 hatte dem Liberalismus in Österreich auf wirtschaftlichen Gebieten zum Durchbruch verholfen. Die innerstaatlichen Zollschranken wurden beseitigt, das Transportwesen ausgebaut. Gerade der Bau von Eisenbahnen, der ja nicht nur den Transport verbilligte und beschleunigte, sondern die gesamte Schwerindustrie ankurbelte, führte Österreich zu einem großen wirtschaftlichen Aufschwung in den frühen fünfziger Jahren des vorigen Jahrhunderts. Der Übergang zur Großindustrie lief an. Die erste Dampfmaschine wurde auf österreichischem Boden 1816 in Brünn aufgestellt. Bis 1830 gab es deren 21, bis 1840 schon 238.

Um diese Zeit waren auf dem wichtigen Wasserweg der Donau 23 Dampfer in Betrieb.

Nach der Niederschlagung der Revolution, in der Ära der Reaktion, einer der dunkelsten Epochen des Habsburgerreiches, gab es auch bemerkenswerte Errungenschaften. Nämlich der Zeitabschnitt der raschen Ausbildung des modernen Verkehrs. Auch das Gründungsjahr der Korneuburger Schiffswerft fällt in diese Zeit. Die, wie vorher erwähnt, im Jahre 1829 gegründete „K. K. priv. Erste Donau-Dampfschiffahrts-Gesellschaft" (1. DDSG) nahm ihren regelmäßigen Dienst von Wien aus in den Jahren 1836—1837 auf. Die dazu benötigten Schiffe wurden auf behelfsmäßig eingerichteten Plätzen in Wien und auf der bereits 1835 in Budapest gegründeten Werft gebaut. Die Schiffskörper waren vorerst aus Holz. Die ersten Antriebsmaschinen wurden aus England bezogen. Schon in den ersten Jahren des Schiffahrtsbetriebes, als die 1. DDSG eine steile Aufwärtsentwicklung durchmachte, erwies es sich als notwendig, am Oberlauf der Donau eine Werft zu errichten. Als der geeignete Ort wurde ein Seitenarm am linken Donauufer bei der Stadt Korneuburg gewählt. Im Jahre 1852 wurde der Name das erste Mal ausdrücklich als Werft erwähnt, nachdem bereits in den Jahren vorher die Schiffe der Gesellschaft den Seitenarm als Winterhafen benützt hatten. Fläche des Werftgeländes ca. 12.000 m², der Arbeiterstand betrug ca. 60 Personen. Generaldirektor der 1. DDSG war damals ein Peter Erichsen und der Vorsitzende des Aufsichtsrates war Johann Freiherr von Sina.

Aber es ist auch interessant zu wissen, wie war die soziale Lage der damaligen Werftarbeiter? Der unaufhaltsame Siegeszug der Maschine war überall mit einer zunehmenden Proletarisierung verknüpft. Die Kluft zwischen jenen, die im Besitz der Produktionsmittel waren, und den vielen, die bloß ihre Arbeitskraft zu Markte trugen, erweiterte sich ständig. Weder der Staat noch die Unternehmer legten in der Frühzeit des Industrialismus soziales Empfinden an den Tag; soziales Pflichtgefühl fehlte vollständig. In Österreich traten die beklagenswerten Auswirkungen dieses Zustandes in erster Linie in Wien hervor und auf dem flachen Land in Niederösterreich, in Böhmen und Mähren, wo sich die Fabriksbetriebe konzentriert hatten. Mehrere Umstände vereinigten sich, um die Notlage der industriellen Arbeiterschaft und mancher Handwerksgehilfen bejammernswert zu gestalten. Infolge des Zuzugs aus bäuerlichen Siedlungen vermehrte sich das Heer der Unselbständigen ständig, und der Lohndruck durch die in den Produktionsprozeß eindringenden weiblichen Arbeitskräfte — sie gaben sich fallweise mit der Hälfte des üblichen Entgeltes und weniger zufrieden — verschlimmerten die Situation bisweilen krisenhaft. Arbeitssparende Erfindungen taten das übrige. Eine von ihnen rief in Böhmen 1844 ernste Zwischenfälle hervor. Das entstehende Industrieproletariat litt unter der vom Staat verschuldeten Unbildung der Massen, denen ein strenges Verbot jeder Verabredung Fesseln anlegte. Die Neigung zum Alkoholismus machte die Lage nicht besser. Da die Tätigkeit in den Fabriken täglich 14 (vierzehn) Stunden und länger dauerte, fielen die Arbeiter einer lähmenden, physischen und geistigen Erschlaffung anheim. Für sie gab es keinerlei gesetzlichen Schutz; sie waren den Brotgebern auf Gnade und Ungnade ausgeliefert.

1839 dachte die niederösterreichische Landesregierung daran, die Kinder bis zum zwölften Lebensjahr von den Fabriken fernzuhalten. Das Militär brauchte einen gesunden Nachwuchs. Daß bereits unter Joseph II. ein schwächlicher Versuch begonnen worden war, wenigstens für die Beschäftigung von Jugendlichen Normen zu setzen, war ganz in Vergessenheit geraten. Es hatte aber auch diesmal bei der Absicht ein Bewenden. Ein würgendes Übel waren der Wohnungsmangel und der Mietenwucher in den Städten. Wien erlebte zwischen 1827 und 1847 eine Bevölkerungsvermehrung um 42 Prozent, der ohnehin knapp gewesene Wohnraum nahm nur um 11 Prozent zu.

Das nützten die Hausherren aus, die Nestroy gerne als Haustyrannen, als Absolutisten in ihrem kleinen Reich bewitzelte. Den Arbeitern war es dabei nicht zum Lachen, denn ihre Entlohnung deckte kaum das nackte Leben. Es hat keinen Sinn, lange Ziffernreihen vorzusetzen, da die Kaufkraft des Geldes im Vormärz und besonders in den Kriegsjahren heftigen Schwankungen unterlag. Nur um eine ungefähre Vorstellung zu vermitteln sei erwähnt, daß in der böhmischen Textilindustrie um 1848 Buntdrucker 40 bis 50 Kreuzer täglich erhielten, Hilfsarbeiter 20 bis 25 Kreuzer verdienten, daß im Kohlenbergbau Hauer 20 bis 40 Kreuzer, in der chemischen Industrie beschäftigte Männer 35, Frauen 15 Kreuzer täglich verdienten. Dazu kam, daß die Lebensmittelpreise öfters enorm anstiegen. In Österreich konnte in dieser Zeit ein miserables Mittagessen für eine Familie nicht unter 30 Kreuzer hergestellt werden. Das alles aber bei einem 12- bis 16stündigen Arbeitstag. Es läßt sich daraus leicht errechnen, daß, um überhaupt das Leben fristen zu können, auch Frauen und Kinder zur Arbeit gezwungen waren. Außerdem kam das ausbeuterische Trucksystem dazu, daß die Lohnempfänger an manchen Orten zwang, statt Geld Waren in Empfang zu nehmen, zu überhöhten Preisen, versteht sich.

Auch die hygienischen Einrichtungen der Arbeitsstätten ließen alles zu wünschen übrig. Der frühindustrielle Unternehmer schaute bloß darauf, seinen Profit zu erhöhen, und er brauchte sich in diesem Drange keine Beschränkungen auferlegen. Ausnahmen kamen so selten vor, wie weiße Raben. Wenn schon die Regierung uninteressiert und untätig war, wenn die Biedermeierstimmung im allgemeinen zum Wegsehen von der Not verleitete, so entzogen sich die gesellschaftlichen Probleme doch nicht völlig der mitdenkenden, mitfühlenden Aufmerksamkeit von aufgeschlossenen Männern und gutherzigen Frauen. Die Literatur, die sich im Westen Europas mit den Mängeln der geltenden Ordnung befaßte, blieb in Österreich nicht unbekannt!
Möring bezeugte dies in seinen „Sibyllinischen Büchern", und andere bestätigten es. Alexander Bach beispielsweise entwarf ein Programm einschneidender sozialer Reform. In die Tiefe der Probleme drang man allerdings nicht vor. Andrian-Werburng, der als Konservativer offenherzig und vorausschauend an

dem Metternichschen Regime Kritik übte — sein 1841 in Hamburg erschienenes Buch „Österreich und dessen Zukunft" erregte Aufsehen —, war sehr besorgt, inmitten einer reichen, einer stets wachsenden Zivilisation Tausende von Menschen einem namenlosen Elend ausgeliefert zu wissen. Mitleidige Menschen bemühten sich, im Kleinen lindernd einzugreifen und einzelne Tränen zu trocknen, einzelne Sorgen zu verscheuchen. Kümmerliche Anfänge einer privaten sozialen Hilfe entstanden.

Es waren Tropfen auf einen glühenden Stein! Aber es kam noch von einer anderen Seite „Hilfe" für das Proletariat. 1848 ist das Erscheinungsjahr des „Kommunistischen Manifestes" von Karl Marx und Friedrich Engels. Damit war eine neue Etappe des Emanzipationskampfes der Arbeiter erreicht. Marx war während der Revolution von 1848 auch in Wien, blieb aber von den Arbeitern damals noch weitgehendst unverstanden. Es wäre überhaupt falsch zu glauben, daß sich die Ideen von Karl Marx und Friedrich Engels sofort nach ihrer Entstehung unter der Arbeiterklasse verbreitet haben. Der Marxismus blieb vielmehr durch Jahrzehnte nur eine von vielen Ideologien, die in heftigstem Wettstreit untereinander um die Vorherrschaft kämpften. Erst gegen Ende des 19. Jahrhunderts gelang es dem Marxismus, die dominierende Theorie zu werden. Dennoch erreichte der Sozialismus mit dem Auftreten von Marx und Engels eine qualitativ neue Stufe. Es gelang, die Phase der „leidenden Klasse" zu beenden und selbstbewußt den Glauben an die historische Mission des Proletariats zu erkennen. Mit Marx und Engels begann die Geschichte des Proletariats als „Klasse für sich", als offensive, selbstbewußte Bewegung. Aber es gab neben dem Marxismus andere Theorien, die von Bedeutung sind, aber davon vielleicht später. Es sind dies der Anarchismus und der Lassalleanismus.

Unter diesen Aspekten — politisch und soziologisch — begann die Geschichte meiner Werft. Die Korneuburger Werft, ursprünglich nur für Reparaturen bestimmt, baute 1864 den ersten Helling mit 3 Stapelflächen aus. In diesem Jahr begann der Neubau der ersten Güterkähne mit Handnietung. Die soziale Lage der Werftarbeiter vor 1864 war aber auch nicht besser als im übrigen Österreich. Als Schreckgespenst verfolgte den Werftarbeiter die Beschäftigungslosigkeit, die häufig auftrat, speziell in den Sommermonaten, da weniger Reparaturarbeiten vorhanden waren. Für den Arbeiter wurde Krankheit gleichfalls zur Katastrophe. Wenn man bedenkt, daß heute die Werft ca. 220.000 m² Fläche besitzt und damals nur 12.000 m², also 18 $\frac{1}{3}$ mal kleiner, so kann man sich vorstellen, daß die Anlagen sehr primitiv gewesen sind. Da viel Holz gebraucht wurde, weil die Güterkähne aus Holz hergestellt wurden, befand sich auf dem Areal der heutigen Arbeiterkolonie ein riesiger Holzplatz. Aus dieser Zeit existiert noch der „Ausstreifplatz", am Eingang des Werfthafens gelegen, welcher dazu diente, von den anlegenden Flößen das Rundholz an Land zu „streifen".

In lohn- und arbeitsrechtlicher Hinsicht gibt es leider keine Unterlagen, aber es war nicht anders, als in der übrigen Monarchie.

Jedoch, wie sah damals unser Donaustrom und die Schiffahrt aus? Im Jahre 1856 wurde die „Donaukommission" eingesetzt. Sie war mit den Regulierungsarbeiten am Strom und mit seiner Befahrung durch Schiffe betraut. Im Jahre 1862 machte wieder einmal eine Überschwemmungskatastrophe die Notwendigkeit einer solchen Regulierung klar. Nach 12jähriger Arbeit konnte 1875 die Donau in ihr künstliches Bett geleitet werden. Dadurch konnte die Donauschiffahrt gefahrloser werden. Obwohl schon vor Jahrhunderten die Donau ein wichtiger Handelsweg gewesen war, war die Regulierung ein Meilenstein für ihre künftige wirtschaftliche Bedeutung.

Die Landstraßen des Mittelalters unterstanden keiner behördlichen Pflege. Ihr Zustand war daher nicht immer so, wie es für den Überlandhandel wünschenswert war. Viele Handelsleute bevorzugten daher zum Austausch ihrer Güter den Wasserweg. Und nicht nur erst im Mittelalter! Soweit Berichte zurückreichen, war die Donau die große Handelsstraße Nordwest — Südost.
Jedoch wie sahen die Schiffe und ihre Fortbewegung in dieser Zeit aus? Die Naufahrt — das ist die Fahrt stromab — war verhältnismäßig leicht. Die Schiffe ließen sich mit der Strömung treiben, eilige Schiffe oder Sonderschiffe wurden zusätzlich durch Ruderer fortbewegt. Lediglich auf die Fahrrinne mußte achtgegeben werden. Schwieriger war der Gegenzug, die Fahrt gegen den Strom. Einzelne Schiffe wurden mit Pferden, gelegentlich mit Ochsen, stromaufwärts gezogen. Meist aber wurden mehrere Schiffe zu einem Schiffszug vereinigt. Die zum Ziehen verwendete Anzahl der Pferde wechselte mit der Belastung. Es gab Schiffszüge mit 40 Pferden! Die Tiere, meist schwere Pinzgauer, hingen an einem dicken, bis zu 700 m langen Seil, dem Faden. Auf dem Treppelweg dicht am Ufer trieben die Begleiter die Pferde mit großem Geschrei an. Ging die Fahrt auf einem Ufer nicht weiter, dann mußte sie auf dem anderen fortgesetzt werden. Auf den Roßplätten wurden erst die Pferde überführt, auf mehreren Watzillen folgte das Zugseil. Nun wurden die Pferde an den Faden gekoppelt und auf diese Weise die Schiffe an das andere Ufer gezogen, wo dann die Fahrt fortgesetzt werden konnte.
In späterer Zeit gab es noch eine andere Möglichkeit, die Schiffe stromauf zu bringen, den Kettenzug. Am Donauboden, längs der Fahrrinne, lag eine lange, starke Eisenkette. Durch ihr Eigengewicht lag sie wie vor Anker, konnte jedoch in kurzen Stücken bewegt werden. Die Schiffe, die an der Kette fuhren, hatten einen senkrechten, gut abgeschatteten Schacht. Durch die vordere Öffnung kam die Kette herauf, lief über ein Kettenrad und ging durch den hinteren Schacht wieder zum Grund. Das durch Menschenkraft betriebene Kettenrad

16

förderte die Kette weiter und zog dadurch das Schiff stromauf. Nach einem Bericht über die alte Donauschiffahrt war die Kette Wien — Ybbs 131 Kilometer lang; eine zweite Kette führte von Linz nach Regensburg. Auf dem Grund des Korneuburger Werftarmes lag bis zum Ersten Weltkrieg solch eine Kette, an der die Schiffe in die Werft hineingezogen wurden.

Nun zu den Schiffen: Von besonderer Bedeutung für den Korneuburger Schiffsverkehr waren die „Trauner". Diese nach dem Herstellungsort, dem Traungau, benannten Boote wurden nach den Klafterlängen benannt: „Zehnertrauner" oder auch kurz „Zehner" genannt, „Zwölfer" usw. Die Länge der Schiffskörper schwankte zwischen 19 und 30 m, der Tiefgang zwischen 75 und 150 cm und die Tragfähigkeit zwischen 30 und 70 Tonnen. Nach dem Entladen wurden die Trauner einzeln oder im Schleppzug mit Pferden stromauf gezogen. Die Korneuburger Fuhrwerksunternehmer Bastl, Hiesinger und Salzmann hatten bis zu 12 Pferde im Stall, durchwegs schwere Pinzgauer, die die Schiffe bis Krems schleppten, wo dann Pferdewechsel war. Nur kräftige, wagemutige und bedürfnislose Burschen konnten der schwierigen Aufgabe des Treidelverkehrs gerecht werden. Acht Monate im Jahr kamen sie nicht vom Strom und ihren Pferden weg. In Sturm und Regen, Kälte und Sonnenhitze verrichteten sie ihre gefahrvolle Arbeit; eine Decke aus Schilfrohr oder ein Pferdekotzen war ihre Liegestatt, der Hafersack ihr Kopfkissen.

Wie andere Berufe schlossen sich die Schiffer zu einer Schiffergilde zusammen. Die Schiffsbesitzer, durch ihre Gilde vertreten, nahmen für sich das Recht in Anspruch, eine bestimmte, ihrer Heimat nahe Strecke der Donau allein zu befahren. Am Ende dieser Teilstrecke begann der Bereich einer anderen Gilde und darum mußte umgeladen werden. Dafür hatten die Schiffergilden die Verpflichtung übernommen, den Treppelweg ihrer Strecke in Ordnung zu halten. Von besonderer Wichtigkeit war der Strom für die Personenbeförderung. Nicht nur Handelsleute und Wandersburschen, Studenten und Vergnügungsreisende, sondern auch geistliche und weltliche Fürsten zogen auf ihren Reisen die bequeme Stromfahrt den schlechten Landstraßen vor. Handwerksburschen und Schiffsleute fuhren umsonst, mußten aber dafür auf dem Schiff Ruderdienste leisten. Am billigsten war die Reise mit dem „Ordinarischiff", das zwischen Ulm, Regensburg, Passau, Linz und Wien bis Preßburg regelmäßig verkehrte. Die Ordinari waren verhältnismäßig kleine Plätten, die etwa 300 Zentner Fracht mitnahmen. In der Schiffsmitte stand eine Holzhütte zum Schutze verderblicher Waren. Diese Hütte diente bei Schlechtwetter den Reisenden als Unterstand. Bei Schönwetter saßen sie draußen auf Kisten und Ballen. Die „Ulmer Schachteln" hatten für die Fahrgäste eigene Kajüten, eine schöne vorne, eine mindere am Bootsende. Die Fahrt dauerte mit diesen Schiffen von

Regensburg bis Wien 50, von Linz bis Wien 15 Stunden. Die Fahrt stromauf dauerte von Wien bis Regensburg 6 Wochen.

Hatte die DDSG im Gründungsjahr der Werft Korneuburg einen Schiffspark von 71 Dampfschiffen und 233 Anhangkähnen, so umfaßte die Flotte 20 Jahre später 200 Dampfer mit 17.801 PS, 655 eiserne und 65 hölzerne Anhangkähne samt zahlreichen Hilfs- und Sonderobjekten, darunter 5 Baggerschiffe. Dadurch wurde in dem Zeitraum von 1864 bis 1890 das Werftgelände von 12.000 m^2 auf 27.000 m^2 vergrößert, neue Werkstätten errichtet, ein hölzerner 18-Tonnen-Uferkran gebaut und Lagerplätze mit Kraneinrichtungen geschaffen. 1894 wurde neben den laufenden Reparaturarbeiten eine Neubauleistung von 4 Güterkähnen mit je 670 Tonnen Tragfähigkeit erreicht. Das Werftgelände hatte schon einen Flächenraum von 28.200 m^2; der hiezu gehörige Winterhafen einen solchen von 25.000 m^2. An Stapelräumen sind zwei von je 56 m Länge und 45 m Breite für sieben bzw. 6 Bettungen vorhanden.
Die Werftbaulichkeiten umfaßten 4 Holzgebäude mit 8 Kanzleien, 1 Wach- und 1 Portierzimmer, 2 Magazine, 1 Zeichensalon und 1 Inspektionszimmer; 4 gemauerte Gebäude und 9 hölzerne Werkstätten; 1 Schutzdach für die Richtplatte, 1 Holzschoppen für Sägespäne, 1 Flammofen, 1 Gießerei, 1 Eisenlagerhütte, 2 Flugdächer für diverse Eisen, 1 Feuerlösch-Requisitenhütte, 2 Retiraden (Toiletten), 2 Stammkräne, 2 Drehkräne, 1 Pechhütte, 4 Brunnen, 1 Holzschuppen für Inventar, 4 Holzschoppen für diverse Schnitthölzer, 1 Holzkohlenhütte und 2 Hütten für feuerfeste Ziegel und Lampen. Eine zweizylindrige horizontale Dampfmaschine von 75 indizierten Pferdekräften lieferte die nötige Betriebskraft für alle maschinellen Einrichtungen auf der Werft.

Die ersten Organisationsformen der österreichischen Arbeiter waren sogenannte Arbeitsbildungsvereine. Eine andere Form des politischen Zusammenschlusses war noch nicht erlaubt. In diesen Vereinen, die am Anfang der sechziger Jahre in Österreich entstanden, wurden die neuen, aus Deutschland kommenden Ideen der „Selbsthilfe" und der „Staatshilfe" diskutiert. Die Ideen der Selbsthilfe sahen vor, die Arbeiter vom selbständigen politischen und gewerkschaftlichen Kampf abzuhalten und sie als Flügel dem liberalen Bürgertum anzugliedern. Man war überzeugt, daß alle sozialen Mißstände auf dem Boden der kapitalistischen Gesellschaftsordnung gelöst werden könnten. Man sah die Gründung von Konsum-, Kredit-, Rohstoff- und Produktivgenossenschaften vor, eifriges Sparen sollte die Arbeiter schließlich zu „Miniaturkapitalisten" machen. Die Staatshilfe baute die Theorie von Ferdinand Lassalle auf. Die Ideen der Staatshilfe blieben schließlich in Österreich dominierend.
Der zentrale Punkt des politischen Kampfes der Arbeiterbildungsvereine war

der Kampf um das Koalitionsrecht. Am 13. Dezember 1869, am Eröffnungstag des Reichsrates, fand auf dem Paradeplatz vor dem Parlament die erste Massendemonstration der österreichischen Arbeiterbewegung statt. 20.000 Wiener Arbeiter entsandten eine zehnköpfige Delegation ins Parlament, und ihre Forderungen nach dem Koalitionsrecht fand unter diesem Massendruck Gehör. Schon am nächsten Tag brachte der Justizminister einen Gesetzesentwurf ein, der im April 1870 die kaiserliche Sanktion erhielt. Es war nunmehr erlaubt, sich wegen gemeinsamer Einstellung der Arbeiter zu verabreden, zur Durchsetzung besserer Arbeitsbedingungen mit Streiks zu drohen und Vereinbarungen zur Unterstützung der Streikenden zu treffen. Diesem ersten Erfolg der österreichischen Arbeiterbewegung folgte aber sogleich ein Tiefschlag. Die gesamte Führung der Bewegung, die 1869 am Eisenacher Kongreß der deutschen Sozialdemokratie teilgenommen hatte, wurde im Sommer 1870 in einem Hochverratsprozeß angeklagt. Die junge Arbeiterbewegung war damit führerlos geworden.

Neben diesen ersten Organisationsversuchen, die als Vorläufer der Sozialdemokratie und der Freien Gewerkschaften zu betrachten sind, entwickelte sich bereits damals auch eine christliche Organisationsform, aus der später die christliche Arbeiterbewegung hervorging. Vor allem in Vereinigungen von Gesellen der kleineren, eher dem Handwerk und Gewerbe als der Industrie zuzuordnenden Betriebe entstanden Vereine, die im Gefolge der Ideen Kolpings diese Traditionslinie begründeten.

Die frühen siebziger Jahre brachten Österreich einen rasanten Wirtschaftsaufschwung, der natürlich das Spekulantentum unerhört förderte. In diesen „Gründungsjahren" entstanden vor allem zahlreiche Bauunternehmen, die nicht immer am Bauwesen, sondern eher an der Grundstücksspekulation interessiert waren. Auf das Fieber der kapitalistischen Gründerjahre folgte die erste wirkliche weltweite Krise des kapitalistischen Wirtschaftssystems. Am 9. Mai 1873, dem sogenannten „Schwarzen Freitag", kam es zur längsterwarteten Katastrophe. Der Börsenkrach löste eine Kettenreaktion aus, die die Wirtschaft der Monarchie und aller anderen europäischen Länder in eine tiefe Krise stürzte. In der Folge jagte ein Krach den anderen. Papiere, die zuvor noch hoch dotierten, waren über Nacht fast wertlos geworden. So waren etwa die mit 100 Gulden eingezahlten Aktien der Industrialbank am 28. Mai nur noch 50 Kreuzer wert.

Die akute Krise dauerte sieben Jahre und ging dann in eine Depression über, die bis in die Mitte der neunziger Jahre anhielt. Die Überwindung der Depression hing in erster Linie von den Maßnahmen des Staates ab. Da die Krise gleichzeitig eine Niederlage des liberalistischen Gedankengutes war, war man nunmehr staatlichen Lenkungsmaßnahmen in der Wirtschaft nicht mehr abgeneigt.

Die bedeutendste Aktion in Österreich war das Gesetz von 1877, das den Staat ermächtigte, private Bahnlinien anzukaufen. Nach 1881 setzte eine planvolle Verstaatlichung des Eisenbahnwesens ein, deren erste Etappe 1893 endete.

Zeiten von Wirtschaftskrisen sind (zumeist in Europa) auch Zeiten von organisatorischen und ideologischen Schwächen der Arbeiterbewegung. Die große Depression ist ein klarer Beweis für die Behauptung. Schon im Manifest der Kommunistischen Partei von 1848 sprach Karl Marx von Wirtschaftskrisen, welche in ihrer periodischen Wiederkehr immer drohender die Existenz der ganzen bürgerlichen Gesellschaft in Frage stellen. Die Arbeiterschaft wurde dadurch für die Ideen des Marxismus empfänglicher.

Als in Deutschland im Jahre 1878 Bismarck mit dem Sozialistengesetz die Sozialdemokratie in die Illegalität zwang, wirkte sich das auf die österreichische Arbeiterbewegung, die sich stark am deutschen Vorbild orientierte, sehr negativ aus. So kam es schließlich zur Spaltung der österreichischen Arbeiterbewegung in eine gemäßigte und eine radikale Fraktion. Die Radikalen waren bereit, auch zu terroristischen Kampfmitteln, wie Verübung von Attentaten, zu greifen. Johann Most hatte ihnen mit seiner „Propaganda der Tat" den Weg gewiesen. Die Gemäßigten hatten eine mechanistische Auffassung, das heißt, sie waren der Ansicht, daß der Kapitalismus erst eine gewisse ökonomische Entwicklung durchlaufen müsse, ehe man den Sozialismus erreichen könne. Sie beschränkten sich gänzlich auf das Problem der Erkämpfung sozialer Reformen und erklärten sich für ein friedliches Vorgehen auf dem Boden und unter Einhaltung der bestehenden Gesetze.

Die Drohung der Radikalen führte zu polizeilicher Verfolgung und zur Verhängung des Ausnahmezustandes über Wien und Umgebung im Jahre 1884. Daß es zu keinem Sozialistengesetz wie in Deutschland kam, verdankte die Bewegung des Einsatzes von Engelbert Pernerstorfer, einem Reichsratsabgeordneten, der der Arbeiterbewegung nahestand. Nach diesem Verbot der Sozialdemokratie kam es 1888/89 zur Vereinigung der österreichischen Sozialdemokratie auf dem Hainfelder Parteitag. Viktor Adler, der aus einer reichen jüdischen Familie stammte, hatte als Armenarzt unter den Laaerberger Ziegelarbeitern das Elend der Arbeiterklasse kennengelernt. Seine Bekanntschaft mit Engels ermöglichte es ihm, die Verhältnisse zu durchschauen und ein klares marxistisches Konzept zur Beseitigung der Mißstände zu entwickeln. Das Programm, das am 31. Dezember 1888 und am 1. Jänner 1889 in Hainfeld beschlossen wurde, entsprach noch weitgehend den marxistischen Grundsätzen. Allerdings war man in der Wahl der Mittel bereits zurückhaltender, die Sozialisten wollten nicht unbedingt revolutionär vorgehen, sondern sich der österreichischen Situation anpassen.

Das Kennzeichen des sogenannten Austromarxismus, der Unterschied zwischen revolutionärer Theorie und gemäßigter Praxis, war bereits hier erkennbar. Das Hainfelder Programm der österreichischen Sozialdemokratie blieb im wesentlichen bis 1926, dem Linzer Parteitag, gültig. Hainfeld war aber auch ein Wendepunkt in der Geschichte der österreichischen Arbeiterbewegung. Die Einigung schuf die Voraussetzung für ein rasches Wachstum der Organisation, die innerhalb weniger Jahre zu einem entscheidenden Kraftzentrum der Monarchie wurde.

Dieses Kapitel über das 19. Jahrhundert wurde geschrieben mit dem Wunsche, daß es das Wissen um die Mühen und Opfer des sozialen und wirtschaftlichen Aufstiegs der Arbeiterschaft vertiefen und verbreitern möge. Es soll ein kleiner Beitrag zum Verstehen der „guten alten Zeit" der Monarchie sein.

Das Alte stürzt, es ändert sich die Zeit,
und neues Leben blüht aus den Ruinen.
(Friedrich Schiller)

Der Erste Weltkrieg und die Folgen

1910 erhielt die DDSG, durch einen mit dem Staat geschlossenen Subventionsvertrag Mittel zum weiteren Ausbau der Werft für serienweise Herstellung von Güterkähnen. In den Jahren 1910—1914 wurde das Werftgelände auf ca. 95.000 m^2 vergrößert und gegen Hochwasser gesichert. Es konnten wieder neue Werkstätten und Verwaltungsgebäude errichtet, ein zweiter Helling mit 3 Stapelflächen und eine eigene Elektrizitätszentrale eingebaut werden. Durch Einführung der Preßluftnietung wurde die Leistung bedeutend erhöht, sodaß im Jahr zwölf Güterkähne gebaut wurden. 1912 wurde auf der Werft das erste Schiff mit eigenem Antrieb erzeugt. Der Arbeiterstand wurde auf 300 Personen aufgestockt.

Am Beginn des 20. Jahrhunderts angelangt, wollen wir noch rückblickend feststellen, daß die Entwicklung der Industrie im 19. Jahrhundert das ganze Dasein der Gesellschaft revolutioniert hatte. Die Voraussetzung dieser Entwicklung war die Maschine. Durch die Maschine wurde die Stellung des Menschen zu seinen Arbeitsmitteln vollkommen verändert. Der Handwerker wendete sein Werkzeug an, die Maschinen aber wendeten den Arbeiter an. Dieser hatte vielfach nur mehr die Rolle eines Kontrollorganes, „eines Beaufsichtigers des in einen Naturprozeß umgewandelten Produktionsprozesses".

Der Arbeiter arbeitete nicht für sich, sondern für den Eigentümer der Arbeitsmittel, der das Arbeitsprodukt auf dem allgemeinen Warenmarkt in Geld umsetzte. Der Arbeiter betrat als Verkäufer nur den Arbeitsmarkt, auf dem er seine Arbeitskraft um einen möglichst günstigen Preis, den Lohn, verkaufte, der aber selten das zum dürftigen Leben notwendige Ausmaß überstieg. Die Differenz von den Produktionskosten auf den Warenpreis blieb dem Eigentümer als Profit und wurde auf verschiedene Schichten, Fabrikanten, Händler, Finanzleute und Grundbesitzer, aufgeteilt.

So sah es zu Beginn des 20. Jahrhunderts aus, aber das „Proletariat" war nicht das gleiche wie zur Zeit des Entstehens der Gewerkschaften. Als im Jahre 1847 ein in London abgehaltener Arbeiterkongreß Karl Marx und Friedrich Engels beauftragte, ein für die Öffentlichkeit bestimmtes Programm auszuarbeiten, das Anfang 1848 als Kommunistisches Manifest erschien, war die Arbeiterklasse verelendet und ausgebeutet und sich kaum ihrer Kraft bewußt. Fünfzig Jahre später erwies sich die pessimistische Prophezeiung des Manifestes: „. . . Der moderne Arbeiter, statt sich mit dem Fortschritt der Industrie zu heben, sinkt immer tiefer unter die Bedingungen seiner eigenen Klasse herab. Der Arbeiter wird zum Pauper und der Pauperismus entwickelt sich noch schneller als Bevölkerung und Reichtum . . ." als unzutreffend.

Als das Kommunistische Manifest erschien, war noch das hervorstehende Charakteristikum des Proletarier seine Degradation, das Sinken seines Lohnes, die Verlängerung seiner Arbeitszeit, sein physisches, oft auch moralisches und intellektuelles Verkommen, kurz sein Elend. Gegen dieses Elend waren die Gewerkschaften und die Arbeiterparteien die Bollwerke des unaufhaltsamen Aufstieges der Arbeiterschaft zu einer besseren Lebenslage, zur Kultur und menschlichen Gesittung, kurz, zu einem menschenwürdigen Dasein.

Die sozialen Probleme der Arbeiter und die Arbeitsmethoden in der Werft Korneuburg waren um die Jahrhundertwende auch nicht besser als im übrigen Österreich-Ungarn. Im Schiffbau, bedingt durch die primitiven Krananlagen, wurden die Eisenplatten zu einem Neubau eines Güterkahnes händisch getragen; 10—20 Mann, je nach Größe des Schiffsbleches, hoben es auf die Schulter und mit „Hauruck" ging's vom staubigen Schiffbauhallenboden zum Stapel, wo es an Ort und Stelle mit Eisendornen fixiert, kurz verschraubt und später genietet wurde. Die „Arbeitskleidung" der Schiffbauer bestand damals aus alten, gebrauchten, geflickten Kleidungsstücken, die Jahre vorher als „Sonntagsanzüge" getragen wurden. Der einzige Schutz gegen das Gewicht der Schiffsbleche, welche die linke oder rechte Schulter dauernd belasteten, waren mit Seegras gefüllte „Polster", die mit Schnüren an den Körper gebunden wurden. Man kann sich heute diese Arbeitsbelastung kaum mehr vorstellen. In anderen „Werkstätten" und Branchen wurde so ähnlich gearbeitet. Das Hauptproblem damals war der Transport der Schiffs- und Maschinenteile von der Werkbank zum Schiff. An Transportmittel gab es den Tafelwagen und die zweirädrige

Karre. Fortbewegt wurden diese „Fahrzeuge" durch Menschenkraft. Die sogenannten Werftstraßen und Wege waren bessere Feldwege.

In dieser „Banamühl" (Gebeinmühle) begann 1905 mein Vater seine Berufs-
laufbahn. Er erlernte den Maschinenschlosserberuf, sein Lehrherr war der
Maschinenoberinspektor Knapp. Durch den Wohnungswechsel seiner Eltern
nach Budapest lernte er ab 1907 in der Obuda-Werft weiter und 1908 nach der
abermaligen Übersiedlung nach Korneuburg beendete er hier seine Lehrzeit.
Bis zu seinem Militärdienst verblieb er dortselbst. Einige seiner Kollegen und
Vorgesetzten stammten beispielsweise aus alteingesessenen Korneuburger
Familien. So unter anderem: Johann Pamer, kaiserlicher Rat, Zentralinspektor
der DDSG und Leiter der Schiffswerft, geb. 24. Dezember 1855, Werfteintritt
im September 1879, gestorben am 3. August 1947 in Salzburg, hat sich vom
einfachen Zimmermannlehrling aus eigener Kraft zum Chef des Betriebes
emporgearbeitet. Die Vergrößerung und Modernisierung der Werft vor dem
Ersten Weltkrieg war sein Verdienst. In seinem späteren Alter hat er die Pläne
zur Herstellung eines Modells des Schiffsaufzuges für das städtische Museum
in Korneuburg entworfen und die Anfertigung mit großer Umsicht geleitet.
Natürlich ist von diesen Werftarbeitern niemand mehr am Leben und nur das
Eintrittsdatum zeugt von ihnen. Nähere Einzelheiten sind durch die Wirren des
Zweiten Weltkrieges verlorengegangen. Die Zeit, in der diese Werftarbeiter
aktiv waren, war weltpolitisch sehr unruhig. Die österreichisch-ungarische
Monarchie schlitterte durch die Schüsse von Sarajewo in den Ersten Weltkrieg.

Im Juni 1914 begab sich Franz Ferdinand, ernste Warnungen unbeachtet las-
send, zu den Manövern nach Bosnien, wo er mit seiner Gattin am 28. Juni 1914
den Schüssen von Sarajewo zum Opfer fiel. Österreich-Ungarn richtete ein be-
fristetes Ultimatum an Serbien. Da die in mehreren Punkten nachgiebige Antwort die österreichische Regierung nicht befriedigte, wurde am 28. Juli 1914
der Krieg erklärt: Das Verhängnis nahm seinen Lauf. In Österreich-Ungarn
dachte man, das Feuer lokalisieren zu können und es bei einer „Züchtigung"
des Verwegenen bewenden zu lassen.
Am 1. August 1914 übermittelte das Deutsche Reich Rußland und am 3. August
Frankreich die Kriegserklärung. Am 4. August folgte der Abbruch der Beziehungen und der Eintritt des Kriegszustandes zwischen Deutschland und
Belgien. Am gleichen Tage erklärte Großbritannien dem Deutschen Reich wegen seines Einmarsches in Belgien den Krieg. Der Kriegsbrand erfaßte ganz
Europa und griff infolge der Kriegserklärung der Türkei an Rumänien auch
auf Kleinasien über. Am 23. Mai 1915 trat Italien auf Seite der Entente-Staaten
in den Krieg ein. Am 6. April 1917 erklärten die Vereinigten Staaten an
Deutschland und am 7. Dezember 1917 an Österreich-Ungarn den Krieg. Auch

China stand ab 14. August 1917 im Kriege mit Österreich-Ungarn und dem Deutschen Reich. Im ganzen wurden 53 Kriegserklärungen erlassen: 12 von den Mittelmächten und 41 von den Entente-Staaten und ihren Verbündeten. In 7 Fällen wurden nur die diplomatischen Beziehungen abgebrochen.

In Österreich war die Stimmung, die am Beginn des Krieges ahnungslose Ausbrüche der Begeisterung gebracht und einen fast allgemeinen Willen zur Verteidigung geoffenbart hatte, allmählich merklich abgeflaut. Ursprünglich wurde ja eine schnelle Abrechnung mit Serbien, ein kurzer Feldzug vorhergesagt; zu Weihnachten 1914 würde alles aus sein, hieß es. Ein Kriegsziel, das etwa der begehrlichen Siegfriedensidee im Deutschen Reich ähnlich gewesen wären, fehlte ganz und gar. Das Hinterland wurde steigend in Mitleidenschaft gezogen und die Ernährung stieß auf wachsende Schwierigkeiten. Lebensmittelkarten, Ersatzstoffe, Schleichhandel vermehrten den Mißmut.

Und nun zum Anteil der DDSG an den Geschehnissen des Ersten Weltkrieges, welcher eigentlich zur Kriegsgeschichte zählt. Der österreichisch-ungarische Generalstab hatte diese Entwicklung spätestens seit der Annexionskrise von 1908 vorausgesehen und soweit als möglich die entsprechenden Vorkehrungen getroffen. So hatte das letzte Subventionsübereinkommen und seine Nebenabreden bereits genau detailliert die Verpflichtung der Gesellschaft im Mobilmachungs- und Kriegsfall festgelegt. Im wesentlichen hatte sie eine namentlich bestimmte, eher kleine Anzahl von Schiffen sofort direkt dem Marinekommando zu übergeben, darüber hinaus aber ihre ganze Flotte zur Verfügung der Militärverwaltung zu halten. Es nimmt nicht Wunder, daß im Rahmen ordnungsgemäßer Generalstabsplanung genaue Berechnungen über Transportkapazitäten angestellt wurden. Alle diese Vorbereitungen wurden im Sommer 1914 Wirklichkeit.

Auch in unserer Werft erfolgte in den Jahren des Ersten Weltkrieges eine weitere bedeutende Ausgestaltung der Werftanlagen: Errichtung eines dritten Hellings mit zwei Stapelflächen und eines Hellingkranes über die ersten beiden Stapel sowie eines weiteren Drehkranes über den dritten Stapel; Vergrößerungen der Elektrizitätszentrale; Herstellung einer Eisenbahn-Gleisverbindung vom Bahnhof Korneuburg zur Werft; Errichtung weiterer Werkstätten und Bau einer Wohnkolonie mit 49 Wohnungen für Arbeiter und Angestellte der Werft. 1916: Neubau der ersten 4 Tankkähne. Die Arbeitsbedingungen in der Werft sind durch die vorher erwähnten Investitionen etwas verbessert worden.

Sämtliche Industriezweige hatten bald infolge der Einberufungen unter Mangel an qualifizierten Facharbeitern zu leiden. Auch viele Werftarbeiter von damals mußten der Mobilisierung Folge leisten. Auch mein Vater kam in das Stockerauer Dragoner-Regiment und erlebte die Kriegsjahre an der galizischen Front und wurde dort zweimal verwundet. Nach dem Kriege trat er in den Schiffsdienst der DDSG ein und begann als Heizer. Über die bestehende äußere Ästhetik dieser Dampfer dürfen die vor allem für das Kessel- und Maschinenpersonal erschreckenden Arbeitsbedingungen nicht vergessen werden. Geheizt wurde mit der Mohačer Staubkohle, welche in angefeuchtetem Zustand in das Feuerloch geschaufelt wurde. Diese Beheizung der Schiffskessel war noch bis zum Beginn des Zweiten Weltkrieges üblich.

Viele Werftarbeiter waren damals schon Mitglieder einer Gewerkschaft. So zum Beispiel die Schiffbauer und Schlosser bei den Metallarbeitern, die Tischler und Zimmerleute bei der Holzarbeitergewerkschaft, sowie andere Berufszweige bei ihren entsprechenden Gewerkschaften. Leider schuf eine kaiserliche Verordnung vom 25. Juli 1914 den Begriff der staatlich geschützten Betriebe. Für die Arbeiter- und Angestelltenschaft dieser Unternehmungen, für öffentliche Beamte, Bedienstete der Eisenbahnen und Schiffahrtsunternehmungen wurde das Koalitionsrecht vollständig aufgehoben.

Lassen wir den Ersten Weltkrieg eine Weile beiseite und befassen wir uns mit den Dampfmaschinenschlossern, welche um diese Zeit in der Werft eintraten und mir in meiner Lehrzeit als Vorbild galten. Sie waren so vertraut mit den Schiffen, daß sie, wenn diese am Horizont in Nußdorf oder Greifenstein auftauchten, an der Farbe des Rauches sofort erkennen konnten, ob die Kohle aus Mohač oder aus dem Ruhrgebiet stammte.

Da war Josef Adamek, geb. 8. November 1884 in Mähren, er lernte von 1899 bis 1902 den Maschinenschlosserberuf in der Brünner Maschinenfabrik, kam 5 Jahre später nach Wien in die Dampfmaschinenfabrik „Schimmelbuchs" im Augarten und begann am 20. Jänner 1912 in der Werft bis zu seiner Pensionierung am 31. Dezember 1955. Als ich in die Werft eintrat, war er schon 52 Jahre alt. Adamek Pepi war die Standesperson, der Partieführer für die Hauptmaschinen der Dampfschiffe im Maschinenbau. Ein Mensch, mit einem Rücken eines Lastträgers, niemals fluchend, höchst selten aufgebracht, mit einer kleinen, typisch böhmischen Stimme, die im Befehl zu einem Donnergebrüll werden konnte, ein Arbeiter, der viel gelesen und erlernt hatte, eine Kapazität auf dem Gebiet der Dampfmaschinentechnik und erweckte auch in mir Interesse für das Gebiet, ein unbeschwerter, äußerst kluger Kopf ohne Bigotterie, aber voll Geschichten, eine herkulische Gestalt, logisch wie eine Wetterfahne und mit dem Willen eines Kolumbus, etwas von einem Stier und etwas von einem Kind, kräftige Backen, ein Mund voll gesunder Zähne, ein wettergebräuntes Gesicht, die logische Folge des jahrzehntelangen Aufenthaltes an der Donau; nun setzt in dieses Antlitz ein Paar gute Augen und ihr habt Josef Adamek. Er war viele Jahre Sub-Kassier der Gewerkschaft in der Werft und damit Vertrauensmann im Maschinenbau. Berühmtheit erlangte er auch durch seine typisch böhmische, verbale Art, wenn es darum ging, seine große

Partie auf ein Schiff zu zwingen um Reparaturarbeiten zu verrichten. Seine Worte waren: „Gemma, olle, olle, Packel, Pfosten, Bam und in Huia dazua, Exzenterstäck messma obi nehma, olle, olle!" Seine Lehrlinge in der Partie behandelte er viel vornehmer, ja sogar zärtlicher, wenn er ausrief: „Buma, Buma suachts a Wagel, loands Strupfen auf und auf gehts, ka Müdigkeit vorteischen!" Das war unser Pepi!

Ein anderer Typ vom damaligen Maschinenbau war Mathias Hofmann, geb. 1894, eingetreten am 11. November 1918 und am 20. August 1938 ausgetreten. Er stammte aus Schwadorf, wo seine Frau eine kleine „Greißlerei" besaß. Seine Spezialität waren die kleinen Hilfs- und Lichtmaschinen und Dampfturbinen sowie die Saugturbinen im Kamin der Dampfmaschine. Zweiundvierzig Jahre war er, als ich als Lehrling meine Berufslaufbahn begann und ihn kennenlernte. Er hatte im Profil etwas von einem antiken Krieger. Wenn er rührig war, glich er einem Daker auf dem Relief der Trajansäule. Man hatte ihm den Beinamen „Motz der Schelm" gegeben. Eine indische Fabel sagt: „Eines Tages fragte Brahma die Kraft: Wer ist stärker als du? Sie gab zur Antwort: Die Geschicklichkeit". Ein chinesisches Sprichwort heißt: Was würde ein Löwe vermögen, wenn er ein Affe wäre? Hofmann war weder Löwe noch Affe, aber alles was er tat, paßte zur Bekräftigung des chinesischen Sprichwortes und der indischen Fabel. Mittelgroß und nicht sonderlich kräftig, war er derart gewandt und erfinderisch, daß er imstande war, Riesenlasten zu heben und Mittel fand, athletische Wunder zu vollbringen. Ein Akrobatentalent war ihm angeboren und er bediente sich mit gleicher Geschicklichkeit der linken wie der rechten Hand. Er war der beste „Bank-Arbeiter" im Maschinenbau, ein Feil-und Tuschierkünstler, dazu noch ein exzellenter Theoretiker.

Das waren die „Dampf-Spezialisten", nun zu den Namen und Typen der Dampfschiffe, die von jenen betreut wurden.
Fahrgast-Dampfschiff mit Schaufelradantrieb: Dem Bau und der Ausstattung ihrer Fahrgastschiffe wandte die DDSG stets besondere Aufmerksamkeit zu. Mitte des vorigen Jahrhunderts wurden die Schiffe länger und breiter und das letzte Schiff aus dieser Zeit war die „Sophie"; im Jahre 1938 erhielt sie den Namen „Melk" und wurde 1955 nach 110jähriger Dienstzeit kassiert. Der Antrieb war eine oszillierende Dampfmaschine. Diese Maschinen haben keine Pleuelstange. Die Kolbenstange ist direkt an der Kurbel befestigt. Der Zylinder schwingt um zwei angegossene hohle Zapfen. Durch einen dieser Zapfen tritt der Dampf in den Schieberkasten, durch den anderen Zapfen tritt der verbrauchte Dampf durch den Kondensator, wo er sich plötzlich in Wasser verwandelt und ein Vakuum schafft, das leistungssteigernd wirkt, aus. Als Vorteil dieser Maschine ist geringes Gewicht und kleiner Raumbedarf anzusehen.

Die kleinen „Lokalschiffe" für den Hafen- und Kurzstreckenverkehr waren Schiffe mit gleichen Vor- und Achterschiffen sowie mit zwei Rudereinrichtungen vorne und achtern, wodurch ein Fahren stromauf und stromab unter gleichen Bedingungen möglich war. Es handelte sich um 6 derartige Lokalboote (I — VI) kleineren Ausmaßes und die größeren Einheiten, „Dürnstein", „Wachau", „Aschach". Aus dem Jahre 1884 stammte der Dampfer „Leda". Letztes mit einer oszillierenden Compound-Maschine betriebenes Raddampfschiff war die „Hebe", die im Jahre 1905 in Budapest in der DDSG-Werft Obuda erbaut wurde. Dieses Schiff leistete im Donaukanal, in der Wachau und auf der Strecke Linz-Passau jahrzehntelang ausgezeichnete Dienste, wobei ihm besonders die Ausstattung mit einem Bugruder zugute kam. Zu erwähnen sind noch die „Postschiffe", welche oft im Winterstand im Korneuburger Werfthafen überholt wurden. Die „Babenberg" und „Habsburg" mit einer Länge von 62,48 m, 7,16 m über Rumpf bzw. 13,90 m über Radkasten breit und bis Hauptdeck 2,74 m hoch. Leistung der oszillierenden Maschine war ca. 600 PS. Nun zu den Fahrgast-Dampfschiffen, deren Antrieb eine schrägliegende Maschine war. Die Zylinder lagen tiefer und die Kurbeln höher. Diese Maschinen verdrängten rasch die oszillierenden, weil sie vorteilhafter arbeiteten und leichter zu übersehen und zu reparieren waren. Es gab davon drei Typen:

a) Einfache Expansionsmaschinen: Im Schiffer-Volksmund „Einspänner", sie hatten eine ruckartige Vorwärtsbewegung und fanden wenig Verwendung.

b) Zweifach-Expansionsmaschinen: Diese Maschinen sind bei der DDSG seit 1865 in Verwendung. Sie hießen auch Verbund-(Compound-)Maschinen. Die Verbundmaschinen haben zwei Zylinder. Der Dampf gelangt vom Kessel in den sogenannten Hochdruckzylinder, expandiert dort teilweise und tritt dann in den größeren Niederdruckzylinder ein, um dort weiter zu expandieren. Damit die Leistung ungefähr gleichmäßig aufgeteilt wird, hat der Niederdruckkolben eine viel größere Fläche als der Hochdruckkolben. Schließlich tritt der Dampf (wie bei den oszillierenden Maschinen) zumeist in einen Kondensator, wo er sich plötzlich in Wasser verwandelt und ein Vakuum entsteht, über die Luftpumpe und Vorwärmer und wieder als Speisewasser im Kessel verwendet wird.

c) Dreifach-Expansionsmaschinen: Versuchsweise ging man bei der DDSG auch zu Dreifach-Expansionsmaschinen (Triplex-Maschinen) über. Das erste mit einer Triplex-Maschine ausgerüstete Schiff war der 1894 erbaute Zugdampfer „Thommen". Die Triplex-Maschine hatte drei Zylinder, und zwar einen Hoch-, Mittel- und Niederdruckzylinder. Die Versuche zeigten eine nicht unbedeutende Kohlenersparnis.

Die Schwesternschiffe „Wien", „Budapest" und „Schönbrunn" aus dem Jahre 1912 erregten dank ihres Aussehens, ihrer Ausstattung und Geschwindigkeit nicht zuletzt auch wegen des geringen Tiefganges berechtigtes Aufsehen. Sie wurden in Budapest gebaut, waren 70 m lang und 8 m über Rumpf bzw. 15,80 m über den Radkasten breit. Die Compound-Maschinen leisteten 710 PS. Die zulässige Passagieranzahl betrug 1.400. Die Schiffe verfügten über 19 Kabinen. Die ursprünglich für Kohlenfeuerung gebauten Kessel wurden nach dem Zweiten Weltkrieg auf Ölfeuerung umgestellt. Die „Wien" kollidierte 1936, allerdings ohne Fahrgäste, mit einem Pfeiler der Wiener Reichsbrücke und sank — der einzige Totalverlust eines DDSG-Fahrgastschiffes durch Havarie im Frieden. Es war die Ruderkette gerissen und es gab auch Tote. Die „Budapest" wurde 1967 aus dem Verkehr gezogen und an einen griechischen Reeder veräußert, dem sie im Hafen von Piräus als schwimmendes Lager und Büro dient. Die „Schönbrunn" ist immer noch im Einsatz, was wohl als bester Beweis der überragenden Qualitätsarbeit der einstigen DDSG-Werft Obuda bezeichnet werden kann, aber auch der Qualitäts-Reparaturen der Werft Korneuburg. Eine weitere neue Type stellten die 1913 in der Werft Linz erbauten Eildampfer „Erzherzog Franz Ferdinand" und „Herzogin von Hohenburg" dar. Sie wurden später in „Johann Strauß" und „Franz Schubert" umbenannt. Diese Schiffe wurden mit 64 m Länge, 7,8 m Breite über Rumpf bzw. 15 m über Radkasten und 2,7 m Hauptdeckhöhe gebaut. Die Leistung betrug 740 PS, die zulässige Fahrgastanzahl ca. 1.000. Während des Ersten Weltkrieges baute die DDSG die beiden Schwesternschiffe „Franz Joseph I." und „Kaiser Wilhelm II.", die dann die Namen „Jupiter" und „Uranus" erhielten. In den Jahren 1920—1922 folgten die Schiffe gleicher Ausführung mit den Namen „Saturnus" und „Helios". Diese Expreßdampfer hatten drei Decks, waren 78 m lang, 9 m über Rumpf bzw. 17,40 m über Radkasten breit und bis Hauptdeck 2,80 m hoch. Die Leistung betrug 1.000 PS in Triplex-Maschinen, die zulässige Fahrgastanzahl war mit etwa 1.400 festgesetzt. Die Schiffe boten lange Zeit ein Höchstmaß an Komfort und repräsentierten gepflegte Gastlichkeit. Sie wurden höchst selten in Korneuburg überholt.

Zugdampfer mit Schaufelradantrieb: Die Zugdampfer dienten, wie schon der Name sagt, zum Ziehen (Remorkieren) von Kähnen. Genau wie bei den Fahrgastschiffen war auch in der Zug-(Remork-)Schiffahrt mehrere Jahrzehnte hindurch der Dampfantrieb tonangebend, und zwar sehr lange Zeit ausschließlich der Antrieb durch Schaufelräder. Die neuere Bauart von Zugschiffen, wie ich sie noch kannte, begann im Jahre 1870. Die sehr beliebten Kleinremorköre waren die „Fischamend", „Altenburg" und die „Almas". Die Kassierung dieser Schiffe erfolgte erst in den Jahren 1937 und 1938. Sie waren während ihres Betriebes fallweise schon mit Baggerrechen anstatt des Ankers ausgerüstet und wurden vornehmlich auf der oberen Donau zum Baggern von Niederwasserstellen eingesetzt. Bei einem Tiefgang von nur etwa 75 cm waren diese Schiffe hervorragend für den Einsatz in seichten Stromstrecken bzw. zu deren Sanierung durch Baggern mit dem eigenen Rechen geeignet. 1871 wurde in Altofen auch das Zugschiff „Bela" erbaut, das bei einer Leistung von ca. 600 PS einen sehr niederen Tiefgang aufwies. Es sei hier festgehalten, daß der Schiffsantrieb durch Schaufelräder die Unterbringung großer Leistungen bei sehr geringem Tiefgang ermöglicht. Einiges Aufsehen erregten im Jahre 1897 die Schwesternschiffe „Europa" und „Millenium" mit der Länge von 62 m, 8,50 m Breite über Rumpf und 2,80 m Seitenhöhe. Die Leistung der Triplex-Maschinen betrug 680 PS. 1897 wurden auch die kombinierten Fahrgastzugdampfer „Mars" und „Venus" in den Dienst gestellt. 1900 kam der Zugdampfer „Pers". Die Leistung der Compound-Maschine betrug 680 PS. Ein Schiff, das sehr lange in Betrieb stand, war der Zugdampfer „Austria". Dieser im Jahre 1901 erbaute Remorkör zeichnete sich durch besonders geringen Tiefgang aus. Er überlebte beide Weltkriege, wurde 1951 noch auf Ölfeuerung umgestellt und erst 1962 kassiert. Einen weiteren Markstein bildeten die Schiffe „Samson" und „Herkules" aus dem Jahre 1910, angetrieben durch Triplex-Maschinen mit 800 PS Leistung. „Samson" wurde erst 1968 kassiert und war einer der letzten Zugdampfer der DDSG. Nach dem sehr starken Dampfer „Atlas" mit 1.200 PS folgten die Schwesterschiffe „Vulkan", „Centaur", „Cyklop" und „Goliath" aus dem Jahre 1914. Diese mit 1.000 PS starken Triplex-Maschinen ausgerüsteten Schiffe wurden erfolgreich speziell auf der mittleren Donau und auch auf der Katarakten-strecke eingesetzt.

Die von der DDSG in Dienst gestellten Dampfschiffe waren stets Vorbilder auf der Donau für alle Schiffahrtsgesellschaften. Die ab 1900 erbauten Dampfer repräsentierten die letzte und gelungenste Entwicklungsphase des Typs des Binnendampfschiffes überhaupt. Sie sind daher ein wesentlicher Bestandteil der Geschichte des Schiffsbaues geworden. Dies bezieht sich sowohl auf die Schiffsform und Ausstattung als auch auf die überwiegend in der eigenen Werft Obuda erzeugten Schiffdampfmaschinen und Kessel. Eine hervorragend gelungene und allseits anerkannte Type stellten die Schwesternschiffe „Suppan", „Vacz", „Persenbeug", „Krems" und „Schonka" dar, die in der Zeit von 1921 bis 1927 in Dienst gestellt wurden. Sie waren 65 m lang, 7,70 m über Rumpf und 15,90 m über Radkasten breit sowie 2,80 m hoch und hatten eine Leistung von 800 PS in Compound-Maschinen. Diese Dampfer waren überwiegend und mit bestem Erfolg auf der oberen Donau zwischen Passau und Gönyu eingesetzt. In dieser Zeit, zwischen 1921 und 1924 entstanden die „Einkaminer" der Fluß-klasse, „Ilz", „Isper", „Ybbs", „Isar" und „Inn". Die Schiffe hatten eine Leistung von 550 PS. Dank ihres geringen Tiefganges waren sie vor allem auf der österreichischen und bayerischen Donau sehr gut verwendbar. In diese Zeit fällt auch der Neubau der „Titan", eine weitere Einheit der schon erwähnten „Cyklop"-Type. 1927 wurde als letztes Dampfschiff der DDSG die für die Katarakten-strecke bestimmte „Österreich" gebaut. Mit 1.800 PS, die auf 2.400 PS forciert werden konnten, war sie auch das stärkste Zugschiff auf der Donau. Ab 1938 hieß das Schiff „Ostmark". Länge 70,20 m, 9 m über Rumpf bzw. 21,50 m über Radkasten breit. Die „Österreich" bestach neben ihrer Leistungsfähigkeit nicht zuletzt auch durch ihre ausgewogene ästhetische Linienführung, die wieder einmal den alten Grundsatz bestätigt, daß ein gutes Schiff auch ein schönes Schiff ist. Mit diesem Höhepunkt war der Neubau von Zugdampfern bei der DDSG abgeschlossen.

Dampfer mit Schraubenantrieb: Schon 1854 hatte die DDSG ein Schiff mit Schraubenantrieb in Betrieb genommen. Es handelt sich um den „Propeller I.", gebaut in der Schiffswerft Obuda und für die Beförderung von Gütern ausgebildet. Noch im Jahre 1854 folgte das Schwesterschiff „Propeller II.". In der Zeit 1856 bis 1859 kamen weiter 18 Dampfschiffe mit Schraubenantrieb zur Ablieferung, alle für den Transport von Gütern bestimmt. Im Jahre 1860 folgte eine Serie von 4 nahezu gleichen Schiffen, und zwar „Braila", „Matschin", „Ismail" und „Tultscha". Die nächsten Schraubenschiffe waren die in England 1870 erbauten, im Jahre 1874 angekauften Dampfer „Futar" und „Verseny", die bereits über zwei Propeller verfügten und später stärkere Maschinen erhielten. Nach einigen Einzelausführungen in der Zeit von 1882 bis 1890 folgten in den Jahren 1894 bis 1896 die Schwesterschiffe „Ressel", „Lom", „Aluta" und „Timok", bei welchen es sich um Zugschiffe mit zwei Schrauben handelte, die von stehenden Verbundmaschinen mit zusammen 350 PS Leistung betrieben wurden. Diese Schiffe bewährten sich ausgezeichnet und wurden öfters in der Werft Korneuburg repariert. Im Jahre 1900 folgten die Nachbauten „Listov" und „Belgrad". Die nächsten Schraubendampfer, die als Zugschiffe Verwendung fanden, wurden 1907 („Sulina") und 1914 („Braila", „Giurgin" und „Turn Severin") in Dienst gestellt. Die letzten Schraubendampfer mit Dampfantrieb waren wiederum Güterschiffe, und zwar die mit einer Leistung von 400 PS in zwei vertikalen Triplexmaschinen. Die Tragfähigkeit betrug 544 Tonnen.

Das waren die Dampfschiffe, aber entgegen ihrer sonst dem technischen Fortschritt gegenüber sehr aufgeschlossenen Haltung zögerte die DDSG, sich des Dieselantriebes zu bedienen, da sie zu dieser Zeit in Ungarn ausgedehnte Kohlenfelder besaß und abbaute und sich daher des aus eigenem Betrieb stammenden Treibstoffes weiter bedienen wollte. Trotzdem unternahm die Gesellschaft bereits 1910 ihren ersten Versuch mit einem Explosionsmotor als Antriebsmaschine, und zwar mit einem Bolinder-Glühkopfmotor, auf dem Güterschiff „Motor I.". Länge 65 m, Breite 9 m, Höhe 2,5 m, Maximalladevermögen 635 Tonnen. 2 Bolinder-Rohölmotoren mit je 160 PS.

Hier soll nun auf die technische Situation der DDSG zu Ende des Ersten Weltkrieges eingegangen werden. In diesem Krieg verlor die DDSG etwa die Hälfte

ihrer Flotte. Die verbliebenen 55 Zugschiffe, 36 Fahrgastschiffe, 422 Güterkähne, 8 Tankkähne und eine Reihe von Hilfsfahrzeugen, wie Pontons und
Schwimmkräne, waren vielfach veraltet und nicht einsatzfähig. Die Auswirkungen des Ersten Weltkrieges konnten lange nicht überwunden werden. Nach
den Anfang der zwanziger Jahre in Dienst gestellten Dampfschiffen war an
Neubauten lange nicht zu denken.

Und nun, „last not least" darf man den Zentralinspektor nicht vergessen, der
jahrzehntelang in der sogenannten Zwischenkriegszeit unsere Werft geleitet
hat. Den dauernd rauchenden „Virginia-Norbert". Er rauchte warm, aber auch
kalt. Die Hauptsache war die 21 cm lange, dünne, um ein Esparto-Halm herum
aus sattbraun „gefeuertem" Virgin formierte Zigarre mit Roggenstrohmund-
stück, die er immer zwischen den Zähnen hielt. Dipl.-Ing. Norbert Weber, geboren am 24. Oktober 1880 in Nussdorf, Realschule Wien I., Reifeprüfung,
Technische Hochschule Wien/Maschinenbau. Nach erster Staatsprüfung ein-
gerückt als Einjährig-Freiwilliger zum Festungsartillerie-Regiment Nr. 4 in
Pola (1. Oktober 1902 bis 1. Oktober 1903), im weiteren Verlauf durch zwei
Waffenübungen zum „Reserveleutnant" befördert. Nach Ablegung der zweiten
Staatsprüfung wurde er am 1. März 1908 in den Verband der k. k. Kriegsmarine aufgenommen und legte dort die „Effektivitätsprüfung aus Schiffbau"
ab. Er versah Dienst bei der Schiffbaudirektion des See-Arsenals in Pola und
im marinetechnischen Komitee bei den Bauleitungen in Triest (San Marco)
und Monfalcone. In den Kriegsjahren 1914 bis Februar 1918 leistete er Dienst
als Werkstättenleiter auf dem Werkstättenschiff „Cyklop" und in den Werkstätten der Bocche. Ab Februar 1918 bis Kriegsende kommandiert bei der Dock-
und Werkstättenleitung im See-Arsenal. Nach dem Zusammenbruch trat Weber
am 1. Dezember 1918 bei der DDSG-Schiffswerft Kroneuburg als „Bauinspek-
tor" ein und war ab Mai 1919 „Werftleiter-Stellvertreter". 1924 Ernennung zum
„Werft-Oberinspektor" und „Werftleiter"; ab 1927 „Zentralinspektor; ab 1922 als
Nebenbeschäftigung Lehrer für Motorkunde und Technologie an der gewerbli-
chen Fortbildungsschule in Korneuburg; ab 1928 Mitglied der Kommission zur
Abhaltung der zweiten Staatsprüfung; 1. April 1939 Versetzung in den Ruhestand; 12. März 1943 Einstellung bei der Direktion der DDSG als „Technisches
Kontrollorgan".

Damals war Weber schon Lehrbeauftragter an der Technischen Hochschule.
Am 31. Mai 1945 scheidet Weber endgültig aus den Diensten der DDSG.
Auszeichnungen: Ritterkreuz I. Klasse des österreichischen Verdienstordens,
Goldenes Verdienstkreuz am Bande der Tapferkeitsmedaille, Militärverdienst-
medaille (Signum laudis). Er verstarb am 9. Juli 1959.

Kehren wir zum Ersten Weltkrieg zurück! In Österreich reizte die Strenge der
Zensur auf, die in Ungarn weniger drückend war, die Weigerung des Regie-

rungschefs, den Reichsrat einzuberufen, obwohl selbst Herrenhausmitglieder das befürworteten. Da fielen im Oktober 1916, von Fritz Adler abgefeuert, Schüsse, die Stürgkh niederstreckten: ein bedauernswertes Opfer seiner staatsmännischen Unfähigkeit.

Einen Monat später schloß Kaiser Franz Joseph, dem, wie er klagte, „nichts erspart geblieben war", im Schloß Schönbrunn seine müde gewordenen Augen. Der nicht ganz dreißigjährige Erzherzog Karl, der im Herbst 1916 Kaiser und König wurde, trat das Erbe in den denkbar schwersten Tagen an. Seine erste Kundgebung enthielt das Versprechen, „die Schrecknisse und Opfer des Krieges in ehester Frist bannen" zu wollen. Wenig vorbereitet, von gutem Willen beseelt, aber fahrig und von ungeeigneten Ratgebern geleitet, ging er ans Werk. Tisza erfreute sich zunächst eines starken Einflusses, und es kam zur übereilten Königskrönung in Ofen. In Österreich konnte das Parlament endlich nach einer unfreiwilligen Pause zusammentreten, ohne sich zu einer dem Ernst der Stunde angemessenen Haltung aufzuschwingen. Mit dem Ministerpräsidenten Seidler — in seinem engen Fach ein geschulter Beamter — erhielt die Wiener Regierung einen überaus schwachen Chef. Durch die Amnestie für den Jungtschechen Kramař und andere kriegsgerichtlich Verurteilte versuchte der Herrscher, die innerpolitische Atmosphäre zu verbessern. Die Lenkung der äußeren Politik fiel dem Grafen Ottokar Czernin zu, der dem Thronfolger Franz Ferdinand nahegestanden war. Die sogenannte Sixtus-Affäre — das durch die Brüder der Kaiserin in Paris übermittelte Anerbieten, um den Friedenswillen die Abtretung von Elsaß-Lothringen an Frankreich zu fördern — kam ihm im Frühjahr 1917 plötzlich in die Quere. Die Intervention war ohne Einverständnis des verantwortlichen Staatsmannes erfolgt, und Czernin forderte den grimmigen französischen Ministerpräsidenten Clemenceau ungeschickt, weil uninformiert, heraus. Als die Angelegenheit bekannt war, gab es in Berlin große Entrüstung. Die Weltsituation verschlechterte sich für die Mittelmächte, da Amerika im April 1917 unverbraucht in den Krieg eintrat. Dagegen schuf die Russische Oktoberrevolution eine momentane Erleichterung, die sich für Österreich-Ungarn auch in dem „Brotfrieden" von Brest-Litowsk mit der Ukraine auswirkte (Februar 1918).

Noch immer war die Aufmerksamkeit der Bevölkerung fieberhaft auf die täglichen Berichte von den militärischen Kampffeldern gerichtet, obwohl die Kriegsmüdigkeit beständig zunahm. Trotzdem schien noch nicht alles verloren. Die im November 1917 am Piave errungenen Erfolge vermochten jedoch die Lage nicht entscheidend zu beeinflussen, und das Versagen der mit hoher Erwartung begleitenden Offensive der deutschen Wehrmacht an der Westfront im März 1918 mußte ernüchtern. Die Nöte wurden durch die nationalen Untergrundbewegungen noch gesteigert. In Böhmen hatten die Emigranten ihre Hände im Spiel; die Polen waren durch das Verhalten der Berliner Regierung erzürnt. Wohl gefiel sich der in Prag gebildete tschechische Nationalausschuß Mitte 1917 noch in Loyalitätskundgebungen. Aber die Stimmung verschlechterte sich, als es den unter dem Einfluß von Masaryk und Beneš stehenden tschechischen Emigranten gelang, gegen die Mittelmächte kämpfende Legionen in Bewegung zu setzen und in Paris und London durchzudringen, wo man früher gezögert hatte, die Donaumonarchie gänzlich fallen zu lassen. Auch die Südslawen waren nicht müßig geblieben, und die Polen stellten gleichfalls bewaffnete Scharen gegen die Zentralmächte auf. Als Präsident Wilson am 8. Jänner 1918 seine 14 Punkte für einen künftigen Frieden verkündete, schöpfte man in Österreich-Ungarn trügerische Hoffnungen.

Das Jahr 1918 bescherte jedoch in seinem Verlauf schmerzliche Erfahrungen. Es half nichts, daß die deutschen und österreichisch-ungarischen Truppen an allen Fronten mehr oder weniger tief im Feindesland standen. Bulgarien und die Türkei mußten im Herbst die Waffen strecken. Alles geriet außer Rand und Band, obgleich es an Kräften des Zusammenhalts nicht völlig mangelte. Auf diese bauend, erließ Kaiser Karl das auf die westliche Reichshälfte beschränkte Manifest vom 16. Oktober 1918, welches viel zu spät und dazu im ungünstigen Moment, den Völkern eine bundesstaatliche Organisation anbot. Es sollte einen zweckdienlichen Umbau des Reiches einleiten, beschleunigte aber dessen Auflösung. Ende Oktober mußte das bereits zerfallene Österreich-Ungarn um einen Sonderfrieden ersuchen, und am 11. November dankte Kaiser Karl ab. Am nächsten Tag wurde in Wien, wo man am längsten zur Stange hielt, die deutsch-österreichische Republik ausgerufen, nachdem schon in den letzten Stunden des Oktobers eine selbständige deutsch-österreichische Regierung unter dem Vorsitz Karl Renners die Geschäfte übernommen hatte.

Wie entwickelten sich nun die Arbeiterparteien in dieser geschichtlichen Ära, im besonderen die Sozialdemokratie und der Kommunismus? Bedingt durch das Einfließen nationalen Gedankengutes in der Arbeiterbewegung waren die sozialdemokratischen Parteien nicht in der Lage, den Ausbruch des Ersten Weltkrieges zu verhindern oder ihm auch nur entscheidend entgegenzutreten. Die Massen in allen europäischen Ländern waren von einer Kriegsstimmung erfaßt, der die Partei nichts entgegenzusetzen hatte. Begeistert zog auch die Arbeiterschaft Österreichs mit in diesen Krieg.
Die Sozialdemokratische Partei befand sich in einer schwierigen Situation. Blieb sie ihrem Internationalismus treu, war nicht nur die legale organisatorische Existenz der Partei gefährdet, sondern ein solcher Schritt hätte auch zur Isolation von den Massen geführt. So wurde schließlich Victor Adlers Ausspruch „Lieber mit den Massen irren als gegen sie Recht behalten" zum Leitsatz der Politik, obwohl ein Teil des Parteivorstandes dieser Entwicklung mit großer Sorge begegnete. Nach außen hin gab man sich aber einig und begrüßte

den Krieg als Verteidigungskampf gegen den Zarismus. Man hatte also mit der herrschenden Klasse für die Zeit des Krieges eine Art „Burgfrieden" geschlossen, der darauf abzielte, in einer Zeit der Bedrohung von außen die inneren Zwistigkeiten zu vermeiden, da man, wie ebenfalls Victor Adler erklärte, nur etwas noch mehr als den Krieg fürchtete, nämlich die Niederlage.

Die Sozialdemokratie in Deutschland hatte im Parlament die Kriegskredite mitbewilligt. Der österreichischen Sozialdemokratie blieb eine ähnliche Entscheidung erspart, da das Parlament ausgeschaltet war. Dennoch begrüßte Austerlitz, der Chefredakteur der „Arbeiterzeitung", die Entscheidung der deutschen Sozialdemokraten in einem begeisterten Leitartikel mit den Worten: „Der Tag der deutschen Nation". Allerdings hat auch Austerlitz im späteren Verlauf des Krieges eine geänderte Position bezogen.

Wie in allen anderen Ländern kam es auch in Österreich bereits in den ersten Kriegsmonaten zu einer Opposition gegen die Haltung des Parteivorstandes. In Österreich wurde diese politische Richtung am konsequentesten von Friedrich Adler, dem Sohn Victor Adlers, vertreten. Unter seiner Führung sammelte sich die Linke, zu der sich 1915 und 1916 aber bloß 120 Parteimitglieder bekannten. Da die Linke bewußt auf eine revolutionäre Agitation und Propaganda unter den Arbeitermassen verzichtete und auch nicht an eine organisatorische Lösung von der Sozialdemokratie dachte, bildete sich innerhalb der Linken eine Strömung der Linksradikalen heraus, die sich an der Politik Lenins, der damals im Schweizer Exil lebte, orientierte. In ihr ist eine organisatorische Vorstufe der späteren kommunistischen Partei zu erblicken. Da sich Friedrich Adler seiner Isolation von den Massen bewußt war, beschloß er, ein Fanal gegen die Kriegspolitik zu sezten. Wie schon erwähnt erschoß er am 21. Oktober 1916 den Ministerpräsidenten Karl Grafen Stürgkh, um damit die Einberufung des Reichsrates zu erzwingen.

Während etwa in Deutschland die politische Entwicklung sehr bald auch auf eine organisatorische Trennung der beiden Flügel der Partei hinauslief, war in Österreich das Einheitsdenken noch stark genug, um die Bewegung zusammenzuhalten. Zudem fiel bald die extreme Polarisierung weg, da der Parteivorstand im Gegensatz zur deutschen Entwicklung langsam von seiner Position abwich und sich dem Standpunkt der Linken näherte. So gelang es Victor Adler, die Einheit der Partei in diesen Jahren zu bewahren, zumal für den profiliertesten Politiker des linken Flügels, für Otto Bauer, diese Einheit ebenfalls nie in Frage stand.

Auch die österreichische Arbeiterbewegung geriet im letzten Kriegsjahr in große Unruhe. Auslösendes Moment war in erster Linie die schlechte Ernährungslage. Am 13. Jänner 1918 begann in den Daimler-Werken in Wiener Neustadt eine Demonstration gegen die mangelnde Versorgung. Obwohl strengste Pressezensur herrschte, breitete sich der Streik bald über das gesamte

Industriebecken aus. Am 15. Jänner hatte der Streik auch nach Wien übergegriffen. Vom 14. bis 22. Jänner 1918 befand sich fast eine Million Werktätige in Wien, Niederösterreich, Oberösterreich, der Obersteiermark, Krakau, Brünn und Budapest im Ausstand. Es gelang der Sozialdemokratie, sich an die Spitze dieser revolutionären Bewegung zu stellen und sie unter Kontrolle zu bringen. Nach Verhandlungen und einigen Zugeständnissen war die Arbeiterschaft zur Wiederaufnahme der Arbeit bereit. In dieser Streikbewegung wurde ein neues Organisationselement der Arbeiterbewegung geschaffen, der Arbeiterrat, der in den Folgemonaten eine große politische Rolle spielen sollte. Im Gegensatz zu anderen Ländern war jedoch in Österreich die gesamte Rätebewegung stets unter der Kontrolle der sozialdemokratischen Partei. Die Übernahme einer Funktion war sogar an das Abonnieren der Arbeiterzeitung gebunden.

Das für die Arbeiterbewegung im internationalen Maßstab wichtigste Ereignis in diesen Jahren war ohne Zweifel die Oktoberrevolution in Rußland. Obwohl Rußland zu den unterentwickelten Ländern in Europa zählte, hatte sich in einigen wenigen Zentren eine starke Industrie entwickelt. In keinem anderen Land Europas war die Unterdrückung der Arbeiterbewegung ähnlich stark wie im zaristischen Rußland, aber in keinem anderen Land übte gerade der Marxismus eine so große Anziehung auf die Intellektuellen aus. Bedingt durch die Illegalität, die jede Identifikation mit dem bestehenden Staat ausschloß, gelang es den russischen Marxisten, ihre Partei auf einen streng revolutionären Kurs festzulegen.

Die Parteitage der russischen Sozialdemokratie mußten im Ausland stattfinden. Im Jahre 1903 hatte sich dabei Lenin mit seinem Prinzip der Organisation, das im Gegensatz zu den westeuropäischen Parteien eine Kaderstruktur vorsah, durchgesetzt. Im Jahre 1905, nach der Niederlage Rußlands im russisch-japanischen Krieg, hatte ein Matrosenaufstand auf dem Panzerkreuzer Potemkin bereits eine Revolution ausgelöst. Es gelang dem zaristischen Militär zwar, die Revolution niederzuschlagen, der Zar sah sich jedoch gezwungen, eine Reichsduma, also ein Parlament zu bewilligen.

Wirtschaftlich war das zaristische Rußland dem Ersten Weltkrieg noch weniger gewachsen als Österreich-Ungarn. Der unglückliche Verlauf des Krieges, die ungelöste Verfassungsfrage, die innere Brüchigkeit einer dekadenten Führungsschicht, die durch Parteien und Intrigen gespalten war, trieben Rußland immer mehr einer großen Revolution zu. Im März 1917 brachen Streiks und Unruhen in Petersburg aus. Da die Petersburger Truppen zu den Aufständischen übergingen, war der Kampf in wenigen Tagen entschieden. Der Arbeiterrat (Sowjet) hatte die Macht in Händen, war aber noch nicht in der Lage, die Regierung im gesamten Staat zu übernehmen. Daher kam es vorläufig zur Bildung einer provisorischen Regierung aus einem Duma-Komitee. Zar Nikolaus II. dankte am 15. März ab. Damit war der erste Schritt der Revolution, die bürgerliche Revolution, abgeschlossen. Neben der bürgerlichen Regierung entstanden in allen entscheidenden Zentren nun Sowjets. Als Lenin am 16. April 1917 in Petersburg ankam, wurde ihm ein begeisterter Empfang bereitet. Vor allem seine Forderung nach einer Beendigung des Krieges fand Zustimmung der breiten Masse. Gerade in dieser Frage versagte die bürgerliche Regierung völlig. Trotz der drohenden Niederlage war sie nicht bereit, den Kampf aufzugeben. Am 7. November 1917 fand der zweite allrussische Sowjet-Kongreß in Petersburg statt. In diesem Kongreß hatten die Bolschewisten die Mehrheit gegenüber den Menschewisten und Sozialrevolutionären. Der Kongreß erließ Dekrete über den Frieden, über Grund und Boden und über die Ernährung. Die Forderung für Friede, Brot und Land war das Signal zur Machtübernahme. Ein Rat der Volkskommissare übernahm die Regierungsgewalt. Am 15. November wurde eine Deklaration der Rechte der Völker Rußlands erlassen, die das nationale Selbstbestimmungsrecht im revolutionären Sinne der bolschewistischen Nationalitätspolitik betonte. Bei den Wahlen am 25. November in die konstituierende Nationalversammlung blieben die Bolschewisten deutlich in der Minderheit. So wurde das Parlament bei seinem ersten Zusammentritt am 18. Jänner 1918 durch rote Truppen gesprengt. Sofort nach ihrer Machtübernahme bemühten sich die Bolschewiki um einen Waffenstillstand. Am 15. Dezember kam es schließlich zum Abschluß des Waffenstillstandes zwischen Deutschland und Rußland. Es folgten die Friedensverhandlungen in Brest-Litowsk und nach einigen von Deutschland provozierten Unterbrechungen und kriegerischen Aktionen, die dem jungen bolschewistischen Staat große Gebietsverluste brachten, kam es am 3. März 1918 zum Abschluß des Friedens. Auch nach der Machtübernahme der Bolschewiki in Rußland gab die Konterrevolution die Versuche nicht auf, die Macht wieder zurückzuerobern. Ein jahrelanger Bürgerkrieg zwischen den „Roten" und „Weißen", die große militärische, finanzielle und wirtschaftliche Hilfe aus dem Ausland erhielten, folgte. Der Sieg der Bolschewiki in Rußland hatte die Situation für die gesamte Arbeiterbewegung der Welt entscheidend verändert. Wenn man von der Pariser Kommune absieht, hatte nun der Sozialismus erstmals in seiner Geschichte die Chance, seine Ideen in der Praxis zu verwirklichen. So wurde das Experiment des sozialen Aufbaus in der Sowjetunion von den Arbeiterbewegungen aller Länder mit großer Anteilnahme verfolgt. Der revolutionäre Weg der russischen Arbeiterbewegung war auch Gegenstand politischer und strategischer Diskussionen von Sozialisten in aller Welt. Die Stellung zur Sowjetunion war von nun an ein entscheidendes Kriterium, zu welcher Richtung innerhalb der Arbeiterbewegung man sich zählte. Die im Entstehen begriffene kommunistische Partei befürwortete die Entwicklung, die rein reformistischen Gruppierungen standen der Sowjetunion distanziert gegenüber, und die Austromarxisten bemühten sich um einen differenzierten Standpunkt, der, entsprechend der ideologischen

Bandbreite des Austromarxismus, bei den einzelnen Vertretern unterschiedlich aussah.

Seit dem Ersten Weltkrieg ist die Arbeiterbewegung weltweit in zwei große Lager gespalten. Aus der Linksopposition der Kriegsjahre entwickelten sich in den ersten Nachkriegsjahren Kommunistische Parteien, die sich von den Sozialdemokraten vor allem durch die Art des Parteiaufbaus (Massenpartei oder Kaderpartei) mit allen daraus ergebenden politischen Konsequenzen unterschieden. Diese Entwicklung machte auch vor Österreich nicht halt. Da aber hier die Linksopposition innerhalb der Sozialdemokratie geblieben war, bot sie den Kommunisten keine Basis. Ihre Hoffnung auf das sogenannte Lumpenproletariat und die Kriegsinvaliden zeigte die Kurzsichtigkeit ihrer Strategie. Es gab zwei Versuche, mit Gewalt die Macht in der jungen Republik an sich zu reißen, die jedoch scheiterten. So stellte die KPÖ unter Führung von Franz Koritschoner in allen Jahren der Ersten Republik nur eine kleine, unbedeutende Splittergruppe.

Im November 1918 war der Erste Weltkrieg zu Ende. Einschneidendstes Ergebnis für Österreich war der Zerfall der österreichisch-ungarischen Monarchie mit ihren 52 Millionen Einwohnern. Übrig blieb ein kleiner Reststaat von 6 Millionen Einwohnern, von denen beinahe ein Drittel in der Hauptstadt Wien lebte. Nur wenige konnten sich vorstellen, daß dieser Staat ökonomisch lebensfähig sei. Aus diesem Grund war auch das Streben nach einem Anschluß an Deutschland auch innerhalb der sozialdemokratischen Partei sehr stark.

Das Kriegsende hatte keine Linderung der Not gebracht. Die Nahrungsmittelversorgung wurde sogar noch schlechter. Für die Arbeiter kam die ungeheure Inflation erschwerend dazu. So dauerte es drei Jahre, ehe die Reallöhne annähernd das Vorkriegsniveau erreicht hatten. Besonders schlecht war die Versorgungslage in Wien. In der riesigen Stadt, die von der Landwirtschaft der Umgebung nicht ernährt werden konnte, herrschten Hungersnöte, um überhaupt überleben zu können, war man auf die Hilfe des Auslandes angewiesen.

Ein besonderes Merkmal der österreichischen Situation war die überproportionale Arbeitslosigkeit des Mittelstandes. Die Beschäftigten im öffentlichen Dienst der Monarchie (Bahn, Heer, Verwaltung etc.) waren überwiegend aus den deutschsprachigen Gebieten gekommen, und der kleine Reststaat hatte nur für einen Teil von ihnen Verwendung. Dieser deklassierte Mittelstand sollte später zu einem Reservoir für die faschistischen Bewegungen werden.

Wirtschaftspolitisch war neben den Versorgungsschwierigkeiten und der Arbeitslosigkeit besonders die kritische Finanzlage des Staates ein Problem, das gelöst werden mußte. Um den Staatsbankrott zu verhindern, mußte die Regierung die Reserven der Postsparkassen angreifen. Eine riesige Teuerungswelle, die 1921 begann, leitete eine Inflation ein, deren Ausmaß ungeheuer war. Der Dollarwechselkurs war im September 1922 75.000mal so hoch wie 1914.

Die Bekämpfung dieser Inflation wurde eine der Hauptaufgaben der Regierung, die Bundeskanzler Ignaz Seipel schließlich im Oktober 1922 mit dem Abschluß der Genfer Protokolle gelang, in denen Österreich ein Kredit von 650 Millionen Goldkronen zugesagt wurde. Allerdings wurde Österreich von den Kreditgebern ökonomisch vollständig abhängig, die sogar einen Generalkommissar nach Wien entsandten, der die Verwendung des Geldes kontrollierte. Die Einsparungen im Staatshaushalt erzielte man vor allem mit einem Abbau der Arbeitskräfte, und die Arbeitslosigkeit wurde zum ungelösten Zentralproblem der Ersten Republik.

Nicht nur in Österreich, sondern auch in anderen europäischen Staaten hatte das soziale Elend der letzten Kriegsjahre die Rätebewegung ins Leben gerufen. Vor allem in den Verliererstaaten des Ersten Weltkrieges war die Rätebewegung besonders stark. Während in Österreich die Rätebewegung durch eine geschickte Politik der Regierung unter Kontrolle gehalten werden konnte, obwohl sie eine Art Nebenregierung darstellte und keine wesentliche politische Entscheidung ohne ihre Zustimmung fallen konnte, gelang es den Räten in anderen Staaten, die Macht an sich zu bringen. So entstanden im Frühjahr 1919 in Mitteleuropa Räterepubliken, in Ungarn und in Bayern. Diese Räterepubliken wurden nicht nur von der Reaktion im eigenen Lande, sondern auch von den ausländischen Mächten heftig bekämpft. Man versuchte, diese Staaten außenpolitisch zu isolieren und hatte auch das Druckmittel der Friedensverträge gegen sie in der Hand. So gelang es der Reaktion schließlich, die sozialistischen Experimente in Mitteleuropa zum Scheitern zu bringen. Da diese beiden Räterepubliken zur selben Zeit bestanden, und sie räumlich nur durch Österreich getrennt waren, hatten sie ihre Hoffnung nicht zuletzt darauf gerichtet, daß auch in Österreich die Rätebewegung die Macht übernehmen würde. Es war nicht zuletzt der außenpolitische Druck, der die österreichische Rätebewegung vor einem solchen Schritt zurückschrecken ließ. Die Siegerstaaten konnten nämlich mit einer Aushungerung Österreichs drohen, und ein solcher Schritt hätte unweigerlich zur Katastrophe geführt.

Mit dem Ende des Ersten Weltkrieges war Österreich eine demokratische Republik geworden. Zwei große politische Parteien, die Sozialdemokratie und die Christlich-soziale Partei, bestimmten das innenpolitische Geschehen. Die ersten Wahlen endeten mit einem Erfolg der Sozialdemokratie, die mit Karl Renner den ersten Regierungschef einer Koalitionsregierung stellte. Bedingt durch das große Elend weiter Bevölkerungskreise kam dem Sozialministerium eine zentrale Bedeutung in dieser Regierung zu. Sozialminister wurde der von den Gewerkschaften nominierte Sozialdemokrat Ferdinand Hanusch. Es gelang ihm innerhalb weniger Monate, eine vorbildliche Sozialgesetzgebung zu schaffen, die damals unbestreitbar die fortschrittlichste der Welt war. Was besonders auffällt, ist der Umstand, daß die entscheidenden Gesetze zwischen März und August 1919 erlassen wurden. Dies geschah vor allem deshalb, da in dieser Zeit die bayerische und ungarische Räterepublik existierten und auch die konservativen Kräfte in Österreich zu jedem Zugeständnis bereit waren, um eine Revolution in Österreich zu verhindern. Von entscheidender politischer Bedeutung ist vor allem das Betriebsrätegesetz. Mit diesem Gesetz gelang es, die Arbeiterräte unter Kontrolle zu bringen. Ihre Rechte wurden auf wirtschaftliche, soziale und kulturelle Belange eingeengt. Der politische Vertretungsanspruch wurde ihnen entzogen. In der ersten Regierung der Ersten Republik waren neben Karl Renner als Staatskanzler und Ferdinand Hanusch als Staatssekretär für Soziale Verwaltung noch Otto Bauer als Staatssekretär für Äußeres (später abgelöst durch Karl Renner), Julius Deutsch als Staatssekretär für Heerwesen und Otto Glöckel als Staatssekretär für Unterricht vertreten. Beide Großparteien empfanden aber die Form einer Koalitionsregierung als Bündnis der „Klassengegner" als unnatürlichen Zustand. Als schließlich ein Erlaß von Julius Deutsch zum Bruch der Koalition führte, herrschte beiderseits große Erleichterung, da man nun die gewünschte klare Frontstellung erreicht hatte. Die Nationalratswahlen vom Oktober 1920 endeten mit einem klaren Sieg der Christlich-Sozialen Partei. Die Sozialdemokraten gingen in die Opposition, in der sie für den Rest der Ersten Republik auch verblieben.

So beenden wir mit einem Nachwort die Zeit von 1860 bis 1919. Die Periode von 1860 bis 1919 war die heroische Zeit der modernen Arbeiterbewegung überhaupt und der Gewerkschaften im besonderen. Die Hüter der Staatsgewalt sahen in den neuen, von unten heraufkommenden Strömungen eine Bedrohung ihrer Existenz. Wo gesetzliche Mittel fehlten, dienten Polizeimaßnahmen und -schikanen der Bekämpfung der Arbeiterorganisationen. Die Wirkung der ersten, meist lokalen Streiks mochte auch die Gemüter aufschrecken: selbst verlorene Streiks entfalteten gewaltige Wirkung für den Gedanken der Solidarität, vielmehr erst die unübersehbaren Erfolge, die vielerorts erzielt wurden! Freilich mußten auch die Arbeiter selbst erst überzeugt werden und es gab auch Rückschläge genug. Wenn die Vorbedingungen gegeben waren, gelang es recht schnell, die Betroffenen zu einem Zusammenschluß zu bewegen — war der Streik gewonnen, dann verliefen sich die Anhänger oft wieder und ließen ihre Organisation im Stich.
Neben solchen Rückschlägen in den eigenen Reihen gab es die ständige Gefährdung von Leib und Leben, wenn es zu offenen Konflikten kam. Das war oft schon der Fall, wenn Versammlungen zur Aufklärung der Arbeiter stattfanden, noch mehr aber, wenn der Streik ausgebrochen war. Da holten die Arbeitgeber von nah und fern „Arbeitswillige" heran — noch 1908 gab es in Deutschland Agenten, die auf ein telegrafisches Stichwort hin ganze Kolonnen

solcher Leute an die umkämpften Arbeitsstätten brachten. Natürlich suchten die Streikposten die Neuankömmlinge von dem Streikbruch abzuhalten; es mag da und dort auch nicht sehr sanft zugegangen sein. Überdies scheute man nicht davor zurück, Agenten einzusetzen, die solche Auseinandersetzungen noch schürten, um ein Handgemenge künstlich herbeizuführen. Dann hatte die Polizei den gewünschten Vorwand, gegen die Streikenden einzuschreiten. Verhaftungen, Gefängnis — und selbst Zuchthausstrafen waren die Folge. Verdächtigen wurde der Arbeitsplatz gesperrt, nicht nur bei der umstrittenen Firma, sondern auch bei anderen Unternehmungen, die miteinander „Schwarze Listen" austauschten. Verblüffend ist, wie sich in den verschiedenen Ländern die Methoden glichen. Selbst in der so toleranten und demokratischen Schweiz kam es zu Zwischenfällen mit Todesopfern. In manchen Ländern, so vor allem in Preußen, sorgten zeitweilige Ausnahmegesetze, die gegen die sozialistische Propaganda und ihre Parteien gerichtet waren, für schwere Behinderungen der gewerkschaftlichen Tätgkeit. Man kann sich nun doch wohl vorstellen, welches Wagnis alle die Männer eingingen, die — ob im Betrieb oder in örtlichen und zentralen Verbandvorständen — sich in diesem Kampf um die Anerkennung der Gewerkschaften, um das Koalitionsrecht und um die soziale Hebung ihrer Berufskollegen exponiert hatten. Welche Opfer mußten sie um eine Sache bringen, die ein gemeinsames Anliegen des ganzen Volkes hätte sein müssen!

Ein Nachklang zu dieser heroischen Periode der Gewerkschaftsbewegung war der Generalstreik in Deutschland vom 13. bis 20. März 1920. Damals hatten Freischärlertruppen unter dem General von Lüttwitz und unter politischer Führung des Generallandschaftsdirektors Kapp versucht, die rechtmäßige demokratische Regierung zu stürzen und eine reaktionäre Diktatur aufzurichten. Die deutsche Arbeiterschaft, vorher durch Parteistreit zerklüftet, trat daraufhin in den Generalstreik und zwang mit diesem völlig friedlichen Mittel bis an die Zähne gerüstete Putschisten abzutreten. Es war die erste Kraftprobe mit den Mächten einer unseligen Vergangenheit. Diese geschlossene Abwehr ist in den späteren kritischen Stadien der Weimarer Zeit nicht wieder erreicht worden, vor allem nicht, wegen der kommunistischen Umtriebe gegen die Republik, Umtriebe, aus denen später andere ihren Nutzen ziehen sollten.

Das erste und allererste Lebenszeichen,
welches in dem jungen Menschenkinde die
aufkeimende Seele von sich gibt, ist die
Offenbarung der Selbstliebe.
Ob Menschenliebe daraus wird oder
Selbstsucht, das entscheidet die Erziehung.
(Peter Rosegger)

Meine Kindheit und Jugend

An einem sonnigen Spätherbsttag, am Mittwoch, den 25. Oktober 1922, um die Mittagszeit, erblickte ich das Licht der Welt. Meine Eltern hatten im Frühsommer 1922 geheiratet und ich war damit ihr erster Sohn. Mein Geburtshaus war die Probst-Bernhard-Straße Nr. 14 in Korneuburg. Hausherr war der ehemalige Rauchfangkehrermeister Kolar, ein despotischer Hausherrentyp jener Zeit. Die elterliche Wohnung war keine 25 m² groß und bestand aus einer kleinen Küche mit einem alten Kohlenherd mit „Warmwasserwanne", Kohlenkiste, Küchenkredenz, Tisch mit einer Wäschebank und drei Sessel. Beleuchtet wurde dieser Raum mit einer Petroleumlampe. Das „Schlafzimmer" war keine 15 m² groß und bestand aus dem „Ehebett", zwei eintürigen Kleider- und Wäscheschränken, alte Nachtkästchen sowie eine „Psyche". Vor den Betten stand ein alter „Ottoman". Eine große Petroleumlampe hing in der Mitte dieses Raumes. Im Hofe dieses Hauses hatten wir einen Schuppen und daneben die „Toilettenanlagen". Trinkwasser kam von einem alten Brunnen, der sich auch im Hof befand.

Ich war noch kein Jahr alt, als mein Vater einen Arbeitsplatzwechsel hatte, nämlich von der DDSG zur „Werksgemeinschaft". Eine Firma in Korneuburg, auf dem Areal der ehemaligen Kokosweberei „Just", welche ähnlich einer „Räte-Fabrik" geführt wurde. Dieser Arbeitswechsel währte nicht lange, 1924 begann er wieder als Heizer bei der DDSG. Da die Arbeitszeit damals von sieben Uhr früh bis sechs Uhr abends dauerte, später als Heizer auf Dampfschiffen mein Vater viel donauauf und donauab fuhr, bekam ich ihn während meiner Kinderjahre eigentlich nur selten zu Gesicht. Mehr geplagt als mein Vater, war meine Mutter. Sie hatte nicht nur für das Kind zu sorgen — ab 21. September 1927 für zwei Kinder, denn an diesem Tage erblickte mein Bruder Eduard das Licht der Welt — sondern auch für den Haushalt im weitesten Sinne.

Wie mitunter die Bewußtheit bis in die verborgenen Seelenfalten hineinzuleuchten vermag, so reicht bei mir die Erinnerung bis in die früheste Kindheit zurück. Auf diesem ersten Erinnerungsbild sehe ich mich noch im Kinderwagen liegen und von der Mutter in den Schlaf gewiegt. Im gleichen Augenblick kommt mein Vater ungewollt nach Hause, ein Arbeitsunfall zwang ihn einen Verband um die Stirn zu tragen, blutgetränkt. Ich selbst, so skeptisch ich allem Übernatürlichen gegenüberstehe, halte bis in mein reifes Mannesalter an der Kindheitserinnerung fest, von der ich selbst nicht weiß, ob es Erleben oder Traum war. Zu einer kritischen Stunde, in der ich mich im Zweiten Weltkrieg befand, holte ich aus verschütteten Quellen der Erinnerung jenes Bild meines Vaters hervor, das ich im Kinderwagen als 3- oder 4jähriger sah oder erträumte. Halb mit Stolz, halb mit Ergebenheit erkannte ich: das ist wohl deine Bestimmung zum Überleben! Als kleiner Knirps von viereinhalb Jahren kam ich, wie so viele andere auch, in die Kinderschule von Korneuburg. Ich erinnere mich noch lebhaft daran, wie meine Mutter mir nach dem Frühstück das Jausenkörbel umhängte und mich mit anderen Kindern in die Kinderschule begleitete. Es war eine schöne, rührige Kindheit, aber die Ereignisse im Weltgeschehen gehen weiter!

Wie sah unsere Werft nach dem Ersten Weltkrieg aus? Der Erste Weltkrieg brachte der DDSG starke Verluste vom Flottenstand; der Werft brachte dies eine Vollbeschäftigung und serienmäßige Herstellung von Güter- und Tankkähnen. In der Zeit nach 1923 mußte infolge der Wirtschaftskrise der Werftbetrieb schrittweise eingeschränkt und der Personalstand von 420 auf 170 Personen, bei zeitweiser Kurzarbeit, reduziert werden. Auflösung des eigenen Gießereibetriebes und der eigenen Elektrizitätszentrale. Strombezug von der NEWAG. Auflassen des dritten Hellings. 1925 wieder leichtes Ansteigen der Arbeit. Bau von 9 Tankkähnen für die DDSG, den Schutenentleerer (Fafner) und 3 Baggerschuten, zwei Versenkerschuten und ein Motorschlepper (Hugin) für das Strombauamt. Weiters wurden für Phöbus Bukarest der Motortankkahn „King George" und der Tankkahn „Walter Scott" gebaut, für die Österreichischen Bundesbahnen das Motorfahrgastschiff „Österreich", welches für die Fahrt auf dem Bodensee bestimmt war, und das Zollwachboot „Greif".
Wie war die Situation der DDSG nach dem Ersten Weltkrieg? Der Zusammenbruch der Monarchie und seine Folgen stellte nicht nur die Welt, sondern auch die DDSG vor völlig neue Situationen und leitete eine geradezu permanente Krise ein, die genaugenommen bis 1955 andauerte. Zweimal stand die Existenz der Gesellschaft als österreichisches Unternehmen auf dem Spiel, mehrmals sein Weiterbestand überhaupt.
Wie die Quellen allerdings recht deutlich zeigen, war den Zeitgenossen 1918/19 durchaus noch nicht richtig bewußt, was wir heute aus der Geschichte wissen. Sie waren, wenn auch gedämpft, optimistisch, nicht zuletzt der von 1910 bis 1933 an der Spitze der DDSG stehende Dr. Franz Ritter von Schonka. Als die

Bedingungen des Vertrages von Saint-Germain (10. September 1919) bekannt wurden, begannen die Zeitgenossen, die Lage düsterer zu sehen. Speziell eine englische Finanz-Gruppe hatte ein Interesse an der Donaudampfschiffahrt. Die Verwendungszusagen der englischen Gruppe lauteten: „Sie werden dafür sorgen, daß die DDSG und ihre Vermögenschaften die günstige Behandlung erfahren, die nach den Bestimmungen des Friedensvertrages und aller sonstigen Staatsverträge, die auf die Interessen der DDSG Bezug haben, erlangbar ist. Sie werden die Bemühungen der DDSG unterstützen, welche dahin gehen, ihre Vorkriegs-Stellung hinsichtlich der Schiffahrt auf der Donau und auf deren Nebenflüssen und hinsichtlich der Kohlenbergwerke in Pécs wieder zu erringen."

Als erste Ernüchterung muß das endgültige Donaustatut vom 23. Juli 1921 angesehen werden, welches angesichts der großen Beteiligung an den noch immer führenden Donaureedereien eigentlich als diplomatische Niederlage Englands bezeichnet werden kann. Im Gegensatz zur bisherigen Rechtslage wurden fast alle Nebenflüsse der Donau den jeweiligen nationalen Schiffahrten vorbehalten, wodurch sich die bisherige Betriebsstrecke der DDSG um 1.335 km reduzierte. Aus nicht ganz ersichtlichen Gründen trat bereits 1923/24 ein Wechsel in der Einschätzung der Kooperation mit der englischen Gruppe auf österreichischer Seite ein. Ebenso eifrig wie man sie ursprünglich eingeleitet hatte, trachtete man sie zu lösen. Zur genauen Beurteilung der ganzen englischen Episode fehlen wesentliche Unterlagen, vor allem auch die Ausschöpfung der sicherlich vorhandenen englischen Quellen. Man wird jedoch aus heutiger Sicht in der Annahme nicht fehlgehen, daß wirtschaftspolitisch gesehen das ganze Unternehmen kein besonders glückliches war und die Donauschiffahrt weder besonders belebte, noch die DDSG in „eine Periode des Wiederaufblühens und Gedeihens" führte, wie Schonka am 17. Juli 1920 gehofft hatte.

Daß die wirtschaftliche Entwicklung der zwanziger Jahre nicht glücklich war, darf als bekannt vorausgesetzt werden. Was die DDSG selbst betrifft, hatte sie neben der alten Konkurrenz der Eisenbahnen unter den neuen, jungen Reedereien zu leiden, die durch den Schiedsspruch billig erworbene Schiffe einsetzen konnten und überdies beträchtliche staatliche Subventionen erhielten. Die DDSG konnte zwar die wirtschaftliche Entwicklung nicht beeinflussen, sie trachtete aber erfolgreich, den ungesunden Wettbewerb der Schiffahrten untereinander abzubauen.

Im September 1928 trat ich in die Volksschule ein. Am Eintrittstag bemühte sich meine Mutter, mir den schönsten Sonntagsanzug aufzuzwingen. Es war ein Matrosenanzug, wie ihn zu jener Zeit viele Kinder trugen. Mit Pagenfrisur versteht sich! Normal hatte ich im Sommer nur eine schwarze Turnhose an und

ging barfüßig von einem Bauernhof zum nächsten, meine Kinderschulfreunde besuchen. Die Probst-Bernhard-Straße bestand noch in den zwanziger Jahren aus lauter Bauerngehöften der Familien Hiesinger und Eppl. Sehr wenige Arbeiterfamilien hatten in dieser Straße ihr Domizil. Ich hatte Glück schon im ersten Schuljahr einen Lehrer zu finden, der nicht nur seine Aufgabe absolut ernst genommen hat, sondern auch ein geradezu ungewöhnliches Einfühlungsvermögen in die Seelen seiner Schüler besaß. Ludwig Fober war sein Name. Er interessierte sich nebenberuflich für die Entstehungsgeschichte von Korneuburg, von der Urzeit an, er war Begründer des Stadtmuseums und stellte die Verkörperung eines idealen Jugenderziehers dar. Da ich etwas aufgeschlossener war als der überwiegende Teil meiner Mitschüler, hatte ich bald die Aufmerksamkeit dieses Mannes erweckt, sodaß er sich mir und noch ein paar anderen Mitschülern, in ganz besonderer Weise widmete. Es kam nicht selten vor, besonders gegen Schulschluß, daß mich mein Lehrer fragte: „Willst Du heute nach Schulschluß mit mir zum Teiritzberg gehen und bei Ausgrabungen mithelfen?" Ich habe diese Frage immer bejahend beantwortet, denn gerade diese Stunden waren für mich unvergeßliche Erlebnisse. Er gab mir ein wenig Einblick in die Vorgänge der Urgeschichte, führte mich in die Griechische Mythologie und in die Sagenwelt des Germanentums ein. Er brachte es auf diese Weise mit viel Mühe und Zeitaufwand fertig, mir Kenntnisse beizubringen, die über die allgemeine Volksschulbildung wesentlich hinausgingen. Diese Kenntnisse sind mir im späteren Leben sehr zustatten gekommen, speziell beim autodidaktischen Lernen. Zu wiederholten Malen hat Fober versucht, meine Eltern dafür zu gewinnen, mich in eine Mittelschule zu schicken, immer wieder sind diese Versuche an der nicht aus der Welt zu schaffenden Tatsache gescheitert, daß die finanziellen Mittel dazu nicht aufzubringen waren.
Und so kam es, daß ich am Ende der vier Volksschulklassen mit schwerem Herzen vielen nachsah, die sich von uns verabschiedeten um das Gymnasium zu besuchen.

Sehen wir uns nun die Jahre meines Volksschulbesuches in politischer Sicht an. Die revolutionärste Errungenschaft jener Jahre war die soziale Gesetzgebung, die mit dem Namen Ferdinand Hanusch verknüpft ist. Um ihre Voraussetzungen zu verstehen, ist es notwendig, einen Blick auf die wirtschaftlichen Erschütterungen und sozialen Umwälzungen der Kriegs- und Nachkriegszeit zu werfen. In dem Jahrhundert zwischen der „Industriellen Revolution" und dem Ersten Weltkrieg, in der Epoche des Hochkapitalismus, hatte auch das österreichische Bürgertum einen bedeutenden Aufstieg genommen. Über Bildung und Besitz verfügend, hatte es nicht nur eine geistige Sendung in dem kulturell so vielfach abgestuften Raum der österreichisch-ungarischen Monarchie erfüllt, sondern war auch der Träger des materiellen Fortschritts gewesen. Die

Wirtschaftsorganisation jener Zeit war dadurch gekennzeichnet, daß das Bürgertum einerseits die Unternehmerschaft stellte und andererseits durch seine traditionelle Spartätigkeit das notwendige Investitionskapital für die Wirtschaft aufbrachte. Die wirtschaftliche und gesellschaftliche Sicherheit der sparenden Schichten des Bürgertums hielt so lange an, als der Geldwert stabil blieb. Diese Sicherheit wurde erschüttert, als die kaiserliche Verordnung vom 4. August 1914, um den Krieg zu finanzieren, den unbeschränkten Banknotendruck gestattete und sich die umlaufende Geldmenge bis 1918 verfünfzehnfachte. So begann die Inflation, die sich infolge der Niederlage der Mittelmächte noch steigerte. Durch sie wurden die Ersparnisse einer ganzen Generation des österreichischen Bürgertums entwertet; die alte bürgerliche Wohlhabenheit war verschwunden. Der Mittelstand hatte den verlorenen Krieg bezahlt, dessen Kosten für Österreich 61 Milliarden Kronen betrugen. Übrigens traf die Inflation keineswegs alle Volksschichten gleich schwer. Im Gegenteil, sie verschonte und begünstigte sogar die Unternehmer, die Besitzer von Sachwerten und die kapitallose Arbeiterschaft. Denn die Fülle des freilich wertlosen Geldes belebte die Produktion, gab dem Arbeiter Beschäftigung und machte den Unternehmer geneigt, den Gewinn des Tages mit seinen Hilfskräften zu teilen. Die wirtschaftliche Schwächung weiter Kreise des Bürgertums und die vergleichsweise günstige wirtschaftliche Lage der unteren Volksschichten ermöglichte nun die Selbstbefreiung des Arbeiterstandes, die in der sozialen Gesetzgebung der Revolutionszeit zum Ausdruck kam. In diesem Zusammenhang sind nicht so sehr die sozialen Schutzgesetze wichtig, die etwa die Arbeitszeit und den Urlaub regelten oder die Krankenversicherung ausbauten, entscheidend war vielmehr die neue Arbeitsverfassung, die den gewählten Vertretern der Arbeiterschaft, den Betriebsräten, den Gewerkschaften und der Arbeiterkammer, ein Mitspracherecht im einzelnen Betrieb und in der Gesamtwirtschaft gesetzlich sicherten und damit den Arbeiter zum gleichberechtigten Partner im Wirtschaftsprozeß machten. So hat die Verarmung des Bürgertums durch Kriegs- und Nachkriegsinflation auf der einen und die erhöhte Geltung der Arbeiterschaft infolge der sozialen Gesetzgebung auf der anderen Seite die Stellung der beiden Klassen zueinander sehr wesentlich verschoben. Diese Umwälzung der Nachkriegszeit beeinflußten in den folgenden Jahren fast ausschließlich die Innenpolitik Österreichs.
Während Österreich in eine Katastrophe taumelte, hatte sich das westeuropäische Bürgertum von den wirtschaftlichen Folgen des Krieges bereits erholt und trat gerade jetzt in eine Konjunkturperiode ein, die bis 1929 währen sollte. Die Regierung Seipel stabilisierte nun die Krone (1925 wurde die Schillingwährung eingeführt), sie legte die Notenpresse still und erhöhte, sehr zum Vorteil des Bankkapitals, die Bankrate, sodaß Kredite wieder sehr teuer wurden. Diese Maßnahmen verringerten rasch die umlaufende Geldmenge, die Inflation war

endlich gestoppt. Doch nun traten die gefährlichen Folgen einer Geldverknappung ein: die Produktion schrumpfte, die Arbeitslosenzahl schnellte hinauf, das Überangebot an Arbeitern drückte auf die Löhne; gleichzeitig ging, bei sinkender Kaufkraft, der Konsum zurück. Aber es wurden auch große Opfer verlangt, damit ein ausgeglichenes Budget erzielt wurde. Der Staat entließ mehr als hunderttausend Beamte, um seine Ausgaben zu verringern, und erhöhte seine Einnahmen, indem er die Steuern verdoppelte. Eine besonders arge Belastung stellte die neueingeführte Warenumsatzsteuer dar, weil sie den Konsum der breiten Schichten traf. Daß so viele Opfer gebracht werden mußten, um der österreichischen Wirtschaft einen festen Boden unter den Füßen zu geben, zeigte deutlich, wie arm Österreich durch das doppelte Erbe des Krieges geworden war: durch die Geldentwertung und durch den Zusammenbruch der Monarchie, der ein einheitliches Wirtschaftsgebiet zerstört hatte. Die Sanierung, die 1926 abgeschlossen war, wurde von den beiden Sozialpartnern des Landes sehr verschieden beurteilt: entweder gepriesen oder erbittert bekämpft. So trug das Sanierungswerk Seipels auch dazu bei, den innerpolitischen Gegensatz in Österreich zu vertiefen. Dieser verschärfte sich aber unglücklicherweise noch dadurch, daß der politische Kampf allmählich aus dem Parlament auf die Straße verlegt wurde. Hier standen sich Arbeiterschaft und Bürgertum in bewaffneten Verbänden gegenüber, für die nicht mehr die Regeln besonnener parlamentarischer Arbeit, sondern die gefährlichen, weil unkontrollierbaren Gesetze der Gewalt maßgebend waren.

Auf sozialistischer Seite stellte sich der Republikanische Schutzbund schützend vor die Einrichtungen der jungen Republik und verteidigte die neuen Rechte der Arbeiterschaft. Auf der Seite des Bürgertums stand die Heimwehr. Sie, die zunächst der politischen Restauration des großgrundbesitzenden Adels dienen sollte, entwickelte sich in den Kämpfen um die Sanierung, von Banken und der Schwerindustrie (Alpine Montangesellschaft) finanziert, zu einer antimarxistischen Kampftruppe, die den Einfluß der organisierten Arbeiterschaft in den Betrieben brechen sollte. Bis zum Jahre 1927 behauptete, noch von den Tagen der Revolution her, die Arbeiterschaft ein gewisses Übergewicht im politischen Leben. Die Sozialdemokratische Partei war die stärkste des Landes, und die Aufmärsche des Schutzbundes und anderer sozialistischer Massenorganisationen vermochten ohne Zweifel weite Kreise des Bürgertums einzuschüchtern. Trotzdem verschoben sich allmählich die Machtverhältnisse.

Den Wendepunkt bildete der 15. Juli 1927. An diesem Tage kam es in Wien aus Empörung über den Ausgang eines politischen Prozesses zu Arbeiterdemonstrationen. Die erregten Massen entglitten den Händen der Parteiführung und steckten den Justizpalast in Brand. Die Polizei erhielt Befehl zu schießen — 90 Menschen fanden den Tod! Der Versuch, die Regierung daraufhin durch einen allgemeinen Verkehrsstreik zum Rücktritt zu zwingen, mißlang. Diese Ereignisse hatten weitreichende politische Folgen. Das Bürgertum schloß sich fester zusammen und war gewillt, die Autorität zu stärken, deren Machtmittel am 15. Juli über die bis dahin für unüberwindlich gehaltenen Arbeitermassen gesiegt hatten. Diese Absicht ging vor allem vom radikalen Flügel des Bürgertums, der Heimwehr, aus, die immer offener das Parteienparlament bekämpfte, einen Ständestaat nach italienischem, faschistischem Vorbild errichten und dieses Ziel mit Gewalt erreichen wollte. Als sich die Stellung des Bürgertums dadurch festigte, daß die österreichische Wirtschaft endlich Anschluß an die Weltkonjunktur gewann, wagte man es, an eine Verfassungsänderung zu schreiten, sich der Heimwehr als Stoßtruppe bedienend. Das Parlament, in dem die Arbeiterschaft so stark vertreten war, sollte ein Gegengewicht in dem vom Bundesvolk gewählten und mit größerer Machtfülle ausgestatteten Bundespräsidenten erhalten. Daß diese Verfassungsänderung schließlich im Dezember 1929 durchgeführt werden konnte, war die Folge der politischen Machtverschiebung, die sich seit der Sanierung und besonders nach dem Juli 1927 auf Kosten der Arbeiterschaft vollzogen hatte.

So heftig auch die Kämpfe um die Verfassungsänderung gewesen waren, konnte Österreich 1929 doch aufatmen! Landwirtschaft und Industrie hatten ihre Erzeugung steigern können und erfolgreich zu exportieren begonnen, die Arbeitslosenzahl ging zurück, und zahlreiche Fremde besuchten die Zentren des österreichischen Kulturlebens: Wien und die Festspielstadt Salzburg. Langsam wurden die Folgen des Krieges überwunden. Und auch Europa und die Welt schienen bei anhaltender wirtschaftlicher Hochkonjunktur eine gute Zeit zu haben. Der Völkerbund bemühte sich um eine allgemeine Abrüstung, und sämtliche Großmächte hatten soeben im Kellogg-Pakt feierlich erklärt, auf den Krieg als Werkzeug nationaler Politik verzichten zu wollen.
Im Oktober 1929 brach, von den USA ausgehend, eine furchtbare Wirtschaftskrise über die Welt herein, die alle Hoffnungen auf eine bessere Zeit zunichte machte. Überproduktion in dem einen und Mangel an Kaufkraft in dem anderen, besonders durch Reparationszahlungen geschwächten Teil der Welt hatten eine Absatzkrise geschaffen, die zu Preisstürzen, scharfem Produktionsrückgang und katastrophaler Massenarbeitslosigkeit führte. Gleichzeitig brachen zahlreiche Banken zusammen, die der Konjunkturrausch zu gefährlichen Spekulationen und gewagten Kapitalanlagen verlockt hatte. Über Nacht trat bitterste Not ein. Aber die Weltwirtschaftskrise zog verhängnisvollerweise auch noch eine politische Krise nach sich. Da die internationale Zusammenarbeit in der Weltwirtschaft versagt hatte, schlossen sich viele Staaten voneinander ab, manche strebten sogar nach Autarkie. Die wirtschaftliche Absperrung von der Umwelt begünstigte den Nationalismus; die Verzweiflung der Menschen ließ sie

an die Gewaltlösungen der Diktatoren glauben, und plötzlich drohte wieder, als der letzte Ausweg aus wirtschaftlicher Not, der Krieg.

Die Weltwirtschaftskrise der frühen dreißiger Jahre traf Österreich besonders schwer. Als dann 1931 die wichtigste Geldquelle der österreichischen Wirtschaft, die „Creditanstalt für Handel und Gewerbe", infolge zeitbedingter Verluste ihren in- und ausländischen Gläubigern gegenüber zahlungsunfähig wurde, mußte die Bundesregierung, wenn sie den wirtschaftlichen Zusammenbruch verhindern wollte, hohe Summen rettend zuschießen und mit Beträgen in der Höhe eines Budgetdrittels für die Bank haften. Ohne eine neue große Auslandsanleihe war das finanzielle Gleichgewicht des Staates nicht wieder zu gewinnen. Die von der trostlosen wirtschaftlichen Entwicklung bitter enttäuschte Bevölkerung war allgemein davon überzeugt, daß dieser Staat, die Schöpfung des Friedensvertrages von Saint-Germain, nicht lebensfähig war. Viele gaben die Schuld an aller Not dem Parteienparlament, in dem sich die beiden großen Parteien erbitterte Kämpfe lieferten. Die Kritiker übersahen freilich, daß die schweren wirtschaftlichen Erschütterungen und die gewaltigen sozialen Umwälzungen eine gespannte innenpolitische Situation schaffen mußten, die der friedlichen Neigung zum Kompromiß, in dem die gerechten Wünsche aller berücksichtigt werden, keineswegs förderlich war. Sie verstanden auch nicht, daß die Zeit seit 1918 für eine wirksame demokratische Erziehung nicht ausgereicht hatte. Die lauteste Kritik am Parlamentarismus übte die Heimwehr. „Die Zeit des Politisierens ist vorbei!" verkündete sie und drohte unentwegt mit dem bewaffneten Putsch. Allerdings suchte auch das Bürgertum, von der Heimwehr gedrängt, nach dem „starken Mann", der, gegen den Willen der Sozialdemokraten, die demokratische Einrichtung des Parlaments durch eine starke Regierungsautorität ersetzen, also über die Verfassung von 1929 noch hinausgehen sollte. Bundeskanzler Schober hatte diese Kreise enttäuscht, weil er nur legal vorgehen wollte. Doch es war nur eine Frage der Zeit, bis auch das von der Wirtschaftskrise geschüttelte und von autoritären Staaten umgebene Österreich seinen „Diktator" fand. Es erhielt ihn schließlich in der Person des energischen und unbekümmerten Bundeskanzlers Dr. Engelbert Dollfuß, dessen Partei, die Christlichsozialen, bei den Nationalratswahlen im September 1930 so viele Wähler verloren hatte, daß seine Regierung, im wesentlichen aus Christlichsozialen und Heimwehrführern bestehend, nur über eine sehr knappe und deshalb gefährdete Mehrheit im Parlament verfügte. Diese eigene Schwäche ließ es nicht zu, auf verfassungsmäßiger Grundlage eine rein bürgerliche Politik zu betreiben. Deshalb neigten führende Kreise der Christlichsozialen Partei dazu, auch ihrerseits das Parteienparlament durch eine Ständevertretung zu ersetzen, die demokratische Republik in einen Ständestaat zu verwandeln. Sie folgten Gedanken des päpstlichen Rundschreibens

„Quadragesimo anno" (1931), das den Katholiken das gesellschaftspolitische Ziel wies, sich „aus der Auseinandersetzung der Klassen zur einmütigen Zusammenarbeit der Stände emporzuarbeiten". Dem antiparlamentarischen Zug der Zeit und dem Geist der „Frontgeneration" entsprechend, die jetzt in das politische Leben eintrat, sollte aber der Ständestaat autoritär geführt werden, das heißt, durch eine starke, mit Machtfülle ausgestattete Regierung. Der Sommer 1932 rückte indessen ein ganz anderes Problem in den Mittelpunkt des politischen Geschehens. Dollfuß war es gelungen, vom Völkerbund die so dringend benötigte Anleihe zu erhalten, allerdings nur unter der Bedingung, daß Österreich in dem „Lausanner Protokoll" neuerlich auf den Anschluß an Deutschland verzichtete.

Unter diesen ungünstigen Auspizien absolvierte ich die Volksschule und trat im Herbst 1932 in die Hauptschule Korneuburg ein. Bevor ich meine Erlebnisse der Hauptschulzeit erzähle, ein Blick in die Werft Korneuburg.
Nach Aufnahme einer Anleihe durch die DDSG wurden für die Verbesserungen und Erweiterungen der Werftbetriebsanlagen Geldmittel zur Verfügung gestellt. Die Werft wurde zur Deckung der Anleihe verpfändet. 1931: Einführung des Elektroschweißens zum Schweißen von einzelnen Bauteilen wie Spanten, Schotten und Aufbauten. 1935: Bau eines elektromotorbetriebenen Schiffsaufzuges mit 600 Tonnen Tragkraft; Errichtung eines 25 Tonnen Elektro-Uferkrans, Vergrößerung und Umbau von Werkstätten, Anschaffung neuer Maschinen und Werkzeuge. Für die DDSG wurden die ersten 8 geschweißten 1.000-Tonnen-Güterkähne gebaut (nur die Außenhaut war genietet), dies war eine Neuentwicklung, die 1939 für ganz Deutschland richtungsgebend war (Reichsgüter- und Reichstankkähne). Für die Wiener Polizei wurden 9 Motorboote, 9 m lang, aus Aluminium gebaut, für die Stadt Korneuburg die Rollfähre samt Standschiff.

Meine erste Konfrontation mit der „Prostitution des Geistes", wie Nietzsche schrieb, — er meinte die Politik schlechthin —, war schon zwei Jahre vor meinem Eintritt in die Hauptschule: beim berühmt-berüchtigten „Korneuburger Eid" mußten die Schüler aller Korneuburger Schulen die Staffage beisteuern. Mit acht Lebensjahren, versteht sich, hatte ich keine Ahnung, was hier vor sich ging, aber doch hinterließ dieser Aufmarsch einen bleibenden Eindruck. Am 18. Mai 1930 proklamierte Heimwehrführer Steidle bei einer Versammlung in Korneuburg „die Politik und das Gesetz der Heimwehr". Jedes Mitglied mußte feierlich geloben, den Grundsätzen treu zu bleiben, die in diesem bemerkenswerten Dokument niedergelegt waren. Die entscheidenden Stellen dieser Proklamation lauteten:
„Wir wollen Österreich an Stamm und Wurzeln erneuern. Wir wollen den

Volksstaat der Heimwehr. Wir wollen die Macht im Staat ergreifen und Staat und Wirtschaft umwandeln. Wir müssen bedingungslos alle Parteibindungen und alle Parteiforderungen unserem Kampfziel unterordnen . . . Wir verwerfen den westlichen Parlamentarismus und den Parteienstaat. Wir wollen ihn durch die Selbstverwaltung der Stände und eine starke Führung des Staates ersetzen, die nicht aus Parteivertretern gebildet sein wird, sondern aus den führenden Persönlichkeiten der großen Stände und den besten und fähigsten Männern unserer Bewegung . . . Jeder Kamerad . . . kennt die drei Quellen seiner Kraft: seinen Gottesglauben, seinen eigenen zähen Willen und das Wort seines Führers".

Und in der Rede, in der Steidle dieses Programm verkündete, sagte er: „Die schicksalsschwere Frage für die Heimwehr lautet: Will sie wie bisher bloß der Einpeitscher politischer Parteien sein oder will sie sich — um ein Schlagwort zu gebrauchen — für das faschistische System erklären? Das ist eine klare und einfache Formulierung." Ferner verlangte er, daß die Vertreter der politischen Parteien im Parlament, in den Landtagen usw. sich verpflichteten, den Anordnungen der Heimwehr und nicht denen ihrer politischen Organisationen Folge zu leisten. Das war geradezu eine Kriegserklärung an die nichtsozialistischen Parteien. Um den „wahren inneren Frieden" zu sichern, forderten sie:
1. Die Entwaffnung der „gegen den Staat gerichteten und volkszersetzenden Parteiorganisationen" durch die staatlichen Kräfte im Verein mit der Heimwehr, was einfach einer einseitigen Abrüstung des Schutzbundes gleichkam.
2. Die Besetzung des Innenministeriums durch ein Mitglied der Heimwehr für die Dauer der Abrüstung, das heißt, die Übergabe der Polizei an die Faschisten.
Das nur zum sogenannten „Korneuburger Eid".

Ein Jahr vor meinem Hauptschulbesuch hatten wir einen Wohnungswechsel. Meine Eltern zogen von der Propst-Bernhard-Straße in die neu gebauten Gemeindewohnungen der Leobendorferstraße. Die Wohnungen waren für den damaligen Stand modern gebaut. Es gab schon ein „Klo" in der Wohnung, eine Wasserleitung, elektrisches Licht sowie ein Vorzimmer. Trotzdem gab es bei der Vergabe der Wohnungen einen Klassenunterschied. Drei Häuser wurden damals von der Stadtgemeinde errichtet. Das „zwölfer und vierzehner" Haus waren Arbeiterwohnungen, das „sechzehner" Haus wurde nur an Beamten- und Angestelltenfamilien vergeben, denn diese Wohnungen hatten nicht nur Küche und Schlafzimmer, sondern auch ein oder zwei „Kabinette" dazu. Für mich war es eine neue Umgebung und damit auch neue Freunde und Bekannte.
Die soziale Schichtung der Schüler in der ersten Hauptschule entsprach der örtlichen Lage: Teils waren es Kinder, deren Eltern reich waren und in der Korneuburger Cottage wohnten, teils kamen sie aus Beamten- und Kaufmanns-

familien. Schließlich gab es viele arme Kinder, deren Eltern Hausbesorger im Cottage waren oder die in den Proletarierhäusern wohnten, wie die „Kaserne" oder „Baracke". Diese Kinder gingen bei trockenem Wetter meist barfuß in die Schule, um ihre Schuhe zu schonen. Auch ich gehörte zu jenen, aber ab der dritten und vierten Hauptschule hatte ich dann doch „Sandalen" an. Die Leitung der Schule lag in den Händen des Direktors, der vor allem für den Unterricht verantwortlich und sehr rigoros war. Er trug Mathematik vor in einer Art, daß man den Anschein hatte, er stamme von einem australischen Bumerangwerfer ab, weil er begriffsstützige Schüler mit seinem Schlüsselbund bewarf. Nach 1945 bekam er in der Werft eine Arbeit zugewiesen, weil er ein „Nazi" war; und was erzeugte er? Hammerstiele — er war schon immer für Wurf- und Schlagwerkzeuge. Jede Klasse hatte einen Klassenvorstand, welcher in einem oder zwei Hauptgegenständen unterrichtete. Auch die anderen Hauptschullehrer waren, mit wenigen Ausnahmen, erfahrene Pädagogen und machten selten Unterschiede, ob ein Schüler von einer reichen oder armen Familie stammte.

Ich kann mich nicht erinnern, wann ich mich zum ersten Mal als Sozialist fühlte. Mein Vater, wenn er beruflich frei hatte, nahm mich in meiner Kindheit zu den Mai-Demonstrationen mit, auch schon zu einer Zeit, als sie nicht am Rathausplatz, sondern in den Gaststätten endeten. Denn da gab es für die Kinder ein Paar Würstel mit „Kracherl". So kam ich auch zu den Kinderfreunden und dem Arbeiter-Turnverein. Der Vater brachte die „Arbeiterzeitung" nach Hause und erwartete von der Familie, sie Zeile für Zeile zu lesen und den Inhalt im Kopf zu behalten. Oft war er enttäuscht, wenn er bei Tisch ein Thema anschnitt, das in seinem Leibblatt behandelt worden war und uns entgangen war. Dann konnte es vorkommen, daß er aufstand, die Zeitung aufschlug, auf die Notiz hinwies und vorwurfsvoll sagte: „Wie lest Ihr Zeitung?" Er konnte nicht verstehen, daß ich lieber den Sportteil las, denn damals war die Zeit des „Wunderteams" und die Erfolge im Miteuropa-Cup der Vereine „Austria" und „Rapid". Ein Sindelar, Sesta, Hiden interessierten mich mehr als die Politik.

Wenige Tage nach Eintritt in meine Hauptschulklasse kannte ich aber doch, trotz sportlicher Ambitionen, die politische Einstellung jedes Mitschülers. Die große Mehrheit war deutsch-national, wie dies damals in Beamten- und Lehrerkreisen üblich war. Man war dort nicht in einer politischen Partei organisiert, sondern gehörte dem Deutschen Schulverein, dem Deutschen Turnerverband oder dem Deutsch-Österreichischen Alpenverein an, lauter Organisationen, die sich zum Anschluß an Deutschland bekannten und den Arierparagraphen in ihren Statuten hatten. Die zweitgrößte Gruppe war katholisch eingestellt. Da war der Sohn eines „Greißlers", der dem Reichsbund der katholischen Jugend angehörte, und der Sohn eines Staatsbeamten, der Mitglied einer katholischen Verbindung war. Ein Schulfreund war Mitglied einer unabhängigen Wandervogelgruppe und war unpolitisch. Unpolitisch waren auch einige wenige andere Mitschüler — bei großen Auseinandersetzungen wie bei Wahlkämpfen zeigten sie jedoch Sympathien für die bürgerlichen Parteien. Die Anhänglichkeit der meisten Schüler galt, wie schon erwähnt, dem Fußballclub, ob dies Rapid, Austria oder Vienna war, und war mindestens so groß, wie die Sympathie für eine politische Partei. In meiner Klasse gab es auch zehn Sozialisten.

Das Glück ist kein leichtes Ding;
es ist sehr schwierig, es in uns selbst,
und unmöglich, es anderswo zu finden.
(Chamfort)

Meine Lehrzeit bis zum Jahre 1939

Glück, ein wenig Wissen und Vorzug als Nachschößling meiner Ahnen hatte ich Anfang September 1936 bei der Aufnahmeprüfung der neuen Lehrlinge in der Werft Korneuburg. Glück, Wissen — da ich nicht nur Fachrechnen gut bestand, sondern auch die österreichische Geschichte gut beherrschte, welche Zentralinspektor Webers „Lieblingsfragen" waren. Vorzug — da mein Vater, Tante Ottilie, Großvater und Urgroßvater Dienstnehmer der DDSG waren. Von 45 Kandidaten bestanden nur 9 die rigorose Aufnahmeprüfung. Am Montag, den 14. September 1936 begann ein neuer Lebensabschnitt — meine Lehrzeit.

Ich kam, nach verschiedenen Vorstellungszeremonien wie Lohnbüro, Werkmeister, Meister, Vorarbeiter zu meinem ersten Gesellen in die Maschinenbauwerkstätte. „Lehrjahre sind keine Herrenjahre" oder „Aller Anfang ist schwer", solche Sprüche waren mir damals schon bekannt, aber diesen ersten „Lehrtag" werde ich nie vergessen! Der Anblick der Transmissionen, welche die Drehbänke, Hobelmaschinen und andere Werkzeugmaschinen antrieben, war für mich eine neue Welt. Nur wenige kennen noch die alte Maschinenbauhalle. Eingepfercht von Süden her durch den Eisenlagerplatz und hölzerne Schiffbauhalle und der Hellingskranbahn. Ostwärts war die Bauschlosserei, die ehemalige Gießerei und heutige Lochkartenstelle, eng an die Maschinenbauhalle angebaut. Nordwärts die Werftgrenze, eine Betonmauer gegen den ehemaligen

52

Exerzierplatz des Bundesheeres. Innerhalb dieser Grenze ein Magazin für den Maschinenbau und daneben die alte Tapeziererei. Ebenso daneben eine primitive Latrinenanlage. Westwärts war ein freier Platz, dann das alte Kesselhaus und die Kompressoranlage. 1937 wurde die Maschinenbauwerkstätte auch gegen westwärts vergrößert. Mitten in der Maschinenbauhalle war in einer Holzbude die Schreibkanzlei, Werkzeugmacherei und die Waschkabinen installiert. Das „Faktotum" in dieser Holzbude sowie Waschkabine war ein Wenzel Fridolin, ich glaube, er war damals schon über 60 Jahre alt. Er war Werkstattreiniger, Essenholer, Transmissionsschmierer, Botengänger und vieles anderes mehr. Ein Pykniker par excellence, dazu ein seelensguter Mensch, der uns neue Lehrlinge immer gut betreute.

Da es 1936 noch keine Lehrwerkstätte gab, wurden die Lehrlinge vom ersten Tag an, zu einem Gesellen oder Partieführer zugeteilt. Mein erster Geselle war Mathias Hofmann. Meine erste Arbeit war, wie konnte es anders sein, Feilen und Tuschieren lernen, dazu mußten wir das Werkzeug der „Partie" vergrößern, indem wir Anschlagwinkel, Spitzzirkel und diverses andere noch produzierten. Etwas später ging's in die Grobschmiede mit dem Gesellen und wir lernten dort Durchschläge, Meißeln und Hämmer schmieden und härten. Nach ca. 2 Monaten begann meine erste Arbeit auf einem Dampfschiff. Die Saugzugturbinen der „Schonka" waren auszubauen und zu überholen. Für die heutigen Dampfschiff-Nihilisten ein Fremdwort. Was waren die Saugzugturbinen auf einem Dampfschiff? Durch das Heizen der Schiffskessel mit schlechter Mohačer-Kohle war es notwendig, ein Gebläse entweder „unter Rost" oder im Kamin zu installieren. Diese Turbine erzeugte die notwendige Zugluft für die Kesselfeuerung. Die Demontage dieser Turbine war eine rußige, ölige Arbeit zwischen Rauchkammer und Kaminanfang. Mit Flaschenzug und anderem Hebewerkzeug wurde die Turbine aus dem Kaminstutzen und mit einem primitiven „Handwagerl" in die Werkstätte gezogen. Bei schönem Wetter ging's noch, aber bei Regen und Schnee eine triste Angelegenheit. Aber nach dem Reinigen der Turbine begann doch eine interessante Reparatur. Denn eine Dampfturbine hat viele technische Teile, vom Regler bis zum Turbinenrad, welches ein profundes Wissen voraussetzt. Darum war das Interesse der Lehrlinge damals groß. Das gleiche galt für die Reparatur der Dampfpumpen, Dampflichtmaschinen, Steuermaschinen und Ankerwinden.

Die Lehrlingsentschädigung war 1936 wöchentlich 5 Schilling für das erste Lehrjahr und erhöhte sich pro Lehrjahr um weitere 5 Schilling. Die Gesellen, je nach Betriebszugehörigkeit und Können, erhielten zwischen 45 Schilling und 65 Schilling wöchentlich, bei einer 48-Stunden-Woche. 1936 gab es in der Werft Korneuburg Kurzarbeit. Für die Gesellen war die Arbeitszeit von Dienstag,

7 Uhr früh bis Freitag, 12 Uhr mittags, also eine 3½-Tage-Woche. Für die Lehrlinge war die 48-Stunden-Woche vorgesehen. Dies bedeutete, daß wir Lehrlinge Montag sowie Freitagnachmittag und Samstagvormittag die Werkstätte reinigen mußten und die Werkzeugmaschinen auf „Hochglanz" polierten, ohne den Gesellen, versteht sich. So ging das erste Halbjahr meiner Lehrzeit vorüber und wir sind im Jahre 1937. Nun wieder zur Politik, im besonderen zum Klerikal-Faschismus.

Jede totalitäre Regierung hat die Möglichkeit, in die Wirtschaft einzugreifen, falls sie den Wunsch danach hat. Bei zahlreichen Gelegenheiten hatten Dollfuß und Schuschnigg erklärt, daß sie die feste Absicht hätten, die Sozialgesetzgebung, die sich die österreichische Arbeiterschaft in einem jahrelangen Kampf errungen hatte, aufrecht zu erhalten. Es ist eine alte Weisheit, daß kein Gesetz besser ist als seine Durchführung. Dies gilt besonders für das Gebiet der Sozialgesetzgebung. Da die Regierung das einzige wirksame Instrument zur Durchsetzung einer Sozialgesetzgebung, die unabhängige Arbeiterbewegung, aufgelöst hatte, kam ihren eigenen Maßnahmen nun besondere Bedeutung zu. Zahlreiche Novellierungen und Ausnahmen schwächten das Achtstundentag-Gesetz, das nach Meinung der Arbeiter schon zu viele Ausnahmen zugelassen hatte. Schon während der letzten Jahre vor der Machtübernahme durch Hitler warnten die Gewerkschaftszeitungen wiederholt vor diesen Ausnahmen; sie wurde häufig benutzt, um das Gesetz zu umgehen. Das Überstundenentgelt wurde von 150 % auf 125 % der normalen Rate herabgesetzt. Die durch einen Feiertag verlorene Arbeitszeit konnte zwei Wochen vor und zwei Wochen nach dem Feiertag eingebracht werden, doch durfte an keinem Tag mehr als zehn Stunden gearbeitet werden. Diese Arbeitszeit wurde nur zum normalen Satz bezahlt, der Arbeiter konnte nicht gezwungen werden, diese Zeit nachzuarbeiten. Dollfuß-Gesetze verschlechterten die Bestimmungen zum Schutz der 44-stündigen Arbeitswoche für Frauen und männlicher Jugendlicher und machten das Verbot der Bäcker-Nachtarbeit zunichte. Die Beschwerden über die Durchlöcherung der Sozialgesetzgebung wurden bald immer häufiger. Am Anfang waren die Arbeiter geneigt, die Schuld den Unternehmern und deren Verbänden zuzuschreiben. Bald setzte sich aber die Überzeugung durch, daß eine Gesetzgebung, die so viele Ausnahmen zuließ, eine Überwachung der Durchführung der Gesetze immer schwieriger und ihre Übertretung immer leichter machte. Diese Überzeugung kam sogar in den Diskussionen so hochgestellter Persönlichkeiten wie der Bischöfe anläßlich ihrer Diskussion über die Wirkungslosigkeit der Gewerkschaften zum Ausdruck.

In den letzten Monaten des Jahres 1936 verlangten die Handelsangestellten in ganz Österreich energisch die Einhaltung der Sonn- und Feiertagsruhe. Diese Gruppe von Angestellten hatte unter Ausnahmebestimmungen, Gesetzesverletzungen und mangelnder Aufsicht der Behörden ganz besonders arg gelitten. Im Mai 1937 wurde in der Generalversammlung der Gewerkschaft eine Resolution angenommen, die verlangte, daß das Prinzip des vollkommenen Ruhetages wieder anerkannt werde. Da das Hauptgewicht auf die Sonntagsruhe gelegt wurde, erhielt die Gewerkschaft die Unterstützung von Kardinal Innitzer und eines großen Teiles der Priesterschaft. Im Lande waren inzwischen Plakate angebracht worden, die die Konsumenten um ihre Unterstützung baten und sie aufforderten, nicht am Sonntag einzukaufen. Der Erfolg dieses Propagandafeldzuges war natürlich gebietsmäßig verschieden. Die Gewerkschaftszeitung veröffentlichte einige zustimmende Briefe von Arbeitgebern und offiziellen Stellen. Die Opposition war aber stärker. Die Richtigkeit dieser oder ähnlicher Beschwerden wurde durch den offiziellen Bericht der Gewerbeinspektoren bestätigt. Dort hieß es, daß im Handel wie in vielen anderen Betrieben die Unternehmer versuchten, den durch längere Anstellung entstandenen Ansprüchen der Angestellten, die Abfertigung bei Entlassungen oder längerem Urlaub, dadurch zu entgehen, daß sie die Leute entließen, bevor die Ansprüche fällig wurden.

Das wirkliche Übel waren die schlechten Gesetze. Das Dollfuß-Schuschnigg-Regime hatte den Arbeitern soziale Gerechtigkeit in einem christlichen Staat und den gesetzlichen Schutz ihrer erworbenen Rechte versprochen; gegeben wurden ihnen jedoch Verordnungen, die die früheren Errungenschaften entweder vernichteten oder durch ihre Unübersichtlichkeit jede Überwachung und Durchsetzung der Sozialgesetzgebung unmöglich machten. Den Unternehmern aber wurden Privilegien eingeräumt, die sie gefordert hatten; allerdings hatten sie auch dem Regime zur Macht verholfen.

Die Novellierung der Gewerbeordnung von 1934 enthielt einige wesentliche Verschlechterungen des Lehrlingsschutzes. Unter anderem bekam der Meister das Recht, ein Lehrverhältnis innerhalb von 14 Tagen aufzulösen, falls ihn seine wirtschaftliche Lage dazu zwang. Früher war das nicht erlaubt gewesen. In derselben Nummer des Organs des Gewerkschaftsbundes wurde ganz offen gesagt, daß alle neuen Gesetze die Lage der Lehrlinge verschlechtert hatten. Ebenso verlangte ein Artikel die Revision des Lehrlingsgesetzes, das zumindest in gewissen Punkten den Erfordernissen des Ständestaates Rechnung tragen sollte. Aber nichts wurde in dieser Richtung unternommen.

Die damaligen österreichischen Arbeiter waren wohl zu Recht davon überzeugt, daß die Sozialversicherung der Ersten Republik zu den besten der Welt gehörte. Trotz wiederholter heftiger Angriffe waren sie solange das Parlament bestand, imstande, ihre Errungenschaften aufrecht zu erhalten. Es wurden sogar noch gewisse Erweiterungen und Verbesserungen in Aussicht gestellt. Die große Depression brachte aber, genauso wie in anderen Staaten, den Sozialversicherungsfonds in Schwierigkeiten und machte den Ruf der Unternehmer nach Abbau der sozialen Lasten immer lauter. Diesen Unternehmerforderungen wurde Rechnung getragen. Verordnungen sahen eine Kürzung der Arbeitslosenversicherung vor, die sie der Fürsorgeunterstützung praktisch gleichsetzte. natürlich waren die Arbeiter über diese Maßnahmen sehr verbittert und ich erinnere mich noch an manche Diskussionen und Debatten darüber, welche die älteren Gesellen im Maschinenbau der Werft Korneuburg führten.

Da dieselben Unternehmer, die behaupteten, die Lasten der Sozialversicherung nicht mehr tragen zu können, genug Geld hatten, die privaten faschistischen Armeen zu finanzieren, die jenen Leuten die Regierung in die Hand spielen sollten, die den Forderungen der Unternehmer ein williges Ohr liehen, war das für die Arbeiter Beweis genug, daß beide Gruppen dieselbe Absicht hatten, das Sozialversicherungssystem zu zerstören oder zumindest stark zu beschneiden. Es wurde behauptet, daß das neue Arbeitsbeschaffungsprogramm die Arbeitslosigkeit vermindert habe, tatsächlich war aber der Rückgang der Zahl der Arbeitslosen auf die neuen Gesetze zurückzuführen, die die Zahl der Bezugsberechtigten vermindert hatte. Das gleiche galt der Unfallversicherung und der Krankenversicherung. Eine der ersten Maßnahmen jeder totalitären und autoritären Regierung des 20. Jahrhunderts ist die Zerstörung einer unabhängigen Arbeiterbewegung. Auch in dieser Beziehung ahmte Dollfuß Hitler nach, wenn auch mit kleinen Veränderungen „entsprechend den besonderen österreichischen Verhältnissen".

Noch während der Bürgerkrieg tobte, wurden die Freien Gewerkschaften aufgelöst und ihr Eigentum so weit wie möglich beschlagnahmt. An ihre Stelle trat die „Einheitsgewerkschaft" oder die „Gelben", wie sie in Arbeiterkreisen damals hieß. Ende 1934 war es bereits klar, daß der Gewerkschaftsbund, ähnlich dem englischen Oberhaus, „im besonderen gar nichts tut, das aber sehr gut". Etwas später kamen die sogenannten „Werksgemeinschaften". Die ersten Wahlen wurden Ende 1936, zweieinhalb Jahre nach dem Erlaß des Gesetzes, abgehalten. In Betrieben mit weniger als fünf Arbeitnehmern wurden überhaupt keine Vertrauensmänner (Betriebsräte wurden annulliert) eingesetzt, und in keinem Betrieb, wie groß auch immer, konnten mehr als zehn aufgestellt werden. Die übliche Formel schloß vom aktiven und passiven Wahlrecht Personen aus, die wegen eines Vergehens gegen die öffentliche Sicherheit und Ordnung oder gegen die Sittlichkeit verurteilt worden waren oder die sich eine Verwaltungsstrafe für eine „staatsfeindliche" Haltung zugezogen hatten. Bei der Zusammensetzung der Werksgemeinschaften folgte Schuschnigg wieder dem Beispiel Hitlers; sie bestanden aus den Vertrauensmännern, dem Unternehmer oder in einigen Fällen einem Regierungsvertreter. Der Unternehmer oder sein

Vertreter war der Vorsitzende. Beschlüsse konnten nur mit Zustimmung der Mehrheit der Vertrauensleute und des Betriebsleiters gefaßt werden — ein absolutes Veto. Die Beschwerden gegen die neue Organisationsform der Vertrauensmänner, die die alten Betriebsräte ersetzen sollten, hörten nicht auf; selbst für den Fall, daß die Regierung sozial gesinnt gewesen wäre und gute Gesetze für den Arbeiter erlassen hätte, mußten diese Gesetze leere Vorschriften bleiben, wenn sie nicht durch eine starke Arbeiterorganisation lebendig gehalten werden.

Inzwischen begann die Werft Korneuburg mit dem Bau der „Feldherrnklasse" durch die sogenannte „italienische Transaktion". Es waren dies die Gütermotorschiffe „Prinz Eugen", „Erzherzog Karl", „Laudon" und „Radetzky". Sie hatten eine Länge von 63,80 m und eine Breite von 8,62 m. Zwei fünfzylindrige 2-Takt-Diesel mit je 350 PS der Fiat-Motorenwerke Turin waren die Antriebsmotoren. Es waren die ersten Schiffe mit Kortdüsen. Für die Österreichischen Bundesbahnen wurde das Motorfahrgastschiff „Austria" begonnen, welches für den Bodensee bestimmt war. Die DDSG feierte auch am 19. Juni 1937 die hundertste Wiederkehr der ersten Fahrt nach Linz mit dem adaptierten Dampfschiff „Andor" als „Maria Anna" von Linz nach Wien. Heute noch steht der Schiffskörper der „Andor" in der Werft als Stegschiff. Das damalige Regime suchte einen vaterländischen Festakt bei den Arbeitern der Werft zu finden und alles was Rang und Namen hatte war beim Stapellauf des „Prinz Eugen" in unserer Werft vertreten. Sogar der „Hofzug" fuhr feierlich mit Bundespräsident Miklas und Kardinal Innitzer in das Werftgelände ein. Wir Lehrlinge bildeten eine Staffage und mußten beim Augenblick des Stapellaufes „Hurra" brüllen.
Bei zwei von den vier Motorschiffen der „Feldherrenklasse" war ich der „Rohrpartie" des Maschinenbaues zugeteilt. Hofmann „Motz" war der Partieführer, der zweite Geselle war ein sogenannter „Illegaler", in der Nazizeit wurde er DAF-Führer der Werft. Unsere Arbeit war die Sood-Leitung, die Berge-Leitung, die Ventilstationen und die diversen Pumpen an Bord zu montieren. Keine reine Maschinenbauarbeit, aber doch interessant, da es ein Neubau war. Als Lehrling mußte ich Flanschen vorbereiten, Dichtungen ausschneiden, Rohrschellen fertigen und ähnliches mehr. Ab Mitte 1937 kam ich zur Wellenleitungspartie und etwas später zur Hauptmaschinenpartie. Ende 1937 zur Hilfsmaschinenpartie, deren Partieführer, der lengendäre Zugschwerdt „Schani" war. Ein Allroundmann: er sprach fließend französisch, türkisch und italienisch und etwas russisch und dazu ein perfekter Maschinenschlosser.

Meine Freizeit verbrachte ich damals mit meinen Freunden vom Fußballclub Korneuburg. Den „Marathon" gab es seit 1934 nicht mehr. Ich trat in die Jugendmannschaft dieses Vereins ein und wurde durch sportlichen Fleiß, so glaubte und hörte ich, ein sehr guter Fußball-Verteidiger. Ab 1939 spielte ich schon in der „Ersten Mannschaft", neben Plutnar Hans als linker Verteidiger.

Trotz des damaligen politischen Unbehagens ging es uns Lehrlingen noch halbwegs gut. Ich liebte nicht nur meine Arbeit, sondern mein ganzes Leben. Ich hatte viele Interessen und viel innere Befriedigung, vor allem aber die Freude tiefer und dauernder Freundschaften. In dieser Zeit begann meine wahre Bildung, dank vieler Anregungen von Arbeitskollegen und Freunden sowie vom Bildungshunger getrieben, da ich allabendlich an verschiedenen kulturellen Aktivitäten teilnahm und noch mehrere Stunden las, bevor ich zu Bett ging.

In der Werft Korneuburg gab es um diese kritische Zeit eine hektische, politische Tätigkeit. Ich als sechzehnjähriger Lehrling war damals noch ein Unwissender auf dem Gebiet der Politik. Aber durch meine sozialistische Abstammung wußte ich doch, was auf dem Spiele stand. Leider trat bei den revolutionärsten Arbeitern schon eine gewisse Resignation hervor, denn sie ahnten, was Nazismus bedeutete — Terror und Krieg! Ich erinnere mich noch, daß ein paar Lehrlinge am 11. März 1938 einen Gewerkschaftsabend in der Eisenbahngasse hatten, als gegen 19.30 Uhr ein Kollege die Tür aufschlug und die Worte rief: „Verschwindet alle, die Nazis marschieren schon am Hauptplatz." Wir brachen die Sitzung ab und zogen auf Schleichwegen zum Hauptplatz. Was wir dort sahen, brachte uns ins Staunen: SA, SS marschierten im Gleichschritt, Fackeln tragend, brüllten sie ihre Parolen wie „Sieg Heil", „Nieder mit Schuschnigg und den Juden", „Ein Volk, ein Reich, ein Führer". Erschüttert sahen wir Werftlehrlinge, auch viele ältere Werftler mitmarschieren! Was sollten wir als junge Werftler da tun? Österreich war nun verloren. Hitlers „Tausendjähriges Reich" mit all seinen „Segnungen" war über uns hereingebrochen. Es gab kein Österreich mehr, sondern nur noch die Ostmark, es gab keine Österreicher mehr, sondern bestenfalls Ostmärker. Es wird wohl nicht allzuviele Menschen damals in Österreich gegeben haben, die sich der Schwere dieses Unglücks, der ganzen Tragweite der Katastrophe, die uns heimgesucht hat, und ihrer Folgen so richtig bewußt geworden sind.

Es gab eine Anzahl verblendeter, von geschickter Propaganda irregeführter Idealisten, es gab viele arme Elemente, die sozusagen Morgenluft witterten und sich noch rechtzeitig umgestellt hatten, weil sie hofften, wie das bei solchen politischen Umstürzen immer der Fall ist, im trüben fischen, zu Stellungen, Rang und damit zu Geld zu kommen. Die große Masse unseres Volkes aber war verbittert durch die vorhergegangenen Jahre des grünen Faschismus. Sie war durch die große wirtschaftliche Not stumpf und müde geworden und war durch die passive Haltung der Westmächte, auf deren Unterstützung noch im letzten Augenblick so viele ihre Hoffnungen gesetzt hatten, enttäuscht.

Das Ausland hat dem österreichischen Volk vielfach den Vorwurf gemacht, daß es sich bei der kurz nach dem Einmarsch des deutschen Heeres stattgefundenen Volksabstimmung in so großer Zahl angeblich begeistert für den Anschluß Österreichs an das Deutsche Reich, also an den Nazismus, ausgesprochen hätte. Kein Vorwurf ist unberechtigter als dieser! Die Volksabstimmung war keine freie Wahl, stand doch das österreichische Volk nicht allein unter dem Druck der umstürzenden Ereignisse, sondern war es doch auch dem totalen Terror der SS und der SA völlig ausgeliefert. Gewiß, die Nazi haben begeistert mit „Ja" gestimmt, auch andere, Nicht-Nationalsozialisten, die in großer Zahl der groß aufgezogenen Propaganda, der nichts entgegengesetzt werden konnte, unterlagen, haben freiwillig mit „Ja" gestimmt. Aber sie alle hätten nach meiner Überzeugung keine Mehrheit für den Anschluß ergeben. Das fast hundertprozentige „Ja" ist unter stärkstem Druck zustande gekommen! Sowohl in den Betrieben als auch in den Wohnhäusern haben wenige Tage vor der Abstimmung Angehörige der SS und der SA verkündet, daß Wahlpflicht bestehe, und daß dafür gesorgt sei, daß bekannt werde, wer mit „Nein" stimme.

Beinahe jeder Österreicher, von wenigen Ausnahmen abgesehen, hat unter dem Hitler-Regime zu leiden gehabt und Bitteres erfahren müssen, jeder könnte darüber Bände schreiben, und sie alle enthielten eine einzige, schwerste Anklage gegen das „Tausendjährige Reich", gegen seine Machthaber, gegen alle, die diese Diktatur gefördert und die mitgeholfen haben, daß sie über uns kommen konnte. Namhafte Schriftsteller und Politiker haben in vielen Büchern einen Bruchteil all des Leidens festgehalten, weniger als Anklage und Schrei nach Vergeltung, denn als Warnung für die Zukunft.

Bereits am ersten Tag nach dem Einmarsch der deutschen Truppen, am Montag, dem 14. März 1938, streckte das Großdeutsche Reich seine Hand nach der Donaudampfschiffahrt aus. Dem neuen Regime nicht genehme Mitarbeiter, insbesondere solche jüdischer Abstammung, wurden aus dem Unternehmen entfernt, ihre Funktion von Sympathisanten übernommen. Am 18. Juli wurde schließlich ein „Reichsdeutscher" zum Generaldirektor bestellt und somit die zielbewußte Eingliederung der DDSG in die deutsche Wirtschaft besiegelt. Am 12. August ließ Generalfeldmarschall Göring als Diktator der deutschen Wirtschaft der Creditanstalt mitteilen, der Führer „wünsche den Zusammenschluß der Donauschiffahrt", zu welchem Zweck die italienische Beteiligung an der DDSG abzulösen sei, was schließlich auch geschah. Da das Deutsche Reich neben diesem Aktienpaket automatisch auch die österreichische Staatsbeteiligung übernommen hatte und sich zusätzlich auch die Anteile der Banken sicherte, war die DDSG damit verstaatlicht und wurde in den Konzern der Reichswerke „Hermann Göring" eingebunden.

Ebenso in der Werft Korneuburg wurden verschiedene Mitarbeiter ausgetauscht. Schon 1937 „schlichen" sich als „Heimwehrler" diverse heran. Aber Mitte 1938 wurde Zentralinspektor Weber suspendiert, ebenso viele andere wie Maschinenbaumeister Konstantin und Tischlermeister Schwarz. Die Abteilung Maschinenbau führte ein Dipl.-Ing. Novy und Meister Bös. Werkstättenschreiber wurde der SA-Mann Quatember, eine gefährliche Person. Betriebswirtschaftlich gesehen begann ein Aufschwung. Die deutsche Planung lief in gewohnter Weise rasch an. Baubeginn von zwei dieselelektrischen Motorfahrgastschiffen mit Schaufelantrieb für die DDSG, „Stadt Wien" und „Stadt Passau". Übergang zur Außenhautschweißung. Die Werft wurde zum „kriegswichtigen Betrieb" erklärt und in allen ihren Anlagen und Ausrüstungen bedeutend erweitert. Vergrößerungen des Werftgeländes auf ca. 197.000 m². Verlängerung, Verbreiterung und Vertiefung des Werfthafens. Baubeginn von vier neuen Hellingen mit je drei Stapelflächen und je einem Hellingkran auf der sogenannten Werftinsel. Bau der dazugehörigen Werkstätten, Wasser- und Kompressoranlagen. Errichtung einer neuen Schiffbauhalle von 100 m Länge und 34 m Breite. Bau bzw. Modernisierung des Maschinen-, Geräte- und Werkzeugbaues.

Noch gegen Ende 1939 bestand ich in der Maschinenfabrik Heid in Stockerau mit vielen anderen Freunden und Kollegen die Facharbeiterprüfung für Maschinenbau. Mit geschwellter Brust marschierten wir ehemaligen Lehrlinge in die Meisterkanzlei und berichteten über diese Prüfung. Höchst befriedigt verließen wir kurze Zeit später die Kanzlei. Bei einem Glas Bier in einem in der Nähe befindlichen Gasthaus haben wir dann das Ereignis gefeiert. In den kommenden Wochen verließ ich die Werft hoffnungsfroher, war ich doch als Jung-Facharbeiter bei der „Zugschwert-Partie" geblieben und hatte ich doch in dem vergangenen Jahr so viel gelernt, daß ich mich mit Recht als tüchtiger Maschinenschlosser betrachten konnte.

Der Winter 1939/40 war der strengste seit Jahren. Die Thermometersäule sank bis zu 30 Grad unter den Gefrierpunkt. Im Werfthafen stauten sich die Dampfschiffe, welche im „Winterstand" auf ihre Reparatur warteten. Wir Maschinenschlosser hatten damals noch viel zu reparieren. Hauptmaschinen, Steuer- und Lichtmaschinen, Seil- und Ankerwinden. Die Beheizung dieser Schiffe bestand nur aus einem sogenannten „Kanonenofen", welcher mit Mohačer-Staubkohle oder Eierkohle auf Rotglut gebracht wurde. Die Wirkung war dadurch, daß sich nur der zum Ofen gewendete Körperteil erwärmte. Verständlich, daß ein solches Arbeiten eine physische Belastung bedeutete.

Es ist wert einen Arbeitstag aus jener Zeit „romantisch" zu beschreiben. In Korneuburg nahm die Morgendämmerung im Osten zu, und mit der Erhellung des Horizontes verdunkelte sich die Donau und das Hafenbecken. Etwas unendlich Hochmütiges und Anmaßendes lag in diesem Zusammentreffen: die zu reparierenden Dampfschiffe und die wartenden Arbeiter auf das Sirenengeheul zum Arbeitsbeginn. Sie schienen zu neuem Kampfbeginn bereit. Schauerlich gesellte sich das Feierliche der Stunde hinzu. Im Tagesanbruch liegt geheimnisvolle Erhabenheit, die aus dem Rest des Traums und dem Beginn des Denkens entsteht. In diesem schwankenden Moment schwebt noch ein Letztes vom Gespenstischen der Nacht. Die Sirene zum Arbeitsbeginn ertönte und in einem seltsam feierlichen winterlichen Dämmerlicht traten die Arbeiter aus der Werkstätte und marschierten mit Werkzeugkisten beladen Richtung Dampfschiff. Sie hatten warme Kleidung an, ein wollenes Hemd und wollene Strümpfe, beschlagene Schuhe, eine gestrickte Jacke, faltige Schlosserhosen, und auf dem Kopf eine Wintermütze. An die Winterarbeit gewöhnt, hatten sie noch einen Überrock in Bereitschaft. Am Schiff angelangt, ging's über den eisbedeckten Steg zur Reparaturstelle. Die jüngeren Arbeiter heizten den Ofen an, die älteren legten die Werkzeuge bereit und der Partieführer teilte die Tagesarbeit ein. Da schon eine Woche lang die Maschinen zerlegt wurden, wies das Dampfschiff alle Spuren einer Reparaturarbeit auf. Auf dem Verdeck glaubte man noch, das zornige Fußgetrampel der Donaugeister zu vernehmen. Überall die Zeichen einer Schiffsreparatur. Das Schiff war total zerpflückt, aber alles wurde mit Überlegung ausgeführt. Dampfventile lagen zum Abtransport bereit, Siede- und Überhitzerrohre sowie Ketten und Tauwerk lagen auf dem Seitendeck, ölige Lager- und Maschinenteile hatten ihren Platz neben dem Radkasten, mit anderen Worten: die Fasern und Nerven des Schiffes waren bloßgelegt und lagen umher. Mit Feuereifer — wahrlich, die Kälte trieb sie an — gingen die Arbeiter an ihr düsteres Werk. Je schneller in dieser Kälte zerlegt wurde, desto früher konnte man in der warmen Werkstätte die Maschinenteile überholen oder erneuern. So kam an einem solchen Tag unendlich langsam die Frühstücks- und Mittagspause heran. Gutes tun und Gutes essen, das sind zwei große Freuden. Der gesättigte Mann gleicht einem beruhigten Gewissen. Nachdem das Mittagbrot verzehrt war, kam der lange Nachmittag, der sich bei solcher Jahreszeit dahinzog. Um 17 Uhr war zu jener Zeit Arbeitsschluß. Jeder bemühte sich noch, im Tageslicht die allernötigsten Bedürfnisse zu erledigen, dann gings heim zur Familie, denn morgen kommt der nächste Arbeitstag.
Zu jener Zeit kam mir auch der Gedanke über Sinn und Zweck der Arbeit. Die „Arbeit an sich" ist nicht so romantisch, wie vorhin beschrieben. Im Dialog

mit älteren, erfahrenen Kollegen bekam ich, bezogen auf das Thema Arbeit meine eigene Ansicht, welche zwar nicht ausgereift war, aber durch gute, geistvolle Bücher stets verbesserte. Viel, dieser guten Literatur, stand in der „Nazizeit" unter dem „Index librorum, prohibitorum". Das Lesen solcher Bücher war zu jener Zeit auch sehr gefährlich, ja sogar staatsfeindlich, insbesondere das Verleihen mußte geheim geschehen. Dadurch kam ich in Kreise, die ich in diesem Buch noch erzählen werde.

Ein Heer ist ein seltsam gebildetes Meisterstück,
in welchem die Macht aus einer
ungeheuren Masse von Ohnmacht fließt.
So erklärt sich der Krieg,
den die Menschheit gegen die Menschheit
trotz der Menschheit führt.
(Victor Hugo)

NS-Gewaltherrschaft und Zweiter Weltkrieg

Rückblickend auf meine Jungfacharbeiterzeit war dieser Abschnitt meines Lebens, trotz aller Widerwärtigkeit des Naziregime, ein Lern- und Erfahrungsabschnitt. Politisch gesehen — versteht sich! Viele politische Kreaturen lernte ich kennen und erlebte ihren Werdegang. Anfangs der Not und Angst gehorchend, aber später wurden diese miesen Gestalten perfekte, sadistische und verräterische „Nazis". Und wenn sie nicht gestorben sind, so leben sie noch heute als „biedere Bürger". Aber es gab auch heroische Menschen in jener finsteren Epoche der österreichischen Geschichte. Ich glaube nicht, daß ich damals den Mut zu würdigen wußte, den viele Werftler und andere Freunde bewiesen, indem sie politisch gefährdeten Genossen halfen. Sie riskierten völlig selbstlos ihre Freiheit, vielleicht sogar ihr Leben. Sie alle mußten in Österreich weiterleben unter dem Naziregime, keinen Augenblick frei von der Angst, verhaftet zu werden. Diese antinazistischen, nichtjüdischen Österreicher hatten keine Chance auszuwandern und nur wenig Möglichkeit, etwas gegen das verhaßte Regime zu tun. Wie konnten sie — auch wenn es Tausende waren — Widerstand leisten, wo doch Schuschnigg mit all seinem Machtwillen gescheitert war? Wie viele sind in den Konzentrationslagern umgekommen? Und vielleicht noch tragischer — wie viele sind an der Front gefallen, für ein Regime, das sie verachteten und verabscheuten, auf der falschen Seite kämpfend, während sie wohl alles darum gegeben hätten, auf der anderen Seite zu stehen!

Dies alles sind vergessene Tragödien, für jene, die damals weit vom Schuß waren, selten Verständnis aufgebracht haben. Man kann nur hoffen, daß heute denkende Landsleute mehr Verständnis aufbringen für die Not jener Unglücklichen einer früheren Generation, die alle so gerne ausgewichen, entflohen wären, aber keine Wahl hatten. Viele strenge „Richter" von heute, haben kein Verständnis für die Nazigegner, die damals nicht desertierten oder protestierten — weil sie nicht konnten. Wenn sie überhaupt eine Wahl hatten, dann war es die Wahl zwischen Leben und Tod. Aufruhr bedeutete Tod, Militär eine Chance zum Überleben. Und ich hatte wahrlich Glück!

Ich will gar nicht erst versuchen, die Ereignisse der folgenden Wochen chronologisch zu schildern, die ich als Rekrut der deutschen Wehrmacht erlebte.
Zu viel ist schon darüber geschrieben worden, von anderen „merkantilen" Büchermachern und Schriftstellern. Ende Jänner 1942 kam ich mit vielen älteren Reservisten in die Klosterbruckkaserne nach Znaim und absolvierte vier Wochen lang die deutsche Rekrutenausbildung. Znaim oder Znojmo, eine Bezirksstadt im südlichen Mähren an der Thaya, mit 22.000 Einwohnern. Es gab eine Fachschule für Keramik, Acker- und Weinbauschule, Leder-, keramische und Nahrungsmittelindustrie, Gemüse-, Obst- und Weinbau. An Sehenswürdigkeiten das Barockschloß und die Niklaskirche (14. bis 15. Jahrhundert), Znaim wurde 1226 Stadt. Vor dem ersten Weltkrieg war es zu 80 % deutschsprachig und ein Vorort des südmährischen Deutschtums. Znaim liegt am Steilufer der Thaya und war der Knotenpunkt der Bahn Wien — Iglau. Im Süden lag Klosterbruck mit der ehemaligen Prämonstratenserabtei. Nach der Angelobung durften wir das erste Mal zum Wochenende nach Hause fahren. Es war immer wieder eine Freude, meine geliebten Eltern und Freunde zu sehen!
Meine Ausbildung bestand nicht nur aus der „reinen" Infanterie, sondern als 13. Kompanie auch die leichten 7,5 cm Infanteriegeschütze und die 15 cm schweren Infanteriegeschütze. Vor Ostern 1942 kam unsere Ausbildungskompanie in den Raum Limbach-Maissau als Aushilfe zum Einsatz. Ich war in Unterdürnbach als Bauernhelfer zugeteilt und erlebte die Bauerarbeit am eigenen Leib. Es waren vier Wochen reine Bauerntätigkeit und im Grunde genommen eine neue, mir unbekannte Beschäftigung. Ich lernte den Weingarten zu bearbeiten und Kartoffeln zu setzen sowie anderwärtige Bauernbeschäftigungen. Die „Schleiferei" und Geländeausbildung im deutschen Heer machte mir keine Probleme, da ich durch den Fußballsport und die Leichtathletik in den Jahren vorher konditionell auf der Höhe war. Viel „inneren" Ärger erlebte ich durch die Unterwürfigkeit, Demutshaltung und Inferiorität gegenüber den geistig primitiven Vorgesetzten. Individuen dieser Art gab es im deutschen Heer eine Vielzahl. Eine Anzahl meiner Rekrutenkameraden zehrten ebenso wie ich an dieser Tatsache.

Juni 1942 wurde ein Teil einer neuen 109. Infanteriedivision zusammengestellt und wir kamen von Znaim nach Eupen-Malmedy (belgisch-deutsches Grenzgebiet) in den Ort Elsenborn. Als meine Eltern dies erfuhren, waren sie froh, daß ihr Sohn nicht an die Ostfront kam. Unser Einsatzziel war der „Atlantikwall".

Schon in den letzten Monaten vor meinem Militärdienst waren in der Werft Korneuburg viele Kriegs- und Zwangsarbeiter aus den besetzten Gebieten beschäftigt. So auch Holländer aus Rotterdam und Vlissingen, Werftarbeiter aus diesen beiden Städten. Durch die Arbeit und das Fußballspiel lernte ich viele solcher holländischen Arbeiter auch persönlich gut kennen und ihre Lebensansichten und Eigenarten schätzen. Hier, auf der Insel Walcheren, war es mir nun auch möglich, Land, Leute und Kultur kennenzulernen. Trotz des öden Bewachungsdienstes unserer Kompanie gab es manche Freizeit und wir sahen durch Ausflüge zu anderen Städten viel Land und Kultur, was mir imponierte. Speziell die Geschichte und Kultur dieses Landes studierte und besah ich gerne.

Anfang September 1942 wurde mein Regiment nach Belgien versetzt. Wir nahmen Abschied von der Insel Walcheren und es ging über Antwerpen, Gent, Brügge, Torhut, Diksmuide nach Nieuport in West-Flandern. Unser Einsatzgebiet lag südlich von Ostende, zwischen Nieuport-Bad und Oostduinkerke-Bad. Wieder der stupide „Wachdienst" gegen England, aber auch ein Kennenlernen einer anderen Kultur und Landschaft. Den Belgier kannte ich von der Schule her, wenn überhaupt, nur sehr oberflächlich. Die beiden Weltkriege, in denen Deutschland Belgien überfiel, nur weil es „am Wege lag", waren für gute Kenntnisse keineswegs förderlich. Mancher von uns Soldaten kannte die Vielfalt der belgischen Landschaft: von den gebirgigen Ardennen durch das sanft hügelige Brabant zu den weiten Flächen Flanderns — aber kannte er auch die unerschütterliche Toleranz der Belgier oder ihren Lebensstil? Trotz allem, was die Deutschen ihnen angetan hatten! Zweimal in einer Generation hat Deutschland das neutrale, friedliche Nachbarland überfallen, besetzt und gegen jedes Völkerrecht vergewaltigt: Zweimal wurden unter Protesten von seiten der gesamten westlichen Welt Zivilpersonen zur Zwangsarbeit nach Deutschland deportiert: die Nazis machten Jagd auf Belgier jüdischen Glaubens, richteten das Konzentrationslager Dreedonk bei Antwerpen ein, zweimal in einer Generation kämpften belgische Untergrundtruppen gegen die deutschen Besatzer. Kein Ort zwischen Verviers und Turnai, in dem nicht Gedenktafeln an Geiselerschießungen, an Kriegsverbrechen und andere Terrormaßnahmen deutscher Behörden aus zwei Kriegen erinnern. Nur wenige wissen, daß Belgien unter den Besatzungen mehr gelitten hat, als zum Beispiel Frankreich. Vor der „Grande Nation" hatte selbst Hitler einen gewissen Respekt, vor Belgien nicht. Dieses Land wurde von den Besatzern gründlich mißachtet.

Wer weiß schon, daß die Belgier es trotz der Judenverfolgung in ihrem Land geschafft haben, 50 % ihrer Bürger jüdischen Glaubens zu verstecken und am Leben zu erhalten?

Indessen, werter Leser, beginnt in der Werft Korneuburg intensiv der Terror der Gestapo gegen führende Kollegen der illegalen kommunistischen Bewegung. Waren aber jene Helden des Widerstandes alle Kommunisten? Viele kannte ich persönlich sehr gut und wußte, daß manche aus dem Kader des Schutzbundes kamen, also sozialdemokratisches Gedankengut bevorzugten. Wie aber wurden jene Helden verraten? Wer hat sie der Gestapo ausgeliefert?

ERSTE DONAU-DAMPFSCHIFFAHRTS-GESELLSCHAFT

IM KONZERN DER REICHSWERKE „HERMANN GÖRING"

An den
Abw. Beauftr. der I.D.D.S.G.   A b s c h r i f t !
Pg. Dr. Richard W i l d n e r

W i e n   III
Hintere Zollamtsstr. 1   Werft Korneuburg Korneuburg
                                       IN DER ANTWORT ANGEBEN   Am Hafen 3
IHRE ZEICHEN IHRE NACHRICHT VOM UNSERE NACHRICHT VOM UNSER HAUSRUF UNSERE ABT. UND ZEICHEN
                                       WS-Pi/N/42   9. Sept.42.

BETREFF **V**erhaftung eines Gefolgschaftsmitgliedes
wegen kommunistischer Betätigung.

Das Gefolgschaftsmitglied V i l i m e k Josef geb.11.1.19o1
in Korneuburg, verh. 1 Kind, r.Kath.,seit 27.2.36. bei uns im Betrieb als Maschinenschlosser beschäftigt; wohnhaft in Korneuburg, Alte Schießstattgasse 7, wurde am 8.9.42. von zwei Beamten der Gestapo wegen kommunistischer Betätigung verhaftet.
Er war bis zur Auflösung der sozialdemokratischen Partei im Jahre 1933 Schutzbundführer und bewegte sich ständig auch nachher in Kreisen, die uns als Kommunisten bekannt waren. V i l i m e k wurde nach dem Umbruch einige Male zum Kreisobmann berufen und von dieser beeinflußt seine Gesinnung aufzugeben und Mitarbeiter zu werden. Betrieblich gesehen war er ein sehr guter Maschinenschlosser und hatte derzeit den erreichbaren Höchstlohn. Er war im Dienst sehr pflichteifrig und gewissenhaft. V i l i m e k steht in Verbindung mit den bereits verhafteten Gefolgschaftsmitgliedern wegen kommunistischer Betätigung.

                    H e i l   H i t l e r !
              Erste Donau-Dampfschiffahrts-Gesellschaft
                    Schiffswerft Korneuburg
                    Werkschutzleiter
                    Unterschrift Pinkernell

Die Gruppe der Widerstandskämpfer aus der Werft Korneuburg bestand aus ca. 35 Arbeitern und Angestellten. Elf Widerstandskämpfer wurden verhaftet: Schwarzböck Josef, verhaftet Herbst 1941, hingerichtet 15. Februar 1943. Czack Franz, verhaftet Frühjahr 1942, hingerichtet 17. Mai 1943. Gruber Hans, verhaftet 13. August 1942, hingerichtet 22. Februar 1943. Jordan Anton, verhaftet 16. August 1942, hingerichtet 22. Februar 1943. Alexander Rudolf, verhaftet 21. August 1942, hingerichtet 22. Februar 1943. Fukatsch Franz, verhaftet 26. Juli 1942, verurteilt zum Tode, begnadigt zu lebenslänglich Zuchthaus mit Frontbewährung, zurückgekehrt Spätherbst 1945. Sagerl Ferdinand, verhaftet 14. August 1942, verurteilt zu 8 Jahren Zuchthaus nach dem Krieg, zurückgekehrt Spätherbst 1945. Wutzl Johann, verhaftet 18. August 1942, verurteilt zu 8 Jahren Zuchthaus nach dem Krieg, zurückgekehrt Spätherbst 1945. Ruffer August, verhaftet 3. September 1942, verurteilt zu 5 Jahren Zuchthaus nach dem Krieg, zurückgekehrt 10. Mai 1945. Jahnass Johann, verhaftet 3. September 1942, verurteilt zu 3 Jahren Zuchthaus nach dem Krieg, zurückgekehrt 9. Juni 1945. Vilimek Josef, verhaftet 8. September 1942, verurteilt zu 4 Jahren Zuchthaus nach dem Krieg, zurückgekehrt 10. Mai 1945. Schwarzböck Josef und Czack Franz wurden in Wien hingerichtet, Alexander Rudolf, Gruber Hans, Jordan Anton und Mühl Johann wurden am 22. Februar 1943 in Berlin-Charlottenburg hingerichtet. Die Sterbemeldung vom Standesamt Berlin-Charlottenburg lautet: Am 22. Februar 1943 sind verstorben: Gruber Johann um 18.48 Uhr, Alexander Rudolf um 18.51 Uhr, Jordan Anton um 18.54 Uhr und Mühl Johann um 18.57 Uhr. In einem Zeitablauf von 9 Minuten wurden vier Menschenleben durch Henkerbeil ausgelöscht. Nur deshalb, weil sie unbeirrbar an Österreich glaubten, für Freiheit und Menschenwürde eintraten und bereit waren, den Angehörigen von schuldlos Eingekerkerten, wenn sie in Not gerieten, finanzielle Hilfe angedeihen zu lassen. Das war in den Augen der damaligen Machthaber Anlaß genug zu töten. Die Sterbefallsmeldung trägt die Aufforderung des Bezirksbürgermeisters von Charlottenburg: „Tretet ein in die NS Volkswohlfahrt."

Die Taten des nationalsozialistischen Verbrecherstaates waren von einer so unheimlichen, so gigantischen, so unvergleichlichen Dämonie, daß das menschliche Gehirn und das menschliche Gefühl die Dimensionen dieser Verbrechen niemals zur Gänze erfassen und begreifen können. Was sagt das schon, daß sechs Millionen ermordet wurden, weil sich einige ihrer Mitmenschen einbildeten, diese sechs Millionen hätten eine stark gekrümmte Nase und wären deshalb Untermenschen, die wie Ungeziefer vernichtet werden müßten? Was sagt uns schon der gewaltige Berg von Schuhen, den man in Ausschwitz zur Erinnerung an die früheren Eigentümer herzeigt? Millionenfacher Mord kann nicht millionenfache Empörung eines Menschen hervorbringen. Dem menschlichen Mitgefühl sind engere Grenzen gesetzt, als dem menschlichen Verbrechen. Und darum sind die Zeugnisse einzelner Opfer so wichtig und auch so wertvoll: Weil sie uns mehr sagen als eine noch so grauenvolle Statistik, weil sie uns unmittelbar, ungefiltert, mit menschlichem Fühlen, menschlichem Leid, menschlichem Wollen konfrontieren. An dieser Stelle, werter Leser, sollten wir ein paar Herzschläge lang diesen Werftarbeitern gedenken!

Anfang Jänner 1943 kam ich als Fronturlauber nach Korneuburg. Viele alte Freunde und Kollegen waren auch schon Frontsoldaten, so war ich die meiste Zeit bei meinen Eltern zu Hause, auch deswegen, denn in meiner Kompanie munkelte man, daß es bald nach Rußland ginge und das bedeutete lange Zeit keinen Fronturlaub. Wohl besuchte ich meine Werft und den Korneuburger Fußballverein, aber man merkte auch schon den Beginn des „totalen Krieges". Man sah nur mehr sehr junge oder ältere und invalide Kollegen.
Ende Jänner, nicht ohne großen Abschied, ging es wieder per Fronturlauberzug nach Belgien. Meine Kompanie, ja die ganze Division war im Begriff zu verladen, um die Ostfront mit neuen Truppen zu verstärken. In diesen Märztagen 1943 erlebte ich meine Feuertaufe. Vierzehn Tage dauerte unser Transport vom Ärmelkanal bis vor Charkow. In Merefa war die Bahnlinie zu Ende und von da an ging's zur Front, vorüber an Toten und Verwundeten, an zerstörtem Kriegsmaterial, vorbei zur HKL (Hauptkampflinie). Unsere Aufgabe war, die Kampfgruppe Meyer infanteristisch zu unterstützen. Endlich konnte unser ritterkreuzsüchtiger Kompaniekommandant, Leutnant Katz, sein Heldentum zeigen. Aber nur für zwei Tage, denn nach einem Wahnsinnsangriff, ohne schwere Unterstützung, wurde er schwer verwundet und viele meiner Kameraden fielen.
Inzwischen stagnierten die Fronten noch einmal. Unsere HKL war am Donez bei Tschugujew östlich von Charkow. Trotz der schweren Niederlage von Stalingrad, trotz der Aufgabe alles im vergangenen Jahre eroberten Bodens bereitete Hitler noch einmal eine Sommeroffensive vor, von der er sich entscheidenden Erfolg versprach. Aber ein solcher entscheidender Erfolg ist nun unmöglich geworden. Die Russen haben ihre Periode der ständigen Niederlagen endgültig überwunden. Ihre Rüstung läuft hinter dem Ural in neu aufgebauten Rüstungsbetrieben auf vollen Touren. Die Amerikaner liefern nicht nur über die von deutschen U-Booten und Flugzeugen bedrohte Nordmeerroute, sondern nach dem Sieg in Nordafrika auch über Persien jede Menge Rüstungsgüter an die Sowjetunion.
Bei einem Angriff der Sowjets, östlich von Charkow, es war der 16. Juli 1943, um 4 Uhr früh, wurde ich das erste Mal verwundet. Ich sah den Schützen von

einem Sonnenblumenfeld aus, im Morgennebel, wie er auf mich zielte. Ich legte mich im Schützenloch, welches mit Brettern und Balken abgedeckt war, schnell flach. Ich hatte Glück, denn die Gewehr-Kugel ging durch ein Holzbrett und traf die rechte Seite meines Halses und blieb in der Schulter stecken. Sofort waren meine Kameraden bei mir und schleppten mich im Laufgraben zur Verbandsstelle zurück. Es bestand die Gefahr, daß die Aorta getroffen war. Später kam ich zum Hauptverbandsplatz nach Charkow und ab ging's, mit vielen anderen verwundeten Kameraden, mit einer Ju 52 nach Krujkow ins Lazarett.

Ich lernte das Lazarettleben kennen und hatte viel Zeit, über manches nachzudenken, im besonderen über Rußland. Da auch eine Bibliothek vorhanden war, las ich gute russische Literatur sowie Geschichte. „Kulikowo" hat für das östliche Abendland die gleiche historische Bedeutung wie Salamis, Thermopylen, Katalaunische Felder, Lechfeld, Liegnitz, Mohács, Wien 1683 für das westliche Abendland. Vor ca 600 Jahren wagte der russische Großfürst Dimitrij einen bewaffneten Gang gegen die Tartaren und gewann mit seinem Bauernheer im September 1380 auf dem „Kulikowo polje" (Schnepfenfeld) am oberen Don eine der blutigsten Schlachten des Spätmittelalters. Dimitrij Donskoj, der von 1359 bis 1389 herrschte, eroberte nach diesem Siege weite Teile vor dem Ural, im hohen Norden und an der nördlichen Dwina und Kama. Er, der Tartarenbezwinger aus der Dynastie der Rurikiden, war, nur 150 Jahre nach der apokalyptischen Invasion der asiatischen Großmacht der Mongolen, der eigentliche Begründer des russischen Staates. Als der Pankrator Iwan III., 73 Jahre nach Dimitrijs Tod, im Jahre 1462 die Regierung antritt, erbt er 600.000 Quadratkilometer — für damalige Verhältnisse die Dimension eines Imperiums. Ohne die Tat Dimitrij Donskojs wären Rußland und die russische Nation nicht denkbar.

Nun zur Literatur, wo mir Dostojewski zusagte. Was sagte schon Friedrich Nietzsche über ihn: „Er gehört zu den schönsten Glücksfällen meines Lebens, mehr selbst noch, als die Entdeckung Stendhals." Oder Knuth Hamson: „Keiner hat die komplizierte Zusammensetzung des Menschen mehr zergliedert als er, sein psychologischer Sinn ist überwältigend, seherisch. Zur Beurteilung seiner Größe fehlt uns das Maß. Er steht allein. Seine Zeitgenossen wollten ihn messen, aber es mißlang, er war so bescheiden groß." Oder Stefan Zweig: „Unmöglich ist es, alle seine Taten aufzuzählen, die Wanderungen über die eisigen Grate des Gedankens, die Niederstiege zu den verborgenen Quellen des Unterbewußten, die Aufstiege, die gleichsam traumwandlerischen Aufstiege an den schwindelnden Gipfel des Selbsterkennens. Ohne ihn, den großen Überschreiter allen Maßes, wußte die Menschheit weniger um ihr eingeborenes Geheimnis, weiter als je blicken wir von der Höhe seines Werkes in das Zukünftige hinein."

Dostojewski hatte ein ungewöhnliches Leben, es schenkte ihm eine Fülle persönlicher Erfahrung, die er rasch in sein Werk umsetzte, kann man sagen. Dostojewskis Trauma reicht in die früheste Kindheit zurück. Der Vater, ein bekannter Arzt, war ein ungewöhnlich schroffer, despotischer Mann, der 1839 von seinen Bauern getötet worden war. Der gewaltsame Tod des gewaltsamen Mannes hat sich in dem 18jährigen Dostojewski tief eingeprägt. Er kam auf eine gehaßte Militär-Ingenieurschule, von der der Weg des mitfühlenden, sozial eingestellten Jünglings zu revolutionären Geheimbünden naheliegt. Er geriet in den Umkreis des damals blühenden utopischen Sozialismus. Die Obrigkeit schlug hart zu. Das Todesurteil wurde an der Hinrichtungsstätte in Verbannung und Zwangsarbeit umgewandelt. Die Szene könnte einem Dostojewski-Roman entsprechen. Er wurde vor das Hinrichtungspeleton gestellt, als die Begnadigung schon feststand. Dostojewski trat den Weg nach Sibirien an, ein Land der wahrhaft „Erniedrigten und Beleidigten", worüber er in seinen „Aufzeichnungen aus einem Totenhaus" berichtet hat. Dostojewski diente neun Jahre in Sibirien ab. Dann ging es weiter in seinem Katastrophenleben. Eine Ehe scheitert, seine Zeitschrift wird verboten, sein Bruder, mit dem er journalistisch zusammenarbeitet, stirbt und halst ihm damit die Sorge um seine Familie auf, er gerät in Schulden. Er begegnet Apollinaria Soslova, die er später ein „infernalisches Weib" nennen wird. Nach dem Urteil derer, die sie gekannt haben, eine Frau von abgrundtiefer Bosheit und Grausamkeit. Für ihn war diese Episode die Offenbarung der Nachtseiten des Lebens und der Liebe. In ihrer Gegenwart hatte er den ersten großen Verlust beim Roulett in Wiesbaden. Dostojewski bleibt nur mehr die Flucht vor den Gläubigern in den Westen. Die epileptischen Anfälle hatten durch die sibirischen Entbehrungen zugenommen. Er führte ein Leben zwischen trostlosen Mietzimmern und Spielsälen. Er spielte und verlor. Die Gläubiger waren ständig hinter ihm her. Seine Rettung ist eine blutjunge Sekretärin. Sie wollte ihm nur ein Romanmanuskript abschreiben und wurde seine Frau. Anna Grigorjewna, die später ihr Leben mit Dostojewski beschrieben hat, ermöglicht ihm, daß er nach seiner Heimkehr nach Rußland in halbwegs geordneten Verhältnissen seine großen, späten Romane schreiben kann. Dostojewski ist ein junger Revolutionär und ein alter Reaktionär. Da gibt es den Dostojewski vor Sibirien. Er ist formal streng, weltanschaulich liberal, sozialistisch gesinnt, und da gibt es den Dostojewski nach Sibirien: konservativ, ja klerikal, mystisch, panslawistisch. Aber stimmt es? Das Schema ist ja nicht nur aus der Literaturgeschichte bekannt. Heine hat man auch in diese Zwangsjacke gesteckt. Ich denke, wir brauchen uns als Leser nur seine Bücher zur Hand nehmen und nicht von diesen Bekenntnissen schrecken lassen.

Der „Christ" Dostojewski war auch eine dialektische Erscheinung, wie wir aus seinem „Großinquisitor"-Gleichnis wissen. Die großen Romane „Schuld und

Sühne", „Der Idiot", „Die Dämonen", „Die Brüder Karamasow", sind in ihrer thematischen Fülle, ihrer gedanklichen Vielschichtigkeit nicht auf einen ideologischen Nenner zu bringen. In schöpferischer Wut zerstörte er den Einheitsgedanken, der die Menschendarstellung des klassischen russischen Realismus beherrscht hatte. Er grub sich in die Seele ein und sprengte sie von innen. Er bildete seltene und ungewöhnliche, fast unwahrscheinliche Menschengestalten, die keine Normen und Dogmen anerkannten, die an allen geistigen Vorschriften rüttelten, die alle Grenzen überschritten und ihre Seele aus- und umwendeten, in einem merkwürdigen, fast sadistischen, oft pathologischen Drang zur Selbstentlarvung, Selbstverurteilung, Beichte und Bekenntnis. Die Welt, die er schuf, war eine Welt von Idioten, Heiligen und Mördern, von hysterischen Frauen und verrückten Narren, von Gottsuchern und Lüstlingen, von fallsüchtigen Engeln und mystischen Teufeln. Er schuf eine Welt, wo Reinheit nur aus Schmutz und Heiligkeit nur aus furchtbaren Seelenwunden hervorgehen zu können schien, wo die Liebe von Gewalt erwürgt wurde und die Lust sich von allen Banden zu entfesseln strebte. Also man lese Dostojewski! Aber man lese auch Tolstoj!

Einer der drei großen Männer, die in Europa den Geist am Ende des 19. Jahrhunderts und zu Beginn des 20. Jahrhunderts tief beeinflußt haben. Dieses Dreigestirn, das heute noch unvermindert leuchtet und glänzt: neben Nietzsche, dem dionysischen Kritiker, und Strindberg, dem durch alle Höllen dieser Welt gejagten, steht Tolstoj, der Bekenner, Ankläger und Apostel. Ihre Stellung zu Christus kennzeichnet vielleicht am deutlichsten einen wesentlichen Teil ihres Ichs. Alle drei rangen mit ihm. Nietzsche wurde sein gefährlichster Feind (stolz nannte er sich den Antichristen); Strindberg haderte Zeit seines Lebens mit ihm, unterwarf sich, beugte die Knie, um als Rebell wieder aufzustehen; nur Tolstoj fühlte sich eins, so eins mit ihm, daß er, ein russischer Junker des 19. Jahrhunderts, der Urchrist selbst zu sein sich vermaß. Lew Tolstoj, russischer Graf, geb. 9. September 1828, in Jasnaja Poljana, gest. am 20. November 1910 in Astapowo, lebte er als Gutsbesitzer in Jasnaja Poljana oder in Moskau. Er hatte den ersten Erfolg mit der autobiographischen Erzählung „Kindheit" (1852) und gilt mit dem Familienroman „Krieg und Frieden" (1868/69) und mit „Anna Karenina" (1875/77) als einer der großen Erzähler des 19. Jahrhunderts. Tolstoj war Meister des psychologischen Realismus, auch einer präzisen und anschaulichen Kunst der Naturschilderung („Die Kosaken", 1863). Seit seiner „Bekehrung" („Beichte", 1882) suchte er seine religiösen und sozialen Anschauungen auch in theoretischen Schriften auszudrücken. Tolstojs Lehre der Gewaltlosigkeit ist ein Ergebnis des Versuchs, ein reines Urchristentum zu rekonstruieren. Durch die Idealisierung des natürlichen Lebens und des „einfachen Volkes", durch die Kritik der gesellschaftlichen Konvention und des sozialen Unrechts gelangte Tolstoj schließlich zu einem Kulturnihilismus. Er leugnete den Fortschritt, den Wert von Kunst und Wissenschaft und bekämpfte jede politische, soziale und kirchliche Organisation; 1901 wurde er aus der orthodoxen Kirche ausgestoßen.

Oft mischt sich in Tolstojs Erzählungen den frommen Gleichnissen ein gewisser Duft von orientalischen Märchen bei, von den Märchen aus „Tausend und eine Nacht", die Tolstoj seit seiner Kinderzeit liebte. Manchmal trübt sich das phantastische Licht und gibt einer der Erzählungen eine unheimliche Größe. So zum Beispiel in der Geschichte von Muschik Pachom, dem Mann, der sich zu Tode rennt, um möglichst viel Land zu bekommen, so viel Land, als er in einem Tage durchlaufen kann, und der tot zusammenbricht, als er am Ziel anlangt. „Auf dem Hügel saß der Dorfälteste am Boden und sah ihn laufen und er hielt sich mit beiden Händen den Bauch vor Lachen. Und Pachom stürzte.— ‚Ah, bravo! Du Schelm, du hast viel Land ergattert'. Der Älteste stand auf, schmiß Pachoms Knecht eine Schaufel hin mit den Worten: ‚Da scharr ihn ein!' Der Knecht blieb allein zurück. Er schaufelte ein Grab für Pachom, so lang, wie dieser vom Kopf bis zu den Füßen maß, genau drei Arschin — und dann begrub er ihn." („Wieviel Erde braucht ein Mensch?") Fast alle diese Geschichten enthalten unter ihrer dichterischen Hülle dieselbe religiöse Moral des Verzichtes und der Vergebung. Oder man lese „Krieg und Frieden", das Resümee, das er aus der Geschichte Rußlands zieht. Es ist eine Galerie von Scheusalen: „der verrückte Iwan der Schreckliche, der weinselige Peter I., die ungebildete Köchin Katharina I., die ausschweifende Elisabeth, der degnerierte Paul, der vatermörderische Alexander I., der grausame und unwissende Nikolaus I., der wenig begabte und eher schlechte als gute Alexander II., der dünne, rohe und unwissende Alexander III., der einfältige Husarenoffizier Nikolaus II., ein junger Mann, der von Schurken umgeben ist und selbst nichts weiß und versteht". Also, ist nicht Tolstoj lesenswert?

Also, confiteor, ich habe diese Lazarettzeit gut genützt! Nach fünfwöchigem Aufenthalt im Lazarett wurde ich diensttauglich entlassen und mußte, ohne Heimaturlaub, wieder zu meiner Truppe zurück. Aber wo war meine Kompanie? Zehn Tage dauerte es, bis ich, weit westwärts von Charkow, meine Kameraden wieder traf. Die deutschen Armeen sind nun im Rückmarsch.

Die deutsche Rückzugbewegung ist auf einer Frontbreite von rund tausend Kilometer erfolgt — von der Küste des Schwarzen Meeres bis Smolensk im Mittelabschnitt. Aber die deutsche Niederlage besteht nicht nur im Rückzug, nicht im Aufgeben des einst unter vielen Opfern eroberten Gebietes, sondern vor allem in den ungeheuren Menschenverlusten.

Am 22. Juni 1944, auf den Tag genau drei Jahre nachdem das deutsche Unternehmen „Barbarossa" begann, steht die Sowjetarmee schon vor den Karpaten, weit in Polen. Aber an diesem 22. Juni, dem Jahrestag des deutschen Angriffes, eröffnen die Sowjets im Frontgebiet der Heeresgruppe Mitte, die noch rund 300 Kilometer weiter ostwärts als die Heeresgruppe Süd steht, ihre bis dahin kräftigste Offensive. Die Sowjets können sich das erlauben. Denn wenig mehr als zwei Wochen zuvor sind die Alliierten, am 6. Juni, in der Normandie gelandet. Die lang erwartete Invasion hat begonnen. Die von Stalin immer wieder, zuletzt in Teheran, geforderte zweite Front ist Wirklichkeit geworden. Ein Teil der deutschen Reserven wird nach dem Westen geworfen. Das erlaubt den Sowjets ihre großen Erfolge. Schon am ersten Tag wird die Front der Heeresgruppe Mitte durchstoßen, mehrfach, an verschiedenen Stellen. Das Chaos, das jetzt bei den deutschen Truppen ausbricht, hat es in der nahezu fünfjährigen Geschichte des Zweiten Weltkrieges noch niemals gegeben. Die deutsche Front scheint für die Rote Armee keine stählerne, gepanzerte Wand zu sein, sondern eine von russischen Wanzen zerfressene Tapete aus Zeitungspapier. Die deutschen Landser haben schon manches mitgemacht und viele, die einen Rückzug erlebt haben, können allerhand darüber erzählen. Aber das, was jetzt geschieht, ist noch nie dagewesen. Diesmal handelt es sich nicht mehr um einen Rückzug, diesmal handelt es sich wirklich um eine Flucht. Zum Teil um eine geradezu panische Flucht. Und dennoch sind die Einheiten der Roten Armee, besser bewaffnet und ausgerüstet als die deutschen Einheiten, viel schneller als die schnellsten der flüchtenden Landser. Es gibt überhaupt keine deutsche Front mehr, so schnell stoßen die Sowjets vor. Die deutschen Verbände, zersplittert durch den so überraschenden ungestümen Vormarsch der Russen, versuchen, sich einzeln durchzuschlagen. Der Begriff „Wandernder Kessel" entsteht. „Kessel" und „Kesselschlachten" gibt es seit den Siegeszügen der deutschen Wehrmacht in Europa. Beide Begriffe sind durch die deutschen Soldaten entstanden. Nun prägen sie, diesmal unfreiwillig, auch den Begriff des „Wanderkessels". Jede der vielen hundert abgeschnittenen deutschen Einheiten muß versuchen, sich auf eigene Faust durchzuschlagen. Ringsum vom Feind eingeschlossen, drängen diese auf sich gestellten deutschen Truppen nach Westen, dorthin, wo die Kameraden doch mittlerweile eine neue, feste Front aufgebaut haben müssen.

Viele deutsche Kompanien, Regimenter, Divisionen gehen dabei so spurlos verloren, daß bis heute niemand weiß, wo sie geblieben sind. Die Pripjetsümpfe und der Nalibocka-Wald sind so unergründet, daß sie kein Geheimnis je preisgeben. In einen solchen „Wandernden Kessel" befand sich, gegen Ende August 1944, auch meine Kompanie. Das schwere Kriegsgerät ließen wir stehen und flüchteten gegen Westen. Zweimal durchbrachen wir im Morgengrauen sowjetische Linien, welche uns den Weg versperrten. Tagelang hatten wir keine warme Verpflegung, so bestand unsere tägliche Nahrung nur aus Maiskolben, Obst und Weintrauben. Der Hunger trieb uns weiter, aber jeder größere Ort war schon von sowjetischen Truppen besetzt, so konnten wir nur während der

Nacht marschieren und am Tage sich verbergen. Es geht zu Ende! Wir waren nur mehr acht Landser von unserer Kompanie, die anderen blieben zurück. Am 3. September 1944 war es soweit, eine sowjetische Stoßtruppe entdeckte um 6 Uhr abends unser Versteck im Wald und nahm uns gefangen. Wir wurden gefilzt und von unseren „Wertgegenständen" befreit und in das Sammellager nach Roman geschleppt. Hier gab es nach langer Zeit wieder eine karge, aber warme Hirsesuppe mit Trockenbrot. Jetzt bin ich ein „woina-plenni", ein Kriegsgefangener!

Die Kriegsgefangenschaft ist eine jähe, mit voller Wucht uns treffende Versetzung, Verlegung, Vertreibung aus einem Zustand in den anderen. Als meine Kriegsgefangenschaft zu Ende war, als Rückblick konnte ich sagen: „Meine Universitäten sind vorüber."

Nun beginnen wir! Nach zehn Tagen im Hunger-Sammellager Bacaû ging's per „Viehwaggon" Richtung Rostow. Achtzig bis hundert Mann pro Wagen. Einige Tage lang hingen Menschen zwischen den Menschen, ohne den Boden mit den Zehen zu berühren. Dann begannen welche wegzusterben, man zog sie den übrigen unter den Füßen hervor (allerdings nicht gleich, erst tags darauf) — da wurde es bequemer. Nach eineinhalb Wochen kamen wir in Rostow an. Inzwischen hatte unser Transport über 200 Tote — mit ca. 2000 Gefangenen begann unsere Höllen-Reise. In Rostow wurde der Transport geteilt, 1300 fuhren in Richtung Schachty, zu den Kohlengruben. Der Rest fuhr nach Armavir noch weiter ostwärts. Ich hatte wieder einmal Glück, wenn man so sagen kann, denn die Kohlengruben blieben mir erspart. Ich fuhr weiter, unser Ziel war das Kriegsgefangenenlager Georgiewssk am Kuma- und Kurssowka-Fluß.

Die Ankunft in Georgiewssk im Oktober 1944: Ein leeres Kalmückenfeld außerhalb der Bahnstation. Sobald die Leute aus den Waggons herausgetrieben sind, müssen sie sich zu fünft in die kahle Oktobersteppe setzen. Das Zählen beginnt — dawai, dawai, po piat — sie irren sich, beginnen von neuem. Dann heißt's aufgestanden und zehn Kilometer durch die Graswüste marschieren. Endlich sind wir am Ziel. Als erstes geht's in die Banja (Bad), also die Kleider runter und nackt durch den Hof gelaufen, Auskleideraum und Bad befinden sich in verschiedenen Hütten. Trotzdem ist dies alles schon leichter zu ertragen. Das schwerste haben wir hinter uns, Hauptsache, wir sind angekommen! Wir sehen uns in der kleinen Zone um: hier der Gefangenenblock, zwei Erdbunker für je hundert Menschen, zwei verdreckte Aborthäuschen mit faulen Latten — das ist drinnen, nicht mehr. Das ganze heißt Quarantäne-Zone im Lager Georgiewssk. Zweihundert Schritt von Stacheldraht zu Stacheldraht. Draußen rundherum das große Lager, halbvoll mit „alten" Kriegsgefangenen. Man sieht ein Holzhaus mit Giebelaufbau, die Kommandantur, die verwitterten Schuppen der Wirtschaftsabteilungen, die Gefangenenküche und das Lazarett. Das Ganze ist umgeben mit einem doppelten Stacheldraht-Zaun und Wachtürmen.

In den Bunkern stehen blanke Holzplatten aufgeblockt, die Pritschen, als Schlafstelle für die „Woina plenni" gedacht und nirgendwo sonst in der Welt zu finden. Vier Holzplatten werden in zwei Reihen, zwei unten, zwei oben, zwischen zwei kreuzförmigen Ständern befestigt. Bewegt sich einer der Schlafenden, schaukeln die übrigen drei mit. Weder Matratzen werden in diesem Lager ausgegeben, noch einfache Säcke fürs Stroh. Wenn du dich am Abend auf das nackte Bett legst, kannst du die Schuhe wohl ausziehen, bedenke jedoch, daß man sie dir stibitzen wird. Schlafe lieber beschuht. Und laß auch die Kleider nicht herumliegen: die stiehlt man dir ebenfalls. Nimm sie als Kopfpolster! Und der Hunger, werter Leser! Immer nur die Brotration und den Hirsekascha im Kopf! Seit Jahrhunderten ist bekannt, daß der Hunger die Welt regiert. Der Hunger waltet über jeden hungernden Menschen, vorausgesetzt lediglich, daß jener sich nicht etwa bewußt für das Sterben entscheidet. Der Hunger, der einen ehrlichen Menschen zum Stehlen verleitet. „Wenn der Magen knurrt, ist das Gewissen stumm." Der Hunger, der den Neidlosesten unter uns gierig nach einer fremden Schüssel schielen läßt und den Großzügigsten mit Pein erfüllt, wenn er das Brotstück des Nachbarn mit den Augen abwiegt. Der Hunger, der einem das Gehirn vernebelt und keinen anderen Gedanken, kein anderes Gespräch aufkommen läßt als immer nur das Essen, das Essen, das Essen. Der Hunger, vor dem du auch in den Schlaf nicht flüchten kannst: Alle Träume gaukeln dir Essen vor, und bald liegst du schlaflos da und siehst auch dann nur immer dasselbe Essen vor dir. Ein Hunger, den du im nachhinein nicht mehr stillen kannst, denn er macht den Menschen zum Abflußrohr, aus dem alles genauso wieder herauskommt, wie es geschluckt worden ist. Der Hunger macht's wie die Gefangenen, jeder dem anderen ein eifersüchtiger Rivale, vor der Küchentür lauernd, um den Augenblick nicht zu verpassen, wenn die Abfälle in die Müllgrube getragen werden. Wie sie hinstürzen, raufen, nach einem Fischkopf, einem Knochen, nach Kartoffelschalen suchen. Und wie sie die Abfälle später waschen, kochen und vertilgen. So erlebte ich die Weihnachten und das Neujahr 1944/45! Ich hatte nur mehr fünfundvierzig Kilo Lebendgewicht. Die Kniescheiben waren stärker als der Ober- und Unterschenkel. Oh, dieser Hunger!

Im Krankenrevier lagen Leidgenossen, nur noch durch Sehnen zusammengehaltene Gerippe. Sie sterben fast regungslos und werden von anderen hinausgetragen. Überhaupt: wie leicht ein Mensch stirbt! Sprach — und verstummte; ging seines Weges — und fiel um. Zum Morgenappell kommt einmal der älteste Wächter — Pileschka hieß er — in den Bunker und rief: „Aufstehen". Er zog die „Faulen" an den Füßen von den Pritschen herunter, aber einer ist schon tot und kracht mit dem Kopf auf den Boden. „Ah, kaputt!"

Die Pellagra — der Durchfall — überfällt einen. Irgendwie müßte der Durchfall gestoppt werden; dort rät man zu Kreide, drei Löffel am Tag seien das beste, hier schwört man auf Hering und da auf zu Kohle verbranntes Brot. Wie kommt man aber zu diesem „Medikament"? Das Futter müßte endlich im Magen bleiben. Schwächer und schwächer wird der Kranke mit jedem Tag, und je größer er ist, desto schneller geht es bergab. Schon kann er nicht mehr auf die obere Pritsche klettern, nicht über einen liegenden Baumstamm steigen, muß das Bein mit beiden Händen heben oder bäuchlings darüberkriechen. Der Durchfall schwemmt alle Kräfte und jedes Interesse aus dem Menschen raus, gleichgültig wird ihm der Nachbar, das Leben und das eigene Los. Er hört nichts mehr, versteht nichts mehr, kann schon nicht mehr weinen nach Menschenart. Der Tod verliert für ihn jeden Schrecken, rosiges Nachgeben-Wollen ergreift von ihm Besitz. Er hat alle Grenzen überschritten, weiß nicht mehr, wie die Frau und die Kinder heißen, hat den eigenen Namen vergessen. Wenn fette Läuse verdutzt über das Gesicht deines Pritschennachbarn zu kriechen beginnen, ist es das sichere Zeichen des Todes.

Nun zurück zum Zweiten Weltkrieg. Alle deutschen Reserven wurden durch einen Wahnsinnsakt von Hitler in der Ardennenoffensive verheizt und am 12. Jänner 1945 bricht die große sowjetische Offensive los. Aus dem schon im Sommer geschaffenen Weichselbrückenkopf bei Baranow brechen die Russen durch, wenig später auch an anderen Punkten der Front. Schon am 15. Jänner gibt es keine zusammenhängende deutsche Front mehr. Alles ist in Auflösung begriffen. Von der Weichsel her strömen die Russen auf die deutsche Grenze zu. Im Norden der Front stoßen die Truppen der Roten Armee tief nach Ostpreußen hinein, mitten in die unübersehbaren Scharen der Flüchtlinge, die versuchen, einen rettenden Ostseehafen zu erreichen. Hier oben an der Ostseeküste feiert die deutsche Kriegsmarine ihren letzten Triumph, und es ist der edelste Triumph — die Rettung Hunderttausender von Menschenleben. Alles, was noch schwimmen kann, wird zur Rettung der Landser und der Zivilbevölkerung eingesetzt. Schulschiffe, Vorpostenboote, Artilleriejäger, Minenräumer — sie alle transportieren im ununterbrochenen Feuer sowjetischer Artillerie, im Bombardement von Kampfflugzeugen, im Bordwaffenbeschuß der „Schlächter", zwischen den tödlichen Bahnen sowjetischer U-Boots- und Schnellboottorpedos die Flüchtlinge ab.

Am 16. April stürmen die Russen über die Oder, mit einer zahlenmäßigen Überlegenheit an Menschen und Material, wie dieser Krieg sie noch nie gesehen hat. Am 18. April kapitulieren die im Ruhrgebiet eingeschlossenen deutschen Truppen, ihr Oberbefehlshaber, Generalfeldmarschall Model, begeht Selbstmord. Am 19. April erreichen Engländer als erste alliierte Truppen bei Dannenberg die Elbe. Einen Tag später ziehen die Amerikaner in Nürnberg ein, der alten deutschen Kaiserstadt und der „Stadt der Reichsparteitage": Hitler hat sich schon nach der Ardennenoffensive in die Reichskanzlei nach Berlin begeben. Dort, im „Führerbunker", befindet sich nun das letzte „Führerhauptquartier". Die Russen stehen schon wenige Tage nach Beginn ihrer letzten Offensive vor Berlin, am 24. April treffen sich westlich von Berlin aus Süden und Norden kommende sowjetische Angriffsspitzen bei Nauen — Berlin ist eingeschlossen, das Ende nur noch eine Frage von Tagen. Am 25. April treffen sich bei Torgau an der Elbe Truppen der Roten Armee und Amerikaner. Deutschland ist damit in zwei Teile zerschnitten worden.

In seinem Führerbunker in der Reichskanzlei glaubt Hitler noch immer an ein rettendes Wunder. Am 13. April 1945 hat er geglaubt, das Wunder sei da —Präsident Roosevelt ist gestorben. Jetzt, da sein ärgster Feind tot ist, werden sich die Alliierten schon entzweien, jetzt kommt es nur noch darauf an, durchzuhalten! Berlin liegt schon längst in Trümmern, die Sowjets sind schon inmitten der Stadt, nur das Regierungsviertel ist noch in deutscher Hand, da gibt Hitler noch immer Befehle, als gäbe es noch Hoffnung, als gäbe es noch Armeen, die diese Befehle ausführen könnten. Bald klammert er sich an den Gedanken, die „Armee Steiner" werde Berlin entsetzen, bald soll die „Armee Wenck" helfen. Aber diese „Armeen" sind nur Divisionen, und sie schlagen sich mit den Russen herum, um sich und hunderttausend Flüchtlingen den Weg nach Westen zu den Amerikanern zu bahnen.

Am 29. April erhält Hitler die Nachricht, daß Mussolini ermordet worden ist. Nun entschließt er sich endgültig, Selbstmord zu begehen, um einem ähnlichen Schicksal zu entrinnen. Während ringsum Bomben und Granaten fallen, macht er sein Testament und setzt eine neue „Reichsregierung" ein für ein Reich, das nicht mehr existiert. Großadmiral Dönitz soll sein Nachfolger als „Reichspräsident" werden. Er läßt sich noch mit seiner langjährigen Freundin Eva Braun trauen, dann machen beide ihrem Leben ein Ende. Mit einer Lüge endet Hitlers Leben — eine der letzten deutschen Rundfunkmeldungen besagt, der „Führer ist im Kampf um Berlin gefallen". Mit Hitler und dieser Lüge aber endet auch das Deutsche Reich.

Sie müssen nicht erschrecken, geschätzter Leser, wenn ich nun zu einem düsteren Abschnitt unserer Werft komme. Ich schäme mich, daß ich mit jenen Werftlern verhängnisvoll gleichzeitig war, welche 1945 noch vom Endsieg träumten und unsere Werftjugend bewußt irreführten. Hier zum Beispiel auszugsweise ein Schreiben vom Februar 1945, des Betriebsobmanns an die Werft-Frontsoldaten, wie ebenso an alle Lehrlinge der Werft: *„Unser Betrieb arbeitet immer noch mit vollen Touren, denn von den Fliegern sind wir noch verschont geblieben. Der Alte neben dem Jungen mit den Fremdvölkischen sowie die deutsche Frau, die auch Einzug in unseren Betrieb gehalten hat, um Euch zu ersetzen* *und sie erfüllt ihre Pflicht mit derselben Treue und Fleiß, wie der deutsche Mann und beweist immer wieder, daß sie bereit ist, jedes Opfer auf sich zu nehmen und mitzuhelfen für den Endsieg, der errungen werden muß. Manche Mutter steht heute an der Arbeitsstätte ihres Mannes oder Sohnes und teilt Freud' und Leid mit uns und wir können nur stolz sein, Söhne solcher Mütter zu sein. Dieses Volk im Vertrauen auf den Führer und Euch kann und wird niemand in die Knie zwingen, nicht einmal der Teufel selbst. So grüß' ich Euch, Kameraden, die Ihr draußen auf der Wacht steht, und wünsch' Euch alles Gute und Soldatenglück bis zum nächsten Brief. Sieg Heil! Euer BO und Kamerad".*

Nun noch zu einem anderen Thema: zur Produktion in diesen Kriegsjahren. So wurden neben den laufenden Reparaturarbeiten folgende Neubauten für das Reichsverkehrsministerium bzw. für die Kriegsmarine fertiggestellt: 7 Motorschleppschiffe Type J, N, LM, 7 Dieselradschlepper Type R, 54 Reichstankkähne je 1.000 Tonnen, 6 Reichstankkähne je 1.200 Tonnen, 22 Reichsgüterkähne je 1.000 Tonnen, 1 Motorschleppboot „Munin", 8 Schwarzmeereinheiten, Type SME, 3 Kriegstransporter Type KT, 8 Marinefährprämen Type MFP, 34 Ladeklappen für MFP, 30 Turmbauten für U-Boote, 15 Achtersteven für U-Boote.

In den letzten Kriegstagen wurde durch Werftarbeiter die von der deutschen Wehrmacht geplante Sprengung der Werftanlagen verhindert. Ein Großbrand wurde durch die Werksfeuerwehr trotz Artilleriebeschusses lokalisiert. Mitte April 1945 wurde die Werft gegen leichten Widerstand der Deutschen Wehrmacht von der Roten Armee besetzt.

Enthaltsamkeit in der Nahrung
sichert uns die Gesundheit des Leibes
und Enthaltsamkeit im Umgang
mit Menschen die Ruhe der Seele.
(Bernardin de St. Pierre)

Von der Befreiung zur Freiheit

Anfang Juli 1945 wurde die amerikanische Besatzung in Tirol und Vorarlberg durch das französische Element abgelöst. Die Feierlichkeiten, die ein französisches Vorkommando für den Einzug der Generalität in Innsbruck arrangierte, hatten eine an sich unbedeutende Begleiterscheinung, die dennoch die österreichische Situation charakterisierte. Das Festprogramm sah auch die beiden Nationalhymnen vor, die der Besatzer und die der Besetzten. Bis dem französischen Oberst, der die Angelegenheit zu organisieren hatte, ein schier unlösliches Problem aufstieß: Die alte Hayden-Hymne hatte dieselbe Melodie wie das Deutschlandlied. Unmöglich! Also die Tiroler Landeshymne. Die allerdings bestand wiederum aus dem Andreas-Hofer-Marsch und das erinnerte die Franzosen begreiflicherweise unangenehm an den Tiroler Volksaufstand gegen die französischen Besatzer von 1809. Ebenso unmöglich! Man einigte sich dann auf die Egmont-Ouvertüre. So gab es keine einheitliche Regierung, keine einheitliche Wirtschaft, keine Hymne. Gab es überhaupt noch ein Österreich? Für die westlichen Bundesländer war der Osten eine russische Kolonie. Wie sollte man sich zu der Regierung stellen, die dort amtiert? Der Wortführer der westlichen Bundesländer, Dr. Karl Gruber, notierte: „In Westösterreich waren die Meinungen sehr geteilt, was angesichts der Vorgänge in Wien zu tun sei. Einige vertraten die Ansicht, man müsse sofort eine Gegenregierung bilden und jede Einmischung der Wiener Regierung in Westösterreich ablehnen. War eine solche Auffassung berechtigt oder patriotisch? Wir fühlten uns indes verpflichtet, die Wiener Regierung durch eine kraftvolle Aktion aus den Fesseln des Kommunismus zu befreien . . .". Dr. Gruber fuhr zur Vorbereitung dieser Aktion am 19. August 1945 nach Salzburg; dorthin waren die Vertreter aller westlich besetzten Bundesländer eingeladen. Was die Österreicher westlich der Ennsbrücke damals entdeckten, war Österreich. Nicht die Frage stand zur Debatte, ob es eine österreichische Nation gab, sondern ob es einen gemeinsamen österreichischen Staat geben sollte. Die Vernunft siegte! Die Westösterreicher, die sich am 20. August in Salzburg versammelten, hatten nichts gegen die Person des Staatskanzlers Dr. Karl Renner. Sie einigten sich auf eine Zusammenarbeit mit Wien — falls die Regierung Renner bereit und in der Lage sein sollte, Vertreter der westlichen Bundesländer aufzunehmen, falls sie bereit und in der Lage sein sollten, freie Wahlen zu garantieren.

Renner war dazu zweifellos bereit — das konnte Dr. Gruber feststellen, als er einige Tage nach der Salzburger Besprechung als „Kundschafter" nach Wien fuhr. Die Frage war lediglich, ob die Sowjets in ihrer Zone ihm die Möglichkeit geben würden. Zunächst einigten sich Gruber und Figl über den Anschluß der Tiroler Partei an die Österreichische Volkspartei. Dann einigten sich Gruber und Renner über eine Länderkonferenz, die die Erweiterung der Regierung beraten sollte. Am 18. September faßte eine neue Länderkonferenz des Westens die Forderungen an die Wiener zusammen: Auswechslung des kommunistischen Staatssekretärs für Inneres, Gründung eines Ministeriums für Vermögenssicherung, Bildung eines Außenministeriums zwecks aktiver Verhandlungen mit den Besatzern. Am 25. September 1945 trat die Länderkonferenz dann in Wien zusammen. Die Kommunisten mit ihren Hauptrednern Ernst Fischer, Johann Koplenig und Franz Honner lehnten jede wirkliche Erweiterung der

Regierung ab. Hörte man ihnen zu, mußte man annehmen, daß die KPÖ eine Massenbewegung darstellte, die große Teile der Arbeiterschaft in ihren Reihen vereinigte. Es war bald klar, daß die Kommunisten die Sowjets hinter sich hatten, die eine Erweiterung der Regierung nicht zulassen wollten. Die Vertreter der Volkspartei und der Sozialisten, soweit sie in der Renner-Regierung saßen, blieben zurückhaltend. Innerlich stimmten sie zwar den Vertretern des Westens zu, aber sie wollten einen Bruch vermeiden. Lieber eine Regierung mit übermäßiger kommunistischer Beteiligung als gar keine Regierung. So machte schließlich, als die Konferenz schon zu scheitern drohte, der Linzer Sozialdemokrat Dr. Ernst Koref einen Vermittlungsvorschlag: Der Kommunist Honner sollte einen Staatssekretär für die Durchführung der Wahlen beigestellt erhalten, eine Sonderkommission für öffentliche Sicherheit und ein Staatssekretär für Außenpolitik sollten errichtet werden. „Westler" — der Ausdruck wurde zum Terminus technicus — sollten diese Ämter erhalten. Die Westler stimmten zu. Die Kommunisten auch. Sie sahen keine Gefahr für ihre Herrschaft — sie glaubten die Polizei fest in ihren Händen, und sie glaubten offenbar ernsthaft, daß eine Massenbewegung hinter ihnen stand. Die Wahlen waren für den 25. November festgelegt. Die Entscheidung über die österreichische Einheit war damit gefallen. Bevor sich die vier Besatzer noch miteinander einig wurden, wie Österreich verwaltet werden sollte, hatten die Österreicher selbst sich geeinigt. Östlich und westlich der Enns präsentierte man den Alliierten eine gemeinsame Regierung aller Bundesländer für den ganzen Staat. Da die Sowjets die Erweiterung des Kabinetts Renner hingenommen hatten, blieb den Westmächten nun auch nichts anders übrig, als zuzustimmen. Am 20. Oktober 1945 sprach der Alliierte Rat die Anerkennung aus. Das kommunistische Element in dieser Regierung, der kommunistische Anhang im östlichen Österreich überhaupt, das waren die großen Unbekannten, die den westlichen Besatzern weiterhin Sorgen bereiteten. In der Woche vor den Wahlen bat der sowjetische Generaloberst Scheltow die Führer der drei Parteien der Reihe nach zu sich und ließ sich von ihnen Wahlprognosen stellen. Für die Sozialisten schätzte Dr. Schärf etwa 40 Prozent, im besonderen Glücksfall 44 Prozent. Für die ÖVP, die ebenfalls zu Scheltow ins Hotel Imperial geladen war, schätzte Lois Weinberger über 50 Prozent der Stimmen. Der Generaloberst fragte ihn auch nach dem voraussichtlichen Erfolg der Kommunisten. Weinberger tippte auf mindestens 10 Mandate. Bei der ÖVP glaubte man an einen Ruck nach links innerhalb der Arbeiterschaft.

Die beiden Großparteien behielten recht, soweit sie ihre eigenen Chancen vorausgesagt hatten. Am 25. November 1945 bekamen die Sozialisten fast 45, die Volkspartei fast 50 Prozent der Stimmen. Und alle, einschließlich der Sowjets, hatten die Kommunisten überschätzt. Ganze 174.257 Stimmen fielen auf die KPÖ; in der Millionenstadt Wien errang sie nicht einmal ein Grundmandat. In der Wahlnacht zitterten die Führer der beiden anderen Parteien förmlich um dieses kommunistische Grundmandat. Es war nicht auszudenken, was man von den Sowjets zu erwarten hatte, wenn es im ersten frei gewählten Parlament der Zweiten Republik keinen kommunistischen Abgeordneten geben sollte. 85 ÖVP, 76 SPÖ, 4 KPÖ — so lautete schließlich die Zusammensetzung des Nationalrates. Hätten die Sowjets dieses Resultat nur annähernd vorausgeahnt, vielleicht wären sie dann nicht bereit gewesen, die Wahlen tatsächlich so frei und unbeeinflußt über die politische Bühne gehen zu lassen. Doch nun war das Resultat da. Ein Resultat, an dem sich zunächst nichts mehr ändern ließ. So beruhigt wie in der nächsten Nacht hatten die Österreicher wohl schon seit Monaten und seit Jahren nicht mehr geschlafen. Ein Parlament mit einer starken kommunistischen Fraktion, eine neue Regierung unter vergrößertem kommunistischen Einfluß hätte westlich der Enns vielleicht doch noch Spaltungstendenzen hochkommen lassen.

Inzwischen ist das Lagerleben im Gefangenenlager 147 bedeutend besser geworden. Wir waren nicht mehr die Faschisten an sich, sondern nur die Handlanger dieser schrecklichen Brut. Eine sogenannte „ANTIFA" wurde im Lager gegründet. Nach dem Zusammenbruch von Faschismus und Nationalsozialismus bildeten sich antifaschistische Blocks mit dem Ziel, die ehemaligen Anhänger auszuschalten und das Wiederaufleben zu verhindern. Von Moskau her kamen viele Propagandaschriften von der ehemaligen deutschen Generalität unterzeichnet, um in den Kriegsgefangenenlagern Antifaschisten zu werben. Noch eine Neuigkeit gab es: wir konnten nämlich erstmalig nach Hause schreiben, mit einer Postkarte des Roten Kreuzes. Am 8. November 1945 war es soweit und kurz vor Weihnachten erhielten meine Eltern diese Karte. Von nun an war es öfters möglich, in die Heimat zu schreiben.

Nach den ersten Parlamentswahlen der Zweiten Republik im November 1945 folgten bald darauf auch die Betriebsratswahlen. Die Niederlage der Kommunisten forderte diese Wahlen geradezu heraus. So wählte die Werft Korneuburg am 28. Dezember 1945 zum ersten Male nach dem Kriege ihre Betriebsräte:

Ergebnis
der Arbeiterbetriebsratswahlen vom 28. 12. 1945

Abgegebene Stimmzettel: 273
davon gültige: 272   *ungültige: 1*

Von den 272 Stimmen ist das Wahlergebnis:
SP: 178 Stimmen   *KP: 94 Stimmen*

Damit sind nachstehende Wahlwerber gewählt:

SP: *Ersatz:*
Wladar Anton, Dreher   *Miksch Wilhelm, Anstreicher*
Strell Karl, Verspanner   *Riedl Rudolf, Elektriker*
Janda Josef, Dreher   *Mahringer Johann, Zimmermann*
Polinkiewicz L., Zimmermann   *Wagner Engelbert, Zimmermann*
                                    Besenböck Johann, Kesselschmied
KP: *Ersatz:*
Vesely Otto, Autog. Schweißer   *Stokic Josef, Werkzeugschlosser*
Schlick Robert, Elektroschlosser *Kandl Franz, Autog. Schweißer*

Korneuburg, 2. 1. 1946   *Für die Wahlkommission:*
                                                  Boran Johann I.

Das Protokoll der konstituierenden Sitzung:

Korneuburg, am 8. 2. 1946.

P R O T O K O L L
der konstituierenden Sitzung des Betriebsrates
der Schiffswerft Korneuburg vom 8. Feber 1946.

Beginn: *15 Uhr 30*
Anwesend: *Die Gen. Wessely, Wladar, Polinkiewicz, Rodler, Janda, Schlick*
               und Strell.
Gäste: *Gen. Milner und Koth als Vertreter der Angestellten.*

Gen. Wessely eröffnet die Sitzung und berichtet über eine Vorsprache bei der Gewerkschaft über die Verteilung der Funktionen im Betriebsrat und die Durchführung der Wahl. Er teilt gleichzeitig mit, daß der Betriebsrat der Angestellten sich selbst konstituieren muß, es jedoch Wunsch der Gewerkschaft sei, daß die Betriebsräte der Angestellten mit denen der Arbeiter eng zusammenarbeiten. Zur Wahl selbst berichtet Gen. Wessely, daß der 1. und 2. Obmann mittels Stimmzettel, die übrigen Funktionäre über Vorschlag zu wählen sind.

Es wurde beschlossen, daß die Vertreter der Angestellten an den Sitzungen des Arbeiterbetriebsrates teilnehmen sollen.

81

Anschließend wurde die Wahl vorgenommen. Es wurden gewählt:

Zum 1. Obmann: *Gen. W l a d a r (4 Stimmen, 2 Leerst.,*
                         1 Stim. I. Gen. Wessely)

Zum 2. Obmann: *Gen. W e s s e l y (6 Stimmen, 1 Leerst.)*

Zum Kassier: *Gen. J a n d a*

Zum Schriftführer: *Gen. P o l i n k i e w i c z*

In die Kontrolle: *Gen. S c h l i c k*
                         (Zwei weitere Kontrollfunktionäre werden
                         in der nächsten Versammlung gewählt.)

Nach der Wahl übernimmt Gen. Wladar den Vorsitz und dankt Gen. Wessely für seine aufopfernde Tätigkeit als provisorischer Betriebsrat, da er in der schwersten Zeit die Arbeiter zu ihrer Zufriedenheit vertreten hat, und wünscht ein weiteres gedeihliches Zusammenarbeiten im Interesse der Belegschaft. Auch Gen. Wessely betont, daß er ein gutes Zusammenarbeiten im Interesse der Gewerkschaft und der Belegschaft wünscht und fordert die Zurückstellung aller politischen Sonderinteressen.

Gen. Wladar berichtet über eine Vorsprache beim russischen Direktor wegen einer Arbeitszeitverschiebung sowie wegen einer leerstehenden Wohnung in der Werftkolonie, die der Direktor einem russ. Kapitän zuweisen wollte, während die Kolonieverwaltung die Wohnung einem ausgebombten Werftarbeiter mit 2 Kindern zugesprochen hat. Zur Wohnungsfrage in der Kolonie nimmt Gen. Rodler Stellung. Seine Anfrage bezüglich der Wohnung eines Arbeiters (Gen. Krammer), die von einem anderen Arbeiter besetzt worden war, mußte auf die nächste Sitzung verwiesen werden, da Gen. Wladar die Sitzung wegen der vorgeschrittenen Zeit schließen mußte.

Besatzungsdauer unbestimmt — das ergab sich mit niederschmetternder Eindringlichkeit, als die stellvertretenden Außenminister der vier Besatzer am 16. Januar 1947 in London zur ersten Besprechung eines österreichischen Staatsvertrages zusammenkamen. Und sodann scheiterte die Konferenz an den sowjetischen Forderungen selbst, die die Russen aus den Potsdamer Beschlüssen über das Deutsche Eigentum ableiteten. Ein halbes Jahr zuvor hatte der sowjetische Hochkommissar in Österreich, Generaloberst Kurassow, die Übergabe des Deutschen Eigentums angeordnet. Als das österreichische Ministerium für Vermögenssicherung daraufhin die Bilanz zog, ergab sich, daß die gesamte Kapitalhöhe österreichischer Betriebe in der Sowjetzone, die deutsche Beteiligungen aufwiesen, bei 1,43 Milliarden Schilling lag. Der deutsche Kapitalanteil betrug 713 Millionen, also nicht ganz 50 Prozent. Für dieses Deutsche Eigentum forderten die Sowjets, wie sich dann schrittweise herausstellte, zwei Drittel aller Erdölkonzessionen sowie zwei Drittel an der Erdölproduktion für einen Zeitraum von 50 Jahren, Anteile an der DDSG sowie 200 Millionen Dollar Bargeldablöse für das restliche Deutsche Eigentum in zwei Jahresraten. Der offizielle Zwangskurs für den Dollar lag damals bei 10 Schilling; der Schwarzmarktkurs bei mehr als 100 Schilling. Österreich hätte also sein Eigentum, das 1938 auf recht drastische Weise „verdeutscht" worden war, um einen Betrag zurückkaufen müssen, der schon nach dem offiziellen Zwangskurs etwa das Dreifache des wahren Wertes ausmachte — vom Wert der Erdölkonzessionen ganz abgesehen.

Österreich hatte gar keine Wahl, ob es den Kampf aufnehmen wollte oder nicht. Sogar wenn es bereit gewesen wäre, die russische Forderung anzunehmen und sich damit in die totale wirtschaftliche Abhängigkeit der Sowjets zu begeben, die westlichen Alliierten hätten es nie geduldet. Eine Regierung in Wien, die einen solchen Vertrag unterschrieben hätte, wäre in den westlichen Bundesländern erledigt gewesen. Die Folge: endgültige Zerreißung des Landes. Diese drohende Gefahr hatten die Sozialisten schon vor sich gesehen, als sie in Sachen Verstaatlichung für oder gegen eine Aktionsgemeinschaft mit den Kommunisten entscheiden mußten. Diese Gefahren sahen jetzt beide große Parteien vor sich, als im Frühjahr 1947 die zweite Runde im Kampf um die Einheit der Republik begann. Die Frage war nur, ob man dem sowjetischen Druck standhalten konnte.

Inzwischen erlebte ich die dritten Weihnachten in der Kriegsgefangenschaft im Lager 147. Zum Neujahrstag des Jahres 1947 kamen seitens der Lagerleitung wieder die besten Wünsche und als Schlußwort: „skora damoi". Bald nach Hause — wie oft hofften wir, daß es einmal Wirklichkeit wird. Man munkelt zwar, daß die Dystrophiker und schwer Kranken zuerst nach Hause fahren sollten, aber bis dato geschah nichts. Ab dem Jahre 1946 mußten die Gefangenen neue Baracken bauen, um erstens jene Gefangene, welche nach der Kapitulation ins Lager kamen gut unterzubringen, und zweitens wurden die Gefangenen nach ihrer Nationalität zu Hundertschaften in eigene Baracken einquartiert. Ich kam dadurch in die „Österreicher-Baracke", aber ich muß gestehen, vorher war ich mit den Ungarn und Rumänen beisammen, da war es kameradschaftlicher. Ich spielte mit ihnen Fußball, lernte bei ungarischen Schachmeistern das königliche Spiel und sie bekamen durch Protektion und Schlauheit mehr Essen, das abends gerecht verteilt wurde. In der „Österreicher-Baracke" war es leider nicht so, wohl hatte ich viele gute Freunde, aber es gab auch schlechte Menschen. Viele „Aaskäfer", der eine hatte irgendwo einen ganzen Haufen Zigarettenkippen zusammengeschnorrt, er sortierte sie auf den Knien und steckte allen unverbrannten Tabak in ein Stück Papier. Seinen Leidgenossen gab er nie etwas, jeder ist sich hier der Nächste. Ein anderer „Aaskäfer" fraß nur nachts seine erbettelte Krautsuppe, damit die Kameraden nichts sahen. Wieder ein anderer . . .; aber soll ich noch mehr erzählen? — genug damit!

Nach dem „Abendkascha" — es war meistens ein Hirsebrei — besuchte ich die Lagervorträge. Die „Aula" war ein leerer Bunker. Speziell die Philosophie hat mich angeregt, das systematische Streben des Menschen nach Erkenntnis seiner selbst, des Wesens und der Zusammenhänge der Dinge und der gültigen Prinzipien und Inhalte ethischen Handelns. Aber hier erhebt sich die Frage: „Wer philosophiert?" — Mehr oder weniger jeder. An der Bar, im Wald, vor dem Einschlafen im Bett, am häufigsten wohl vor Enttäuschungen und Gräbern, wo er es am bittersten nötig hat. Aber nicht jeder wird vor den Büchern des Aristoteles, Spinoza und Hegel auf die Idee kommen, daß er sich ähnlichen Unternehmungen hingibt. Jeder wundert sich gelegentlich. Die großen Gelegenheiten sind Geburt und Tod, ein großes Glück (wie die Liebe) und ein großer Verlust, wie Hiob ihn erlitten hat; vor allem auch verlorene Illusionen, sowohl über Gott und den Gang der Geschichte als auch über die Mitmenschen. Da wird jedermann aus seiner alltäglichen Philosophie hinausgestoßen ins Fragen. Da beginnen die Rätsel aufdringlich zu werden, die mit Lösungen mehr oder minder zugedeckt waren. Dem Philosophen geht es ähnlich; nur braucht er nicht immer wieder darauf gestoßen werden. Er macht das Nachdenken über kein Geschäft zu seinem Geschäft; wenn auch, seit den Sophisten, oft nicht ohne Geschäftssinn. Schopenhauer wußte davon zu erzählen.

Die Wohnung meiner Eltern in der Leobendorferstraße Nr. 14 war am 23. Februar 1948 überfüllt mit Hausparteien, als mein Bruder Edi und ich gegen Mittag die Wohnungstür öffneten. Die Wiedersehensfreude war übergroß, zumal meine Eltern, Großmutter und die befreundeten Wohnungsnachbarn alle gesund und wohlauf waren. Das Hauptthema war wie immer in solchen Fällen: meine Kriegsgefangenschaft. Aber es gab für mich noch eine andere familiäre Neuigkeit. Mein Bruder hatte 1947 geheiratet und am 13. Februar 1948 kam der erste Nachwuchs, eine Tochter, zur Welt. Also zehn Tage vor meiner Ankunft ein Freudentag und nun das Wiedersehen ihres ältesten Sohnes nach vier Jahren, man kann verstehen, daß meine Eltern überglücklich waren.

Ein paar Tage blieb ich zu Hause und dann begannen die obligatorischen Wege: zum Gemeindeamt anmelden und wie sollte es anders sein — einen Abstecher in meine Werft. Mein Vater hat mich schon vorher informiert: über die Arbeit, über die politische Zusammensetzung im Betriebsrat und über jene Kollegen, die schon in der Werft tätig sind. Ich besuchte zuerst im Betriebsratszimmer den Wladar Toni, ein „älterer" Dreher aus dem Maschinenbau sowie ein exzellenter Arbeiterfunktionär der dreißiger Jahre. Mit ihm besuchte ich den Maschinenbau und die bekannten Kollegen aus dieser Werkstätte. Wladar Toni sagte mir, daß die Werft, trotz USIA-Betrieb, sich langsam konsolidiert hatte und noch Leute gebraucht werden. Ich sollte zuerst in den Krankenstand gehen und nachher wieder als Maschinenschlosser anfangen. Seine Meinung war, ich soll bei meiner alten Dampfhilfsmaschinenpartie wieder neu anfangen. Der Partieführer war zur Zeit der Schlederer Hans, ein langjähriger bekannter Dampfspezialist. Abends besuchte ich meine Sportkollegen im Holzer-Gasthaus; es war gerade eine Vereinssitzung des alten, neuen Marathon-Vereins. Es gab eine ebenso große Wiedersehensfreude, zumal viele ältere Fußballer anwesend waren. Aber spielen konnte ich noch nicht, denn erstens war ich ja im Krankenstand und zweitens fehlte mir das Training. Die folgenden Wochen waren ausgefüllt mit Besuchen alter Sportfreunde und Arbeitskollegen. Leider mußte ich feststellen, daß viele von ihnen die Heimat nicht mehr wiedersahen.

In der Werft Korneuburg wurden die Schwierigkeiten des Betriebsrates im Jahre 1948 immer größer. Hier einige Rundschreiben und Dienstblätter aus dieser Ära:

An die
Generaldirektion der
Österreichischen Staatseisenbahnen,

Elisabethstraße 9
W i e n I.   *T/P/s*   *28. Jänner 1948*

Zugsverkehr Wien — Stockerau bzw. — Mistelbach.

In der Hoffnung, daß der Zugsverkehr im heurigen Sommer doch wieder etwas günstiger und den Verkehrsbedürfnissen entsprechender gestaltet werden kann, bitten wir dringend, bei der Erstellung des Fahrplanes auf die Arbeitszeiten unseres Betriebes:
    Montag — Freitag von 7 — 16 h 30 und
    Samstag von   7 — 12 h 30
Bedacht zu nehmen.
Rund 300 Arbeiter und Angestellte der Schiffswerft Korneuburg wohnen auswärts (in Wien, Stockerau, an der Landesbahnstrecke nach Mistelbach, teils in Hollabrunn — Retz, teils in der Richtung Krems) und sind daher gezwungen, zum Erreichen des Arbeitsplatzes ein öffentliches Verkehrsmittel zu benützen.
Wir bitten daher, folgende neue Zugseinteilung bzw. -verlegungen in Erwägung zu ziehen:
1. einen Frühzug Wien — Korneuburg,

2. *einen Frühzug Stockerau — Korneuburg (der um 6 h 52 aus Krems einlangende Zug kommt zu spät),*
3. *einen Zug nach 17 h nach Stockerau (der nach Retz verkehrende Zug — ab Korneuburg ca. 18 h 30 — zwingt die Arbeiter, einen Teil ihrer kargen Freizeit mit Warten zu verbringen),*
4. *Verkehr der Landesbahn auch an Samstagen mit der Änderung, daß der Abendzug auf ca. 13 h verlegt wird,*
5. *wenn irgend möglich, auch einen Zug an Samstagen zwischen 13 uhd 14 h nach Hollabrunn — Retz bzw. nach Krems,*
6. *Anhalten aller in Betracht kommenden Zuge auf sämtlichen Zwischenstationen zwischen Wien und Stockerau.*

Wir bemerken, daß die Arbeiter in unserem Betriebe an und für sich unter sehr ungünstigen Bedingungen — zumeist im Freien ohne jeden Schutz gegen Wind, Kälte und Regen bei schlechter Kleidung und schadhaften Schuhen — arbeiten müssen, sodaß sie einen Anspruch darauf haben, hinsichtlich der Beföderung zur und von der Arbeitsstätte nach Tunlichkeit berücksichtigt zu werden. Bekanntermaßen sind ja auch die verschiedenen Autobusse gerade in den Zeiten des Arbeitsbeginnes und Arbeitsendes äußerst überfüllt, abgesehen von den häufigen Unterbrechungen wegen der Notwendigkeit größerer oder kleinerer Reparaturen oder Mangel an Treibstoff. Oft sind die Leute gezwungen, stundenlang auf den Straßen zu warten, bis sie ein Privatfuhrwerk gegen hohe Bezahlung mitnimmt.

Wir hoffen, daß es Ihnen möglich sein wird, unsere Vorschläge im Interesse unserer Arbeiterschaft weitestgehend zu verwerten, und danken Ihnen im voraus bestens für Ihr Entgegenkommen.

Schiffswerft Korneuburg   *Korneuburg, 10. April 1948.*

R u n d s c h r e i b e n
Lebensmittelausgabe per Feber 1948.

Ausgegeben wird:	*Für geleistete Arbeitstage:*				
	24	*20*	*16*	*12*	*8*
Brotmehl	*0.90*	*0.80*	*0.60*	*0.45*	*0.30*
Gerstenmehl	*0.84*	*0.70*	*0.56*	*0.42*	*0.28*
Zucker	*0.17*	*0.15*	*0.12*	*0.09*	*0.06*
Öl	*0.18*	*0.15*	*0.12*	*0.09*	*0.06*
Salz	*0.13*	*0.10*	*0.08*	*0.06*	*0.05*
Dafür ist bei Frau					
Gramer bar zu bezahlen:	*7.50*	*6.30*	*5.--*	*3.80*	*2.50*

Für Mehl Säcke, für Öl Gefäße mitbringen.
Die Ausgabe erfolgt bei Frau Gramer ab Dienstag, den 13. 4. 1948. Die Ausgabe erfolgt nur auf Namen lautende grüne Anweisungen und nur gegen sofortige Bezahlung des auf diesen Anweisungen ersichtlichen Betrages.
Die Anweisungen werden durch die Werkstätten sukzessive unter Berücksichtigung der Ausgabemöglichkeit bei Frau Gramer ausgefolgt.
Für die Dauer der Ausgabe der Februar-Fassung wird auf die weißen Anweisungen für Jänner nichts ausgefolgt.
Die Nachzügler für beide Lieferungen werden noch im Laufe der Woche vom 19. bis 24. April berücksichtigt.
Bis zum 24. 4. nicht bezogene Lebensmittel verfallen zu Gunsten der gesamten Belegschaft.   *Ergeht an sämtliche Werkstätten und Büros.*

Arbeitsinspektorat   *Wien, am 11. Sept. 1948.*
für den 6. Aufsichtsbezirk
W i e n

Zahl: 61.093 — 2/48
Betr.: Inspektionsbefund

An die
Erste Donau-Dampfschiffahrts-Gesellschaft Schiffswerft Korneuburg
in Korneuburg

Die Unfallversicherungsanstalt in Wien setzte das Zentral-Arbeitsinspektorat Bundesministerium für soziale Verwaltung von elf Erkrankungen durch Blei in Ihrer Schiffswerft Korneuburg in Kenntnis.
Die durch den Arbeitsinspektionsarzt darauf hin vorgenommene Überprüfung im Betrieb ergab, daß die mit den Entrostungs- und Minisierarbeiten an gehobenen Schiffswracks beschäftigten Arbeiter einer Gefährdung durch Blei ausgesetzt sind. Auf Grund des Arbeitsinspektionsgesetzes vom 3. VII. 1947, BGBl. Nr. 194, werden Sie aufgefordert, unverzüglich nachstehende Maßnahmen zum Schutze der Arbeitnehmer durchzuführen:

1. Alle Arbeiter, die mit Entrostungsarbeiten von minisierten Schiffsteilen beschäftigt sind, haben Resparatoren, zumindest Gummischwämme zu erhalten und sind zu deren Benützung zu verhalten.
2. Die Arbeitszeit für die Entroster in geschlossenen engen Räumen ist auf 4 Stunden täglich herabzusetzen.

87

3. Die Arbeiter J. Ramgraber, L. Artlieb, A. Fürhauser und A. Passler, welche eine deutliche Einwirkung von Bleigift auf die Blutbeschaffenheit zeigen, sind bis zur völligen Normalisierung des Blutbildes von der Bleiarbeit auszuschließen.

4. Für die Dauer der durchzuführenden Entrostungsarbeiten sind die damit beschäftigten Arbeiter durch den Werksarzt regelmäßig alle 14 Tage untersuchen zu lassen. In Bleiverdachtsfällen ist eine eingehende Untersuchung an der Gewerbeambulanz zu veranlassen.

5. Bleikrankheitsfälle sind dem Arbeitsinspektionsarzt beim Zentral-Arbeitsinspektorat, Bundesministerium für soziale Verwaltung, Wien I., Hanuschgasse 3, anzuzeigen.

6. Über die Ergebnisse der Untersuchungen durch den Werksarzt ist gemäß § 15, Abs. 1 — 3 der Bestimmungen der Bleiverordnung vom 8. III. 1923, BGBl. Nr. 184, ein Vormerkbuch im Werk zu führen, welches dem Arbeitsinspektionsorgan auf Verlangen vorzulegen ist.

7. Das Rauchen- und Eßverbot ist strengstens einzuhalten.

Zur Durchführung obiger Aufträge wird Ihnen eine Frist bis 30. September 1948 gewährt; nach Ablauf dieser Frist ist dem Arbeitsinspektorat für den 6. Aufsichtsbezirk in Wien I., Fichtegasse 11, schriftlich die Durchführung dieser Maßnahmen bekanntzugeben, anderenfalls die Strafamtshandlung eingeleitet werden müßte.

Der Amtsvorstand

ergeht in Abschrift an: 1. Bundesministerium f. soz. Verwaltung, Zentral-Arbeitsinspektorat Wien I., Hanuschgasse 3

2. Arbeitsinspektorat Wien I., Fichtegasse 11, zur Kenntnisnahme

3. Betriebsobmann der Schiffswerft Korneuburg, in Korneuburg

Im Lande Niederösterreich wirkte die Ära Reither im Geiste der Zusammenarbeit.

Unter Landeshauptmann Reither, der nach der November-Wahl 1945 wieder als Landeshauptmann gewählt wurde, bestand zwischen den beiden großen Parteien eine Zusammenarbeit, wie kaum einmal vorher und nach seinem Rücktritt im Jahre 1949. Diese Zusammenarbeit war schon bedingt durch die Notzeit in den ersten Nachkriegsjahren. Die Besatzungsmacht stärkte erst recht diesen Willen zur gemeinsamen und einvernehmlichen Arbeit. Schließlich kam noch dazu, daß mit Reither noch aus der Zeit der Krisenjahre 1933/34 ein enger persönlicher Kontakt bestand. Seine Erfahrungen aus der Zeit 1938 bis 1945 blieben sicherlich nicht ohne Einfluß auf sein positives Denken nach dem Wiedererstehen Österreichs und des selbständigen Bundeslandes Niederösterreich.

Trotz des guten Verhältnisses der SPÖ-Fraktion mit Landeshauptmann Reither und den übrigen Landesregierungsmitgliedern Kargl, Haller und Steinböck zeigten sich Anfang 1947 die ersten Schwierigkeiten. Plötzlich tauchten bei den Parteiverhandlungen, die in der Regel von den Landesregierungsmitgliedern der beiden Fraktionen geführt wurden, außenstehende Unterhändler der ÖVP auf. Es waren dies der dem Landtag überhaupt nicht angehörige Abgeordnete zum Nationalrat Viktor Müllner und die Landtagsabgeordneten Prof. Zach und Kaindl. Den Vorsitz führte nun Staatssekretär Julius Raab. Auffallend war, daß jetzt diese drei ÖAAB-Vertreter einen Scharfmacherton anzuschlagen versuchten. Die Vertreter der Bauern und Gewerbetreibenden schwiegen dazu. Man konnte ihnen ansehen, daß ihnen dieses Treiben nicht recht zusagte. Landeshauptmann Reither schien sich in seinem Klub immer weniger durchzusetzen.

Die treibenden Kräfte zur Kündigung aller seit 1946 getroffenen Parteienvereinbarungen waren offenbar die drei ÖAAB-Vertreter. Reither wurde nicht mehr als verhandlungsbevollmächtigter Vertreter anerkannt, mit der Begründung, daß er nicht Parteiobmann der ÖVP-Niederösterreich sei. Raab kam, da er damals Parteiobmann war und selbst einige Abmachungen mitvereinbart hatte, in eine recht merkwürdige, zwielichtige Stellung. Es kann als sicher angenommen werden, daß die unter seinem Vorsitz am 17. Dezember 1947 getroffenen neuen Vereinbarungen, wonach alle bis zum 18. Juli 1947 getroffenen Abmachungen in Geltung blieben, auf seinen Einfluß zurückzuführen waren. So weit, so gut. Aber die erste Vertrauenskrise war nicht mehr aus der Welt zu schaffen.

Inzwischen ist es Sommer geworden und wie versprochen kam ich zur Schlederer-Partie und somit begann für mich ein neuer Lebensabschnitt.

Johann Schlederer, am 20. Juli 1889 geboren, war im Ersten Weltkrieg bei der k. u. k. Kriegsmarine und wurde am 28. Januar 1935 Dienstnehmer unserer Werft. Er war ein sonderbar introvertierter Kollege und hatte nur einen gewissen Freundeskreis, aber im Grunde ein seelensguter, hilfsbereiter Mensch. Sein Gebiet waren die Hilfsmaschinen der Dampfschiffe. Am 30. Juli 1954 ging er in seinen wohlverdienten Ruhestand und vier Jahre später, am 24. September 1958, ist er in Lienz allzufrüh verstorben. Durch sein Wissen und Können perfektionierte ich noch meine Berufskenntnisse und übernahm 1954 die „Schlederer-Partie".

Als das Jahr 1948 begann, war die segensreiche Tätigkeit der UNRRA eingestellt. An Stelle der Vereinigten Nationen hatten sich die Vereinigten Staaten von Nordamerika bereiterklärt, die weitere Hilfeleistung für die notleidenden Völker der Welt auf sich zu nehmen. Der nach dem ehemaligen US-Außenminister Marschall benannte Hilfsplan stand zu Jahresbeginn erst in Beratung. Dieser Europa-Hilfsplan konnte aber erst im April 1948 wirksam werden. Um es bis dahin zu keiner Hungerkatastrophe kommen zu lassen, wurde uns von den Vereinigten Staaten eine Interimshilfe gewährt. Im Februar wurden österreichische Gewerkschafter zu der am 9. und 10. März in London abgehaltenen Internationalen Konferenz der Marschall-Plan-Länder eingeladen. Die Gewerkschafter wurden aufgefordert, bei der Durchführung ihres nationalen Produktionsprogrammes mit ihren Regierungen den engsten Kontakt zu halten. Am 1. Juli 1948 wurde das Abkommen über die Marschall-Plan-Hilfe unterzeichnet. In der Präambel wurde auf die bereits erfolgte Zustimmung Österreichs zu den Zielen und Richtlinien des amerikanischen Gesetzes und auf die beiderseitigen Absichten zur Förderung des Wiederaufbaues Europas und Österreich Bezug genommen.

Die Auswirkungen des Preis- und Lohnabkommens vom August 1947, der Währungsreform vom Dezember 1947 und des Marschall-Plan-Abkommens vom Juli 1948 brachten gemeinsam mit den durch Anstrengungen der Arbeiter und Angestellten erzielten Produktionssteigerungen einen wirtschaftlichen Aufschwung Österreichs mit sich. Die Grundlage für den Übergang der Kriegs- und Nachkriegswirtschaft zur Friedenswirtschaft war gelegt. Die Eindämmung der inflationistischen Tendenz unserer Nachkriegswährung einerseits, der erhöhte Anfall von Gütern aller Art andererseits, gaben dem Schilling wieder eine höhere Kaufkraft. Die Gefahr einer uferlosen Inflation der Währung war vorläufig gebannt und der Schilling war wieder zu einem kaufkraftbeständigen Zahlungsmittel geworden. Der Stand der Warenerzeugung hob sich von Monat zu Monat, die Menge der erzeugten Produkte nahm zu, ihre Qualität verbesserte sich. Der schwarze Markt verlor seine überragende Bedeutung für die Versorgung der Bevölkerung, die sich in steigendem Maß auf dem legalen Markt abspielte. Das Jahr 1948 war charakterisiert durch eine ziemlich gleichmäßig anhaltende Vollbeschäftigung. Auf dem Arbeitsmarkt war die Zahl der Stellensuchenden gering; erst im Dezember 1948 und in den ersten Monaten des Jahres 1949 nahm die Arbeitslosigkeit stärker zu.

Turbulent war der August 1948 in der Werft Korneuburg. Es ging um eine Überbrückungshilfe von S 200,—, die die Bundessektion der Gewerkschaft HTV für die Arbeiter und Angestellten der Schiffahrt und Werften gefordert hatte. Es wurden eine Anzahl von außerordentlichen Betriebsratssitzungen einberufen: am Mittwoch, dem 18. August 1948 mit dem Tagesordnungspunkt „Überbrückungshilfe". Am Freitag, dem 3. September 1948 mit dem gleichen Thema und beschlossen eine Delegation zum ÖGB zu senden. Am Dienstag, dem 7. September 1948 mit der Tagesordnung „Bericht der Delegation und Thema Überbrückungshilfe". Nach Ablehnung seitens des russischen Direktors gab es am 9. September 1948 wieder eine außerordentliche Betriebsratssitzung. Regierungsstellen sollten eingeschaltet werden. Am 13. September 1948 wurde dann der gewerkschaftliche Erfolg verkündet.

Es war eine der Aufregungen meines Lebens, wieder nach Hause zu kommen. In das Land der Geburt, wo die Menschen deutsch reden. Vielleicht, ja sicher war es noch aufregender als das Weggehen, damals. Dazwischen lag der Krieg, die Kriegsgefangenschaft, das Nicht-Dazugehören, eine Erfahrung, die man erst stückweise vollzieht, man sieht sie nicht als Ganzes vor sich. Das Wesen des Frühlings erkennt man erst im Winter. Und so beginnt die Vaterlandsliebe erst an der österreichischen Grenze, beim „Nach-Hause-Fahren". Mit diesen Gedanken, mit diesen Träumen, feierte ich nach vielen Jahren wieder Weihnachten und Jahreswechsel 1948/49 mit meinen Eltern.

So kommen wir wieder zur österreichischen Innenpolitik, zur Gründung einer neuen Partei im Jahre 1949. Die Partei war der VDU — Verband der Unabhängigen. Seine Gründer waren die beiden Journalisten Dr. Herbert Kraus und Dr. Viktor Reimann. Kraus gab in Salzburg die „Berichte und Informationen" heraus, eine vor allem wirtschaftlich ausgerichtete Wochenzeitung, Reimann war stellvertretender Chefredakteur der „Salzburger Nachrichten". Beide mobilisierten in ihren Artikeln jahrelang den Widerstand gegen Wien. Nicht den Widerstand gegen die Hauptstadt an sich, sondern den Widerstand gegen den Verwaltungszentralismus des Staates und gegen den politischen Zentralismus der Großparteien mit ihrem Alleinvertretungsanspruch, mit ihrem Proporzmonopol über die gesamte Verwaltung und Wirtschaftsführung.
Beide hatten mit ihrer journalistischen Tätigkeit spektakulären Erfolg: Reimann mit seinen Leitartikeln, Kraus vor allem mit seinen Kommentaren im amerikanischen Besatzungsrundfunk, Rot-Weiß-Rot. Als sie sich zur Gründung einer neuen Partei zusammentaten, konnte man gegen sie als Persönlichkeiten keinen Einspruch erheben. Reimann war ein ehemaliger KZ-Häftling, Kraus als leidenschaftlicher Philosemit bekannt. Sie planten den VDU ursprünglich nicht auf ideologischer Grundlage; sie wollten ein Sammelbecken für den Widerspruch gegen die Koalition schaffen, woher er auch kommen mochte, eine Vereinigung aller Unzufriedenen, eine Parlamentsgruppe des Widerstandes mit nur loser Organisation. Es war, wie Reimann später sagte, eine „typische Journalistenidee". Sie schlug ein, weil es genug Unzufriedene gab. Nur kamen sie vorwiegend aus dem Lager der ehemaligen Nationalsozialisten oder zumindest der Nationalen. Da war der „nationale Papst" von Oberösterreich Dr. Franz Langoth. Da war der Steiermärker Karl Hartleb mit den letzten Überresten des nationalständischen Landbundanhanges. Da war der sogenannte „Gmundner Kreis" der Ehemaligen; der hochdekorierte Fliegeroberst Gordon Gollob, der

Universitätsprofessor Dr. Pfeiffer, die Schriftsteller Erich Kernmayer und Fritz Stüber.

Sie alle repräsentierten jedoch keine Massenbewegung. Sie waren „Freundeskreis" ohne großen Anhang; politische Stammtischrunden. Die Menge der ehemaligen Nationalsozialisten, für die zu sprechen sie vorgaben, waren unorganisiert und uninformiert — und zumeist auch desinteressiert. 1949 strömten sie dem VDU als Wählerschaft zu, weil er die einzige Alternative gegen die Großparteien bot.

Im Mai 1949 hatte Vizekanzler Schärf mit Dr. Kraus und Dr. Reimann eine Grundsatzbesprechung im Salzburger Hotel „Goldenes Horn". Schärf deutete die Möglichkeit an, daß die ÖVP durch das Auftreten der VDU bei den Wahlen die Mehrheit verlieren könnte. In diesem Falle hielt er eine Dreier-Koalition unter einem sozialistischen Bundeskanzler für möglich, wobei dem VDU in der Regierung das Unterrichtsministerium zugestanden werden sollte. Knapp nachher versuchte die ÖVP in der „Oberweiser Geheimkonferenz" ähnliches, aber der Versuch scheiterte. Reimann war damals ehrlich genug, vor solchen Spekulationen zu warnen. Er meinte, daß der VDU nicht nur der Volkspartei, sondern auch den Sozialisten Stimmen wegnehmen würde. Der VDU hatte unter der Arbeiterschaft oberösterreichischer und salzburger Großbetriebe einen starken Anhang; bei der VÖEST und vor allem auf den Baustellen des Kapruner Kraftwerkes, wo zahlreiche „Ehemalige" beschäftigt waren. Aus der Industriearbeiterschaft sollte der VDU, der sich später zur FPÖ mauserte, auch tatsächlich einen seiner besten Männer bekommen: den Leobener Betriebsrat Jörg Kandutsch, der dann noch studierte, sein Doktorat machte, schließlich Präsident des Rechnungshofes wurde.

Der Journalist und Wirtschaftsexperte Kraus wiederum verfügte über gute Beziehungen zur Industrie und zu Geldleuten. Er bewies größtes Geschick beim Auftreiben von Parteispenden. Die ersten 100.000 Schilling stellte übrigens die Papierfabrik Steyrmühl als Kredit zur Verfügung.

Als die Österreicher dann am 9. Oktober 1949 zur Wahl gingen, sollte sich die Voraussage des Dr. Reimann bewahrheiten. Beide Großparteien waren im gleichen Ausmaß die Verlierer. Der VDU nahm ihnen nicht weniger als 16 Mandate ab; jedem von ihnen acht. Die Sozialisten verloren noch zusätzlich ein Mandat an den aus Kommunisten und dem Anhang des aus seiner Partei ausgeschlossenen Zentralsekretärs Erwin Scharf bestehenden Linksblock. Die Mandatsverteilung lautete: 77 ÖVP, 67 SPÖ, 16 VDU, 5 Linksblock. Das Wahlresultat wirkte wie ein Erdrutsch. Es war keiner. Wer in den Geschichtsbüchern nachblätterte, konnte feststellen, daß lediglich das Stimmenverhältnis der einzelnen Parteien aus der Ersten Republik wiederhergestellt war. Die politischen Lager waren über Austrofaschismus und Nationalismus, über Krieg und Nachkriegselend hinweg unverändert geblieben.

Den Kommunisten jedenfalls war der Durchbruch wieder nicht gelungen. Der „Linke Flügel", den der ehemalige Zentralsekretär Scharf in der SPÖ repräsentiert hatte, war lediglich für ein zusätzliches Mandat gut gewesen. Die Figl-Schärf-Koalition ließ sich auch weiterhin von der sowjetischen Besatzungsmacht nicht einschüchtern. Die kommunistische „Volksstimme" konnte schreiben was sie wollte, die Arbeitermassen ließen sich gegen die Regierung nicht aufputschen. Nicht der österreichischen Außenpolitik wurde das Scheitern aller Staatsvertragsverhandlungen zum Vorwurf gemacht, sondern Stalin und dessen Außenminister Molotow, „Mr. Njet" genannt. Das Verhalten der sowjetischen Besatzer kam noch dazu, Hoffnungen an der Wahlurne zunichte zu machen. Die Zeit für eine neue kommunistische Offensive außerhalb der demokratischen Spielregeln war reif.

Im August 1950 wurde die Lebensmittelbewirtschaftung offiziell aufgehoben. Im September begannen zwischen Gewerkschaften und Kammern Verhandlungen um das Ende des schwarzen Marktes, die Normalisierung der Verhältnisse durch ein letztes Lohn-Preis-Abkommen zu fixieren. Das war die letzte Chance für die Kommunisten, die Unzufriedenen noch einmal aufzuputschen. Wenn es jetzt nicht mehr gelang, den Osten Österreichs in eine Volksdemokratie zu verwandeln, dann gelang es angesichts der fortschreitenden wirtschaftlichen Gesundung nie. Im Herbst 1950, als die vielgerühmten, vielgeschmähten Sozialpartner sich auf ein neues Lohn-Preis-Abkommen einigten, ging es um das Überleben Österreichs. Die Kommunisten traten damals zu ihrem vorläufigen letzten Gefecht in diesem Lande an.

Permanente Sitzungen hatte damals der Betriebsrat der Werft Korneuburg. Es ging darum, ob man streiken soll oder nicht, ob man demonstrieren soll oder nicht, ob man — wie der Wunsch der Kommunisten war — andere Betriebe zwingen soll, damit sie mittun oder nicht. Die sozialistischen Betriebsräte hatten es sehr schwer, die Demagogie ihrer Gegner zu widerlegen. Die Belegschaft war total verhetzt, ja sogar etliche Genossen der sozialistischen Betriebsräte rieten zum Streik. So wurden diese Betriebsräte verhängnisvoll verführt, zumal sie auch versuchten, Stockerauer Betriebe, die nicht streikten, zu besetzen. Sie bekamen in Stockerau eine tragische Abfuhr. Hier an dieser Stelle gebührt den Stockerauer Belegschaftsvertretern höchstes Lob für Vaterlandsliebe. Die Gasolin und Werft streikten und demonstrierten, ach, werter Leser, man verzeihe ihnen, denn sie wußten damals nicht, was sie zerstört hätten.

In den Abendstunden des 25. September 1950 erfuhr die Polizei, daß die Kommunisten für den nächsten Vormittag eine Demonstration auf dem Ballhausplatz planten. Am Morgen des 26. September wurden in den USIA-Betrieben Streiks proklamiert. Zwei Stunden später marschierten bereits 16.000 Demonstranten. Aus den südlichen Russenbezirken kamen sie über Favoriten zum Ring, aus den Industriebezirken jenseits der Donau bewegten sie sich über die Leopoldstadt zum Zentrum. Über den russisch kontrollierten Rundfunk wurde verkündet: „Die Urheber des vierten Lohn- und Preis-Paktes werden sich einer wachsenden Volksbewegung gegenübersehen, die sich nicht durch Provokationen abschrecken läßt". . .

Bei der Oper wurde gegen 10.00 Uhr vormittags der Straßenbahnverkehr durch tausende Demonstranten unterbrochen. Die USIA-Stoßtrupps gingen mit Stöcken, Steinen und Holzlatten auf die Polizisten los. 23 Beamte wurden verletzt. Schließlich durchbrach ein Lastwagen brutal die Postenkette. Am nächsten Tag brach der offene Aufstand los. Kommunistische Rollkommandos gingen gegen die Elektrizitätswerke in der Sowjetzone und gegen Straßenbahnhöfe vor. Jetzt aber stießen die Kommunisten bereits auf massiven Widerstand. Da die Polizei in der Sowjetzone nicht mit vollem Einsatz arbeiten konnte, bot der Bauarbeiterführer Franz Olah seine Gewerkschaft auf. Katholische Studenten und sozialistische Jugendliche gingen Seite an Seite mit den Bauarbeitern gegen die Kommunisten vor. Die Bahnhöfe Kagran, Vorgarten und Favoriten mußten von den USIA-Rollkommandos nach wenigen Stunden wieder geräumt werden.

Am 30. September 1950 erreichte die Spannung ihren Höhepunkt. Eine „gesamtösterreichische Betriebsrätekonferenz" in der Floridsdorfer Lokomotivfabrik verlangte Rücknahme des Lohn-Preis-Abkommens bis 3. Oktober — sonst Gesamtstreik! Die 2.140 Delegierten jedoch waren größtenteils kommunistische Parteifunktionäre, keine gewählten Betriebsräte. Die Gewerkschaftsführung lehnte die Streikparolen ab, aber damit hatten die Kommunisten gerechnet. Womit sie nicht gerechnet haben dürften, war der entschlossene Widerstand der nichtkommunistischen Arbeiterschaft. Leider nicht in der Werft Korneuburg und in der Gasolin. Verirrte Kollegen, meine Kollegen, blockierten die Ausfallstraße von Korneuburg und hielten jeden PKW und auch LKW auf. Die Lage war explosiv. Gerüchte wollten wissen, daß Sowjetpanzer schon im Anmarsch über eine Donaubrücke waren; Tieflieger seien bereits im Anflug. Tatsächlich hielten die Sowjets den Streik aufrecht. In Wiener Neustadt hatte die Gendarmerie die kommunistischen Stoßtrupps aus dem Rathaus und der Post vertrieben, aber dann griff der sowjetische Ortskommandant ein, ließ den Leiter der Gendarmerieabteilung festsetzen und verlangte mit der Drohung, sonst sowjetische Truppen einzusetzen, die Räumung des Rathauses und des Postgebäudes.

Namens der Regierung appellierte Außenminister Dr. Gruber vergeblich an die westlichen Alliierten. Sie sollten wenigstens ihre Zufahrtsstraßen von Sperren räumen. Die Alliierten lehnten ab. Sie wollten keinen Konflikt mit den Sowjets. Sie ließen Österreich in dieser schweren Stunde allein. Am 3. Oktober rief die Bundesregierung die Bevölkerung zum Widerstand gegen den kommunistischen Putschversuch auf. Proteste gingen an den Alliierten Rat und an die vier Außenminister. Am 4. Oktober streikten in Wien 145 Betriebe. Rollkommandos blockierten den Südtiroler Platz; Straßenbahnen, Autobusse und Lastwagen wurden umgeworfen, Weichen mit Zement ausgegossen; USIA-Laster luden ganze Fuhren von Sand und Schotter auf die Straßen. Bei der Paulanerkirche trat der alte General Körner den Rollkommandos entgegen, diskutierte mit den Anführern — vergeblich. Am Nachmittag versammelten sich 10.000 Demonstranten auf dem Rathausplatz. Am Vormittag des 5. Oktobers war der Verkehr in der gesamten Russenzone stillgelegt. Terrortrupps schütteten Schutt auf die Kreuzungen der Lastenstraßen, der Kärntner Straße und des Schwedenplatzes. Bei der Wiedner Hauptstraße kämpften Straßenbahner gegen Terroristen, 21 Straßenbahner wurden verletzt. Auf dem Schwedenplatz sammelten sich Passanten und beseitigten die Straßensperren. In Floridsdorf, in der Brigittenau und in der Leopoldstadt schlugen Arbeitertrupps die kommunistischen Rollkommandos in die Flucht. In Korneuburg „besetzten" Erdölarbeiter den Hauptplatz. Miese Gestalten wie aus einem schlechten Western. Sie entstiegen alten Militärfahrzeugen und trugen leere Rucksäcke, wahrscheinlich um Beutegut zu transportieren. Leider gab es keine Passanten, um sie an ihren Vorhaben zu hindern. Ihren Plan konnten sie trotzdem nicht ausführen, denn inzwischen hatte Dr. Gruber dem sowjetischen Gesandten Koptelow gedroht, man werde die ganze Welt zu Hilfe rufen, und man werde zur Not auch gegen die Sowjets selbst Widerstand leisten. Der Gesandte war merklich beeindruckt von der entschlossenen Haltung der Österreicher. Trotz der spektakulären Auswirkung war das Scheitern des Putschversuches nicht mehr zu übersehen. Er war ganz einfach daran gescheitert, daß die Arbeiterschaft nicht mitmachte. Als die Sowjets sahen, daß sie die Massen entschlossen gegen sich hatten, ließen sie ihre Stoßtrupps fallen.

In der Nacht zum 6. Oktober beschloß die Betriebsrätekonferenz in Floridsdorf den Abbruch des Streiks. Österreich hatte seine Bewährungsprobe bestanden. Bis heute ist dieses Ereignis unserer Nachkriegsgeschichte sehr umstritten. Über die Bewertung erhitzen sich die Gemüter. Vor allem steht die Frage im Mittelpunkt, ob hinter der Streikbewegung ein Putschversuch der Kommunisten zu vermuten war. Allerdings wird diese Ansicht heute — mehr als dreißig Jahre später — von der Wissenschaft verworfen. Aber die Helfershelfer dieses Putschversuches dachten damals anders. Die Magnifizenz sieht nur von „oben herab", die Basis muß man erlebt haben.

Diese Magnifizenz vergaß die Rede des KP-Vorsitzenden Koplenig auf der Konferenz der Betriebsräte der gewerkschaftlichen Einheitsliste vom 26. September 1950. Koplenig erklärte ausdrücklich, daß der Kampf um die Verbesserung der Lebenshaltung nicht allein als gewerkschaftlicher Kampf geführt werden könne. Es sei dafür zu sorgen, daß den falschen Arbeitervertretern in den Betriebsversammlungen und Betriebsrätekonferenzen das Mißtrauen ausgesprochen werde und daß offen der Kampf für die Einheit der Arbeiterschaft aufzunehmen sei, denn es gäbe für die Arbeiterschaft nur ein Endweder-Oder: die Politik der Regierung und immer größeres Elend oder die Einheit der Arbeiterklasse und ein Österreich unter der Führung der Arbeitenden. Das ist ein eindeutig politisches Kampfziel und der Weg zur Erreichung dieses Ziels: Entfernung der „falschen Arbeitervertreter" aus den Betrieben und Gewerkschaften und Ersetzung durch „richtige", um die „Einheit" herzustellen, ist ein eindeutig politischer Weg. Die gleiche Zielsetzung ist auch in der Resolution dieser Konferenz der Betriebsräte der gewerkschaftlichen Einheitsliste enthalten, denn sie forderte, daß

1. die leitenden Gewerkschaftsfunktionäre von ihren Posten „verschwinden" müssen und stellte
2. fest, daß die Regierung und die Spitzen der beiden Koalitionsparteien gegen den Willen der Mehrheit des arbeitenden Volkes Preiserhöhungen beschlossen haben.

Die Resolution brachte noch nicht zum Ausdruck, daß auch die Regierung „zu verschwinden" habe, aber es war die unausgesprochene Folgerung einer angeblich gegen die Mehrheit des arbeitenden Volkes gerichteten Handlungsweise. Das Konzept war klar und die Kommunistische Partei ging ganz folgerichtig vor. Sie hat systematisch mit Lüge und Verleumdung gearbeitet, eine exorbitante Preiserhöhung, der kein Ausgleich gegenübersteht, an die Wand gemalt und die vorhandene Erregung über ein neuerliches Abkommen zur Siedehitze gesteigert. Ihre Funktionäre standen bereit und nützten sofort die Tatsache einer allgemeinen Unkenntnis über den Inhalt des Abkommens und die weitverbreitete Unzufriedenheit mit neuerlichen Preissteigerungen zur Inszenierung einer Streikbewegung aus. Durch Hetze innerhalb der Arbeiterschaft, durch Terror und Sabotageakte und Einschüchterung der Bevölkerung sollte die Streikbewegung zum Generalstreik vorwärtsgetrieben und die Lahmlegung des wirtschaftlichen Lebens erreicht werden. Niemand wird die nachträgliche Behauptung der Kommunisten glauben, daß es nur ein wirtschaftlicher Kampf war. Sie sind nicht die Leute, die auf halbem Weg stehengeblieben wären. Die Vorgänge in der Tschechoslowakei im Frühjahr 1948, die zur Errichtung des volksdemokratischen Regimes führten, waren für Österreich eine Warnung. Bei den Terrorakten hat es sich auch keinesfalls nur um bei großen Auseinandersetzungen häufig auftretende, der augenblicklichen Erregung entspringende

Gewalttätigkeiten, sondern um wohlvorbereitete organisierte Gewaltakte gehandelt. Weder Sabotage noch Zerstörung noch brutale Gewaltanwendung einer arbeitsunwilligen kleinen Minderheit gegen die arbeitswillige große Mehrheit der Arbeiterschaft gehören zu einer geordneten Streikführung. Das alles haben aber die Kommunisten getan!

Es muß aber hier eingestanden werden, daß die Überrumpelung nur gelingen konnte, da schwere Unterlassungssünden begangen wurden. Die Demokratie darf sich nicht auf's Faulbett legen. Während die Kommunisten aktiv waren und wußten was sie wollten, waren anfangs viele verantwortliche Stellen und Funktionäre untätig, mit sich selbst über die Notwendigkeit oder die Verwerflichkeit des Abkommens uneins und vielfach in den Bundesländern über die Wiener Zentralstellen ungehalten, „die ihnen wieder eine Suppe eingebrockt hatten". Die Gewerkschaften hatten in manchen einflußreichen Positionen Kommunisten sitzen, die rücksichtslos ihre Stellung ausnützten. Es wurde aber auch von anderen Funktionären und Angestellten des Gewerkschaftsbundes und von Vertrauensmännern der Betriebe Fehler begangen. Gerade in kritischen Tagen hat sich aber der Funktionär zu bewähren und darf sich nicht wider besseren Wissens einfach von der allgemeinen Stimmung treiben lassen. Die Unterlassungssünden, die in den schicksalsschwangeren Tagen von Funktionären und Angestellten des Gewerkschaftsbundes und von Vertrauensmännern in den Betrieben begangen wurden, müssen eine Lehre sein. Niemandem in der Gewerkschaftsorganisation ist das Recht der freien Meinungsäußerung verwehrt, wenn aber einmal Beschlüsse gefaßt wurden, dann hat sich jeder Funktionär daran zu halten. Wo immer ein Vertrauensmann unserer Bewegung durch das Vertrauen der Mitglieder hingestellt wird, er hat seinen Platz auszufüllen und sich nicht unangenehmen Situationen unter Vorwänden zu entziehen. Dort, wo ein Funktionär unerschütterlich auf seinem Posten stand und konsequent seinen Standpunkt vertrat, war der erste Ansturm bald abgeprallt und kehrte rasch die Vernunft zurück. Gewerkschaftsfunktionär sein bedeutet eine Verpflichtung, nicht aber, einen angenehmen Ehren- und Versorgungsposten innezuhaben. Diese Sätze, werte Betriebsräte, in euer Stammbuch! Was, ihr habt keines? Ach, wie jammerschade!

Der Gewerkschaftsbund mußte aber auch die Konsequenzen aus dem Verhalten der Kommunisten ziehen. Man kann nicht Funktionär oder Mitglied einer Gemeinschaft sein und das gerade Gegenteil dessen tun, was sie beschlossen hat. Der Gewerkschaftsbund hat die Rechte und Pflichten der Mitglieder in seinen Statuten verankert, Mitglied des Gewerkschaftsbundes zu sein. Im Gewerkschaftsbund ist Platz für jeden Arbeiter und Angestellten. Kein Kommunist wurde und wird wegen seiner Gesinnung ausgeschlossen. Aber es kann in den Reihen des Gewerkschaftsbundes kein Platz für Schädlinge der Gewerkschaftsbewegung sein. Wären so ähnliche Statuten in einer Betriebsgemeinschaft nicht angenehm?

Im Jahre 1950 begann in unserer Werft der serienmäßige Neubau von 1.000-t-Güterkähnen und 250-t-Seeleichter. 1952 erfolgte die vollständige Umstellung auf Elektroschweißung und Einführung der Sektionsbauweise und der Automaten-Schweißung. Die Errichtung einer modernen Schweißanlage nach Plänen des berühmten Patoninstitutes in Kiew. Es begann der Neubau eines Wohnhauses mit 24 Wohnungen und 12 Einzelzimmern für Arbeiter und Angestellte. In den Jahren von 1945 bis 1955 wurden neben den Generalreparaturen folgende Neubauten fertiggestellt: 40 Seeleichter je 1.000 t, 18 Seeleichter je 25 t, 9 Schwimmdampframmen, 1 Rollfähre Korneuburg, 9 Güterkähne je 1.000 t, 2 Motorschleppschiffe, 1 Tankkahn 1.000 t, 1 Bereisungsboot für DOKW. Der Belegschaftsstand betrug ca. 1.600 Personen.

Bundesweit hatte Österreich sein wirtschaftliches Lebensproblem — Überlebensproblem — auch mit den Lohn-Preis-Abkommen vom September 1950 noch nicht gelöst. 1950, das war zugleich das Jahr, in dem der Koreakrieg ausbrach. Fieberhaft, aber nur kurz, setzte eine weltweite Konjunktur ein, die Rüstungskonjunktur. Was blieb, als diese Konjunktur ebenso schnell wieder abflaute, waren exorbitant gestiegene Rohstoffpreise auf dem Weltmarkt. Die Preise blieben auch in Österreich hoch. Die Furcht vor einer neuen Schillingabwertung breitete sich aus. Kaufpanik setzte ein; das trieb die Preise weiter in die Höhe.

Im Oktober 1950 hatte die in der schwarz-roten Koalition geeinte Bevölkerung im Kampf gegen den gemeinsamen Feind ihre Bewährungsprobe bestanden. Wenige Monate später bekam die Koalition ihren ersten Knacks. In der Silvesternacht starb Bundespräsident Dr. Karl Renner. 1945 war die einstimmige Wahl des zweifachen Staatsgründers zum Staatsoberhaupt keine Frage gewesen. Obwohl die Verfassung von 1929 die Volkswahl des Bundespräsidenten vorsah, erwartete sich die ÖVP auf Grund des Koalitionspaktes von 1949 nunmehr die Wahl eines ihrer Vertrauensleute durch die Bundesversammlung. Der übernächste Bundespräsident sollte dann wieder ein „Roter" sein. Man zerstritt sich über die Person des ÖVP-Kandidaten, des oberösterreichischen Landeshauptmannes Dr. Heinrich Gleißner. Obwohl Gleißner in der Landesregierung seit 1945 bestens mit den Sozialisten zusammenarbeitete, entdeckte die SP-Parteiführung in Wien plötzlich Gleißners austrofaschistische Vergangenheit; er war schon unter Schuschnigg Landeshauptmann gewesen. So einigte man sich, mangels Einigung, nun doch auf eine Volkswahl. Hinter dem Konflikt um Gleißner steckte die doppelte Furcht der Sozialisten — Furcht zunächst davor, Bundespräsident und Bundeskanzler gleichzeitig in bürgerliche Hände zu lassen, und dann die Furcht vor dem Aufstand in den eigenen Reihen, wenn man, noch dazu im Parlament, für eine solche Doppelherrschaft seine Stimme hergab. Lieber wollten die Sozialisten das Risiko einer Volkswahl auf sich nehmen. Und dieses Risiko schien nicht einmal so groß, denn man rechnete mit den Stimmen der VDU — für Nationale und Liberale galt noch immer die Devise: Lieber Rot als Schwarz. Tatsächlich gelang es der ÖVP trotz angestrengtester Bemühungen nicht, den VDU zu einem Wahlbündnis zu bewegen. Die Unabhängigen warteten mit einem eigenen Kandidaten auf, dem Innsbrucker Chirurgen Dr. Burghard Breitner, noch aus dem Ersten Weltkrieg als „Engel von Sibirien" bekannt. Wieviel der Appell an diese Erinnerung ausmachte, und wieviel das Unbehagen der westlichen Bundesländer mit der Wiener Koalition, vermochte nachher niemand zu sagen. Tatsächlich bekam Breitner bei der Wahl am 6. Mai 1951 über 15 Prozent der Stimmen. Damit erreichte aber weder der ÖVP-Kandidat Dr. Gleißner, noch der SPÖ-Kandidat Theodor Körner die nötige absolute Mehrheit. Nunmehr mußten die beiden stimmenstärksten Kandidaten zum zweiten Wahlgang antreten. Die folgenden Wochen waren häßlich genug. Auf der einen Seite begann ein schäbiges Feilschen beider Großparteien um die VDU-Stimmen, bis schließlich Dr. Herbert Kraus seine VDU-Anhänger zur Wahl Gleißners aufforderte. Auf der anderen Seite empfahlen die Kommunisten jetzt Körner, nachdem ihr Kandidat Gottlieb Fiala im ersten Durchgang fast 220.000 Stimmen erhalten hatte. Am 27. Mai 1951 wurde Körner dann mit 52 Prozent der Stimmen gewählt. Nicht nur die Kommunisten, auch ein großer Teil des Breitner-Anhanges hatte sich also für ihn entschieden.

Am selben Tag fand im Wiener Praterstadion ein Fußball-Ländermatch statt. Am nächsten Morgen lachte Wien herzlich über den Genieblitz eines Redakteures der kommunistischen Morgenzeitung, der es fertiggebracht hatte, die beiden wichtigsten Ereignisse des Sonntags in einer Schlagzeile zu kombinieren: „Gleißner und Schottland geschlagen". Mit dem österreichischen Fußball war, international gesehen, von da an nicht mehr viel los. Der politische Vorgang dagegen sollte sich regelmäßig wiederholen.

In diesem Sinne, zurück zur Werft Korneuburg. Der Schock vom Oktoberputsch 1950 lag den Kommunisten in der Werft noch in den Gliedern. Speziell der Aufruf der österreichischen Bundesregierung vom 6. Oktober 1950, in dem es unter anderem hieß: „Die Art und Weise, wie sich unsere Arbeiter und Angestellten mit Mut und Festigkeit in den Betriebsstätten und auf den Arbeitsplätzen den Provokateuren entgegenstellten, verdient höchstes Lob und Anerkennung. Möge das österreichische Volk aber aus allen diesen Ereignissen die Lehre ziehen, daß nur mit Gemeinsamkeit und wirklichem Verantwortungsbewußtsein die Gesundung unserer Heimat und die Erhaltung der Freiheit Österreichs gesichert werden kann."

Die eigentliche Niederlage wurde den Kommunisten nicht von der Staatsmacht, sondern von den Arbeitern selbst, die von ihnen zum Kampf aufgerufen worden waren, bereitet. Deshalb herrschte politische Ruhe in unserer Werft im Jahr 1951. Ihre giftigen Pfeile hatten die Kommunisten verschossen und so ging es Ende 1951 in die Betriebsratswahlen. Die Ergebnisse dieser Wahlen folgen nun:

Ergebnis
der Arbeiter-Betriebsratswahlen vom 7. Dezember 1951

Abgegebene Stimmzettel:	*928*
ungültige Stimmen:	*40*
gültige Stimmen:	*888*

Sozialistische Liste:	*559 Stimmen*
Liste der gewerkschaftl. Einheit:	*329 Stimmen*

Auf Grund dieses Ergebnisses wurden als Betriebsräte gewählt:

Sozialistische Liste:

Betriebsräte:	*Wladar Anton, Dreher*
	Riedl Rudolf, Elektriker
	Strell Karl, Vorspanner
	Miksch Wilhelm, Anstreicher
	Holzhauser Anton, Tischler
	Doran Johann I, Maschinenschlosser
	Sprung Hermine, Bedienerin
	Weinwanschitzky Josef, Bauschlosser
	Finsterl Oswald, Zimmermann
Ersatzmänner:	*Marhofer Johann, Dreher*
	Kreiner Mathias, Nieter
	Kollmann Franz, Installateur
	Fucik Franz, Schweißer
	Huber Josef, Zimmermann

Liste der gewerkschaftl. Einheit:

Betriebsräte:	*Gampe Rudolf, Schlosser*
	Schörg Engelbert, Elektriker

100

1949 hatte das Bruttonationalprodukt zum ersten Male das Vorkriegsniveau überschritten. 1950 und 1951 hatte der internationale Boom im Gefolge des Koreakrieges dieses österreichische Nationalprodukt weiter kräftig hinaufgetrieben, gegen Ende 1952 jedoch war ein deutliches Abflauen der Konjunktur zu verzeichnen. Über die Frage „Was nun?" zerstritt man sich in der Budgetschlacht, denn Finanzminister Dr. Kamitz sagte einen spürbaren Rückgang der Staatseinnahmen für 1953 voraus. Sein Vorschlag sah vor allem Kürzungen im Bereich zweier sozialistisch verwalteter Ministerien vor: beim Sozialministerium sollten 100 Millionen für den sozialen Wohnbau, beim Verkehrsministerium 108 Millionen für Investitionen gestrichen werden; außerdem sah der Kamitz-Plan eine Kürzung des Bundeszuschusses für die Renten- und Pensionsversicherungen von 30 auf 25 Prozent vor.

Die Sozialisten fanden, daß der Schlag vor allem gegen das „Königreich Waldbrunner" gerichtet sei. Dieses Königreich hieß offiziell Bundesministerium für Verkehr und verstaatlichte Betriebe; es war nach den Wahlen von 1949 geschaffen worden. Es umfaßte das ehemalige Verkehrsministerium einschließlich der Post, das ehemalige Energieministerium einschließlich des Kraftwerkbaues und die gesamte verstaatlichte Industrie unter der Leitung des ehemaligen österreichischen Gesandten in Moskau, des Sozialisten Dr. Ing. Karl Waldbrunner. Diese Machtfülle hatten die Unterhändler der Volkspartei den Sozialisten sozusagen als Dank dafür zugestanden, daß diese auf eine kleine Koalition mit dem kometenhaft hochgekommenen VDU verzichteten. 1946 war die Verstaatlichung außer Frage gestanden, und die Sozialisten hatten sie so weit vorangetrieben, als die ÖVP gerade noch mitkam.

Die Verstaatlichung jedoch verlangte Investitionen, und solche Investitionen konnten nach Ansicht der Sozialisten nur vom Eigentümer kommen, also vom Staat aus Steuergeldern. Darum ging der Streit über die Jahre hinweg bis zum Ende der Koalition. Die ÖVP verlangte gleiche Wettbewerbsbedingungen für verstaatlichte und private Betriebe und warf den Sozialisten vor, daß die Verstaatlichte aus machtpolitischen Gründen unwirtschaftlich arbeite, indem sie unrentable Betriebe am Leben erhielt und überschüssige Arbeitskräfte nicht freistellte. Die Sozialisten wiederum warfen der Volkspartei vor, sie versuche die Verstaatlichte „auszuhungern", indem sie ihr die Investitionen vorenthalte und eine natürliche Expansion eindämme. Wenn in der Auseinandersetzung die ÖVP mit den Verlustzahlen einzelner Staatsbetriebe, vor allem der Kohlengruben und der Schoeller-Bleckmann-Werke, arbeitete, so arbeiteten die Sozialisten mit der Steuerleistung der Verstaatlichten und mit dem internationalen Erfolg ihres Paradestücks, des in Linz und Donawitz entwickelten LD-Verfahrens zur schrottarmen Stahlgewinnung.

Die Haltung der ÖVP zur verstaatlichten Industrie schien schizophren. Unter massivem Regierungsdruck mußte die steirische Alpine ihre Produktion an die österreichische Privatindustrie zu Preisen verkaufen, die weit unter Weltmarktniveau lagen. Dieses billige Rohmaterial verhalf zwar den österreichischen Firmen zu günstigen Wettbewerbsbedingungen beim Export, hinderte allerdings die Alpine selbst daran, aus Gewinnen zu investieren. So wurde die Alpine jahrelang buchstäblich ausgehungert. In der Koalitionspraxis war die Alpine schwarz. Ihr langjähriger Generaldirektor, Bergrat Oberegger, agierte noch ganz in der Tradition steirischer Hammerherren mit den Silbertalern an der Uhrkette, und blickte mit einer spürbaren Verachtung auf die „Schnallendrücker" bei der Linzer VÖEST hernieder, die sich mit einer geradezu privatkapitalistischen Emsigkeit um immer neue Kundschaft bemühten. Auch dahinter steckte der gesellschafts- und damit parteipolitische Gegensatz. Raab und die Privatwirtschaft wollten einen Vorstoß der Verstaatlichten in die Finalindustrie unterbinden, die Verstaatlichte sollte Rohmaterial liefern, aber nicht der Privatwirtschaft Konkurrenz machen.

Oberegger in der Steiermark hielt sich an dieses Gebot; die Linzer VÖEST mit ihrer roten Führungsspitze pfiff darauf und machte einträgliche Geschäfte. Daß es in der ÖVP Strömungen für Reprivatisierung gab, war unverkennbar und wurde auch nicht bestritten. Nach Abschluß des Staatsvertrages kam diese Einstellung in der Idee der „Volksaktie" und im Vorschlag zur Bildung von „Produktivgenossenschaften" kurzlebig zum Ausdruck. 1952, beim Budgetkonflikt waren diese Fronten längst gezogen. Letztlich wollte jeder der beiden Koalitionspartner für seine Reichshälfte möglichst viel auf Kosten des Gegenspielers herausholen. Bei den letzten Lohn-Preis-Abkommen fanden die Sozialisten, daß man den Agrariern zu hohe Preise und zu hohe Subventionen zugestanden hatte. Nun fand die ÖVP, daß die Budgetforderungen der Sozialisten für ihre Ressorts Steuererhöhungen nach sich ziehen würden, die ihrerseits wiederum die Kapitalbildung und die Investitionstätigkeit in der Privatwirtschaft gefährden mußten. Erhöhung der Staatsausgaben ohne Steuererhöhung aber hätte Inflation bedeutet. Welchen Weg die österreichische Wirtschaft gehen sollte, wollte man also den Wahlen überlassen. Die Wahlen waren aber erst im Februar 1953.

Trotz der Begierde nach „geistiger Nahrung" hatte ich noch die Zeit, durch intensives Training im Fußballverein Marathon wieder in der ersten Mannschaft zu spielen. Es waren eine Anzahl neue, jüngere Spieler in der Mannschaft, die durch erfahrene, ältere Fußballer verstärkt, ein starkes Team darstellten, welches jahrelang in der niederösterreichischen Liga verblieb. Auch nach den Matches, speziell nach Siegen, stellte sich ein guter, freundschaftlicher Kontakt her.
Im Jahre 1951 und 1952 fuhr ich jeweils auf Urlaub nach Italien. Mit meinen Freunden, Passler „Jaxi" und Valach Erich verbrachten wir unseren Urlaub in den italienischen Städten Genua, Verona, Mantua, Florenz und Rom. Vorher lernte ich ein wenig die italienische Sprache und las von Theodor Mommsen die „Römische Geschichte". Besonders das antike Rom faszinierte mich. Selbstverständlich auch die Peterskirche. Die Papstkirche in Rom, 1506 an Stelle der alten, unter Konstantin errichteten Petersbasilika begonnen, übernahm als mächtigster Kirchenbau der christlichen Welt deren Aufgabe, als Grabeskirche des Apostels Petrus zu dienen. An ihrer wechselvollen Baugeschichte sind zahlreiche bedeutende Künstler beteiligt. Der erste Entwurf stammt von Bramante; später hatten Raffael, Michelangelo, Maderna und Bernini die Bauleitung inne. Ursprünglich als Zentralbau mit Kuppel geplant, später aber um ein Langhaus erweitert. Länge 211,5 m, Hohe in der Kuppel 119 m, Fläche 15.160 Quadratmeter. Sehenswürdig ist auch die Sixtinische Kapelle, 1473 bis 1481 als päpstliche Hauskapelle im Vatikan durch Giovanni de Dolci errichtet, nach dem Auftraggeber Sixtus IV. benannt; die Seitenwände mit biblischen Themen von Botticelli, Ghirlandajo, Perugino, Pinturicchio, Roselli, Signorelli bemalt. Die Decke trägt Michelangelos „Schöpfungsgeschichte" nebst Propheten und Sibyllen (1508 bis 1512), die Altarwand sein „Jüngstes Gericht" (1534). Werter Leser, man soll dieses Kunstwerk wohl einmal gesehen haben! Aber auch Florenz muß man gesehen haben, die Hauptstadt der Toskana. Sie hat bedeutende Kirchen, Bauwerke und Kunstschätze aus der Zeit der Renaissance.

Nun von der Kunst und Kultur zur Weltpolitik. Am 20. Dezember 1952 nahm die UN-Vollversammlung mit 48 Stimmen ohne Gegenstimmen bei Stimmenthaltung von Afghanistan und Pakistan eine Resolution an, in der festgestellt wurde, daß die vier Mächte durch die Moskauer Deklaration vom 1. November 1943 die Verantwortung für die Wiedererrichtung eines freien und unabhängigen Österreich übernommen hatten und daß die nunmehr sieben Jahre währenden Verhandlungen ergebnislos geblieben seien, sodaß Österreich noch immer nicht in der Lage sei, an den normalen und friedlichen Beziehungen der Völkerfamilie voll teilzunehmen und die in seiner Souveränität begründeten Hoheitsrechte voll auszunutzen. Die damals dem Sowjetblock angehörenden fünf Staaten nahmen an der Abstimmung über die Resolution nicht teil, weil sie die Kompetenz der Vereinten Nationen zur Behandlung der Österreichfrage bestritten. Sie stützten sich dabei auf Artikel 107 der UN-Satzung, der vorsieht, daß Maßnahmen gegen einen ehemaligen Feindstaat, die das Ergebnis des Zweiten Weltkrieges von hierfür verantwortlichen Regierungen getroffen werden, durch die UN nicht behandelt werden sollen. Die drei Westmächte übermittelten der Sowjetregierung am 12. Jänner 1953 gleichlautende Noten, in denen sie auf die Resolution der Vollversammlung hinwiesen und eine neue Zusammenkunft der Außenminister-Stellvertreter vorschlugen. Die Sowjetregierung erklärte darauf, die Resolution der UN-Vollversammlung sei illegal, sprach jedoch ihre Bereitschaft aus, in neue Gespräche einzutreten, falls die Westmächte ihre Kurzfassung des Staatsvertrages vom 12. März 1952 fallen ließen. Inzwischen wählten die Österreicher ihren neuen Nationalrat. Am Abend des 23. Februar 1953 brachten die Rechenmaschinen eines der seltsamsten Wahlresultate in der Geschichte der Republik zu Papier. Die ÖVP hatte 65.000 Stimmen und 3 Mandate gegenüber 1949 verloren. Die Sozialisten hatten 195.000 Stimmen und 6 Mandate gewonnen. Zufolge der Wahlarithmetik jedoch brachten sie noch immer um einen Abgeordneten weniger als die ÖVP ins Parlament, obwohl sie um 37.000 Stimmen mehr besaßen als die Volkspartei. Die endgültige Zusammensetzung des neuen Nationalrates lautet: 74 ÖVP, 73 SPÖ, 14 VDU, 4 Kommunisten und Linkssozialisten. Der Bundespräsident beauftragte den bisherigen Bundeskanzler Ing. Leopold Figl erneut mit der Regierungsbildung. Der künftige Kanzler jedoch sollte Julius Raab heißen. Die Mehrheit der ÖVP-Führung vor allem in den Bundesländern, hatte die alte Garde der eigenen Partei schon abgeschrieben. Figl und Hurdes, das war die Garnitur von 1945, die aus Scheu vor den Schatten der Vergangenheit, aus lauter KZ-Kameradschaft, aus Angst vor den Sozialisten zurückgewichen war. Trotzdem blieb Figl unbestritten der populärste Mann seiner Partei. Die harten Wahrheiten, die er den Sowjets in aller Öffentlichkeit sagte, verschafften ihm Respekt. Er war kein Staatsmann wie Renner vor ihm, kein unbeugsam harter Brocken wie Julius Raab nach ihm; zu seiner Zeit hatte ein Spitzenpolitiker auch den telegenen Charme auf dem Fernsehschrim noch nicht nötig. Seine Trinkfestigkeit war sprichwörtlich. Wenn er die alliierten Hochkommissare beim Wiener Heurigen um sich versammelte, schien er die Sängerknaben und die Hofreitschule zugleich zu verkörpern; ein lebendig gewordenes Idolbild der Fremdenverkehrswerbung. Die Witze über ihn waren Legion. Irgendwie wurde er nicht ganz ernst genommen, aber er wurde geliebt, der „Figl von Österreich".

Jetzt, 1953, sah sich Figl als Verhandler einer SPÖ gegenüber, die ihre Forderungen noch erheblich steigerte. Wenn schon keine Mehrheit trotz mehr Stimmen, dann wenigstens mehr Macht! In der ÖVP-Bundesparteileitung konnte der Bauernbündler Figl mit einem Koalitionspakt, wie die Sozialisten ihn forderten, nie durchkommen. Hier stieß er auf Julius Raab, Chef der Bundeswirtschaftskammer, Obmann des Wirtschaftsbundes. Der massige, in einer hemdsärmeligen Art robuste Baumeister aus St. Pölten stand wie ein Felsen in der Brandung. Mit Raab kam eine neue Klasse zum Zug: das Kleinbürgertum. Die Wortführer der Christlichsozialen Partei waren in der Ersten Republik die Prälaten, die Kammerjuristen und die Offiziere gewesen — Seipel, Buresch, Dollfuß, Schuschnigg. Figl war der letzte Ausläufer dieser Garnitur. Jetzt nahm das Kleinbürgertum sein Schicksal selbst in die Hand.
Die Entwicklung bei den Sozialisten verlief übrigens ähnlich. In der Ersten Republik hatten Intellektuelle die Arbeitermassen geführt: Juristen wie Dr. Otto Bauer, Dr. Karl Renner, Dr. Julius Deutsch; Lehrer wie Karl Seitz, Bankdirektoren wie Hugo Breitner. In der Zweiten Republik drängten die durch Abendhochschulen und Selbststudium arrivierten Arbeiter- und Gewerkschaftsfunktionäre nach oben: Franz Jonas, Otto Probst, Franz Olah, Oskar Helmer. Überhebliche Intellektuelle auf beiden Seiten mochten gegen die „Herrschaft der Hausmeister", wie sie es nannten, innerlich Sturm laufen, sie kamen nicht dagegen auf. Diese Männer verkörperten den Geist dieser fünfziger und ersten sechziger Jahre unseres Jahrhunderts. Nach dem politischen Chaos der Ersten Republik, nach dem Elend des Krieges und der qualvollen Not der ersten Nachkriegszeit wollten die Bürger — kleine Gewerbetreibende ebenso wie die arrivierten Arbeiter — endlich einmal den so mühsam errungenen Wohlstand genießen. Autos, Kühlschrank, Fernsehapparat, Urlaubsreise, aber keine „gefährlichen" intellektuellen Experimente.
Am 2. April 1953 kam ein neuer Koalitionspakt zustande, dessen Grundlage der totale Proporz war. Die Machtverteilung innerhalb der Regierung blieb nahezu unverändert; die Sozialisten gewannen lediglich zwei Staatssekretäre dazu, einer von ihnen war der Kabinettsvizedirektor Dr. Bruno Kreisky, der in das Außenministerium übersiedelte. Als die Regierung Raab ihr Amt antrat, ging die Besatzung in das achte Jahr. Nach sieben Jahren deutschen Nationalsozialismus dauerte die „Befreiung" jetzt schon länger als die Unfreiheit. Ein Ende war nicht abzusehen.

Am 5. März 1953 starb Josef Wissarionowitsch Stalin. Eigentlich hieß er Dschugaschwili und war seit 1903 Mitglied des bolschewistischen Flügels der russischen Sozialdemokraten. Politisch tätig im Kaukasus; mehrfach verhaftet und verbannt, seit 1917 Redakteur der „Prawda". Seit 1922 Generalsekretär des ZK der KP. Gewann nach Lenins Tod ständig an Einfluß und war seit 1927 eigentlicher Herrscher der Sowjetunion. Schaltete zunächst zusammen mit Kamenew und Sinowjew Trotzki, dann mit Rykow und Kalinin den Kreis um Kamenew und Sinowjew in groß angelegten „Schauprozessen" und „Säuberungsaktionen" (Bucharin, Radek, Tuchatschewski) aus. Stalin verfocht Lenins These vom „Sozialismus in einem Land"; erzwang 1928 gegen Kykow und Bacharin die Kollektivierung der Landwirtschaft. Schloß 1939 mit Hitler einen Nichtangriffspakt und besetzte östliche polnische Gebiete. Seit 1941 Vorsitzender des Rats der Volkskommissare, seit 1942 Marschall, seit 1945 Generalissimus. Stalins politische Lehren werden als Stalinismus bezeichnet; sie sind im Gegensatz zum eigentlichen Marxismus dogmatisch und politisch zweckbedingt, z.B. „Der Marxismus in der Sprachwissenschaft", „Der dialektische und historische Materialismus". Nach 1945 leitete Stalin rigoros den Neuaufbau des Landes ein und zwang die Ostblockstaaten in politische Abhängigkeit von der Sowjetunion. Ein weiser Führer der Völker ist nicht mehr?

Hier muß kurz auf die weltpolitische Situation im Zusammenhang mit dem Koreakrieg hingewiesen werden. Im Juni 1950, wie schon erwähnt, hatten nordkoreanische Truppen die am 38. Breitengrad verlaufende Demarkationslinie zu Südkorea überschritten. Die USA unterstützte durch Boden-, See- und Luftstreitkräfte die südkoreanische Armee. In Abwesenheit des sowjetischen Delegierten forderte der UN-Sicherheitsrat die Mitglieder der Vereinten Nationen auf, gleichfalls den Südkoreanern militärischen Beistand zu leisten. Im Verlauf des Krieges kamen Truppen aus fünfzehn Nationen Südkorea zu Hilfe. Den Nordkoreanern gelang es, große Teile Südkoreas und die Hauptstadt Seoul zu erobern. Mitte September 1950 gingen die UN-Truppen und die Südkoreaner zur Gegenoffensive über, drängten die Nordkoreaner zurück und überschritten die Demarkationslinie. Nach Einsatz von 300.000 chinesischen „Freiwilligen" wurden sie wieder zurückgedrängt. Schließlich stabilisierte sich die Front etwas nördlich des 38. Breitengrades. Nach zweijährigen Waffenstillstandsverhandlungen wurde im Juli 1953 die noch heute bestehende Demarkationslinie mit einem Abkommen festgelegt. Der Korea-Krieg verstärkte in den USA und in Westeuropa den Antikommunismus. Die Rüstungsindustrie hatte Hochkonjunktur.

Am 4. Dezember 1953 wählten die Arbeiter der Werft Korneuburg wieder ihre Belegschaftsvertretung. Interessant ist das Verhältnis Arbeiter zu den Angestellten: Es waren 1.292 Arbeiter beschäftigt und „nur" 139 Angestellte, also ein Verhältnis 9 : 1.

Der Staatsvertrag und die Folgen

Anfang Februar 1955 wurde der Nachfolger Stalins, Malenkow, von Nikita Chruschtschow als Erster Sekretär der Kommunistischen Partei der Sowjetunion abgelöst. Die Politik der Verhinderung der Eingliederung Westdeutschlands in die Europäische Verteidigungsgemeinschaft wurde nun intensiviert. Das Projekt der Eingliederung war im August 1954 von der französischen Nationalversammlung abgelehnt worden, und die Sowjetunion wollte die Chance nützen, bevor die Staaten der Montan-Union zu einer neuen Initiative ansetzten. Das brachte auch einen Umschwung in der Haltung der Sowjetunion gegenüber Österreich.

Im März 1955 übermittelte Molotow dem österreichischen Botschafter in der Sowjetunion eine Einladung an Bundeskanzler Ing. Julius Raab, mit anderen Vertretern Österreichs nach Moskau zu kommen, wobei sich Molotow auf die der Sowjetregierung bekannte positive Haltung Raabs zur Möglichkeit einer Reise nach Moskau bezog. Der österreichische Ministerrat nahm die Einladung an und beschloß, neben dem Bundeskanzler Vizekanzler Dr. Adolf Schärf, Außenminister Leopold Figl und Staatssekretär Dr. Bruno Kreisky nach Moskau zu entsenden. Die Regierungen der drei Westmächte übermittelten der österreichischen Regierung eine Erklärung, in der sie auf ihre bisherigen Bemühungen zum Zustandebringen des Staatsvertrages verwiesen und ihr volles Vertrauen in den Beschluß der österreichischen Regierung aussprachen, die Einladung nach Moskau zwecks Klarstellung der Verhandlungssituation anzunehmen. Die österreichische Regierungsdelegation verhandelte vom 12. bis 15. April 1955 in Moskau. Das positive Ergebnis wurde in einem Kommuniqué bekanntgegeben. Österreich machte seinerseits die Zusage, für die Herbeiführung folgender Beschlüsse Sorge zu tragen:

1. Im Sinne der von Österreich bereits auf der Konferenz von Berlin im Jahre 1954 abgegebenen Erklärung, keinen militärischen Bündnissen beizutreten und militärische Stützpunkte auf seinem Gebiet nicht zuzulassen, wird die österreichische Bundesregierung eine Deklaration in einer Form abgeben, die Österreich international dazu verpflichtet, immerwährend eine Neutralität in der Art zu üben, wie sie von der Schweiz gehandhabt wird.

2. Die österreichische Bundesregierung wird diese österreichische Deklaration gemäß den Bestimmungen der Bundesverfassung dem österreichischen Parlament unmittelbar nach der Ratifikation des Staatsvertrages zur Beschlußfassung vorlegen.

Auf sowjetischer Seite waren die nachfolgenden Punkte von größter Tragweite:

1. Die Sowjetregierung ist bereit, den österreichischen Staatsvertrag unverzüglich zu unterzeichnen.

2. Die Sowjetregierung erklärt sich damit einverstanden, daß alle Besatzungs-

truppen der vier Mächte nach Inkrafttreten des Staatsvertrages nicht später als am 31. Dezember 1955 aus Österreich abgezogen werden.

3. Die Sowjetregierung erklärt sich bereit, den Ablösebetrag für das Deutsche Eigentum von 150 Millionen Dollar zur Gänze durch Lieferungen österreichischer Waren anzunehmen, und zwar in Raten von 25 Millionen Dollar jährlich.

4. Die Sowjetregierung erklärt sich bereit, einen Vorschlag der österreichischen Delegation anzunehmen, daß die der Sowjetunion gehörenden Erdölinteressen und Erdölraffinerien in Österreich an Österreich übergeben werden, und zwar gegen das Entgelt der Lieferung von 10 Millionen Tonnen Rohöl an die Sowjetunion in zehn Jahresraten von einer Million Tonnen.

5. Die Sowjetregierung erklärt sich bereit, Österreich alle Aktiva der Donau-Dampfschiffahrts-Gesellschaft in Österreich, einschließlich der Werft Korneuburg, die Schiffe und Hafenanlagen gegen Bezahlung von zwei Millionen Dollar zu übergeben.

Die Sowjetregierung gab schließlich bekannt, daß nach Abzug der sowjetischen Truppen aus Österreich kein einziger Kriegsgefangener und keine einzige inhaftierte Zivilperson österreichischer Staatsbürgerschaft auf dem Territorium der Sowjetunion verbleiben werde.

Die Verhandlungen der österreichischen Regierungsdelegation hatten außer der endlichen Erreichung des Staatsvertrages auch noch den besonderen Erfolg, daß es ihr gelang, in wichtigen Punkten günstigere Bedingungen auszuhandeln, als die bereits zwischen den Westmächten und der Sowjetunion vereinbarten diesbezüglichen Artikel des Staatsvertrages enthielten. In ihnen war vorgesehen, daß die Sowjetunion für eine Geltungsdauer von dreißig Jahren Konzessionen auf Ölfelder, die 60 Prozent der Ölförderung Österreichs im Jahre 1947 entsprachen, nebst zahlreichen Gebäuden und Ausrüstungsmaterial sowie Konzessionen auf 60 Prozent aller im östlichen Österreich gelegenen Vermögenswerte der Donau-Dampfschiffahrts-Gesellschaft erhalten sollte. Also, werter Leser, vielleicht auch 60 Prozent der Werft Korneuburg. Durch die bei den Verhandlungen erreichte Ablöse wurde Österreich Herr im eigenen Hause, womit eine wesentliche Voraussetzung zur wirtschaftlichen Unabhängigkeit unseres Landes geschaffen wurde.

Die Botschafter der vier Mächte hielten vom 2. bis 12. Mai 1955 in Wien eine Konferenz ab, in der volle Übereinstimmung über alle Artikel des Staatsvertrages erzielt wurde. Am 15. Mai 1955 fand im Marmorsaal des Schlosses Belvedere die Unterzeichnung des Staatsvertrages statt. Am 25. Oktober des gleichen Jahres verließen die letzten Besatzungstruppen Österreich.

Dieser Staatsvertrag enthält nun keine Bestimmungen über die Neutralität Österreichs. Nach Auffassung mancher Kommentatoren macht jedoch der Artikel 2 des Staatsvertrages — „Die Alliierten und Assoziierten Mächte erklären, daß sie die Unabhängigkeit und territoriale Unversehrtheit Österreichs, wie sie gemäß dem vorliegenden Vertrag festgelegt sind, achten werden." — die Aufnahme der ursprünglich im Moskauer Memorandum vorgesehenen Verpflichtungen der Alliierten Mächte überflüssig. Der Artikel 4 sieht ein Verbot des Anschlusses an Deutschland vor und verpflichtet Österreich „keinerlei" Vereinbarungen mit Deutschland zu treffen oder irgendeine Handlung zu setzen, die geeignet wäre, unmittelbar oder mittelbar eine politische oder wirtschaftliche Vereinigung mit Deutschland zu fördern oder seine territoriale Unversehrtheit oder wirtschaftliche Unabhängigkeit zu beeinträchtigen." Diese Bestimmung verhindert eine Vollmitgliedschaft Österreichs bei der Europäischen Gemeinschaft, der ja die Bundesrepublik angehört.

Der österreichische Nationalrat verabschiedete am 26. Oktober 1955 mit den Stimmen der ÖVP, der SPÖ und der Volksopposition (Kommunisten) und gegen die Stimmen der VDU ein Bundesverfassungsgesetz über die Neutralität Österreichs. Die vier Signatarmächte des österreichischen Staatsvertrages, die UdSSR, Großbritannien, die Vereinigten Staaten und Frankreich gaben am 6. Dezember 1955 in gleichlautenden Verbalnoten der österreichischen Regierung ihre Anerkennung der immerwährenden Neutralität im Sinne des am 5. November 1955 in Kraft getretenen Bundesverfassungsgesetzes bekannt. Die Signatarmächte anerkannten, aber garantierten nicht die Neutralität Österreichs. Es kann daher aus der Anerkennung nicht allenfalls das Recht zu einer Intervention wie aus einer Garantie abgeleitet werden.

Acht Tage nach der Anerkennung des Staatsvertrages durch die Signatarmächte, am 14. Dezember 1955, wurde Österreich auf Empfehlung des Sicherheitsrates von der Generalversammlung der Vereinten Nationen als Mitglied aufgenommen.

Das amerikanische Außenministerium kam in einer Stellungnahme zum österreichischen Staatsvertrag zu dem Schluß, daß die Beweggründe für den Wandel in der sowjetischen Haltung innerhalb verhältnismäßig kurzer Zeit, nämlich vom Jahre 1954 bis zum Jahre 1955, die Ver- oder zumindest Behinderung der Einbeziehung des westdeutschen Potentials in das NATO-Bündnis war. Die Lösung der österreichischen Frage sollte als Musterbeispiel für eine Lösung der deutschen Frage dienen.

Österreichs Staatsvertrag war also ein Signal, auf welchem Wege Deutschland zu einem Friedensvertrag kommen könnte, und sollte vor Adenauers Politik der Westintegration warnen. Für die Westmächte kam die Schwenkung der sowjetischen Österreichpolitik im Februar 1955 überraschend. Sie befürchteten Rückwirkungen auf die öffentliche Meinung, besonders in Deutschland. Bundeskanzler Ing. Raab gab seiner Meinung Ausdruck, die Reaktion bei den Westmächten auf den Staatsvertrag und die Neutralität sei sowohl vor dem 15. Mai 1955 als auch nachher sehr kühl gewesen.

Als die österreichische Bevölkerung ein Jahr nach der Unterzeichnung des Staatsvertrages zur Wahl ging, schien das Resultat wenig sensationell. Am 13. Mai 1956, bei der vierten Nationalratswahl der Zweiten Republik, gewann die ÖVP acht Mandate hinzu; die Sozialisten bekamen nur ein Mandat mehr als 1953. Die neue Platzverteilung im Parlament lautete: 82 ÖVP, 74 SPÖ, 6 FPÖ, 3 KPÖ und Linkssozialisten. Auf den ersten Blick hin mochte man annehmen, der mit dem Namen Julius Raab verbundene Abschluß des Staatsvertrages sei auf diese Weise von der dankbaren Bevölkerung honoriert worden. Bei genauerer Betrachtung zeigte sich jedoch, daß die Volkspartei lediglich ihre Verluste von 1949 und 1953 teilweise wieder aufgeholt hatte. Kein Erdrutsch hatte sich ereignet; lediglich die Verhältnisse waren wieder normal. Ein großer Teil jener bürgerlichen Wähler, die zum Protest gegen die Unfreiheit im Osten den VDU gewählt hatten, war wieder zur ÖVP zurückgekehrt. Die Gründer der VDU, Kraus und Reimann, hatten ihn verlassen. Den Unabhängigen blieb nach der Umwandlung in die „Freiheitliche Partei Österreichs" hauptsächlich der nationale Rest des ursprünglichen Anhangs. Weder der aus Sachsen gebürtige Oberst a. D. Dr. Max Stendebach noch der zeitweise aus der historischen Versenkung geholte ehemalige Landwirtschaftsminister von Seyß-Inquarts Anschlußkabinett, Ing. Anton Reinthaler, vermochten sich als nationaler Führer mit einiger Anziehungskraft zu etablieren. Und es fehlten die Massen, die man mit nationalistischen Phrasen wie dem „Ausseer Programm" der FPÖ begeistern konnte: „Österreich ist ein deutscher Staat. Seine Politik muß dem gesamten deutschen Volk dienen und darf nie gegen einen anderen deutschen Staat gerichtet sein . . ." Mit derart antiquierten Floskeln ließ sich 1956 kein Wahlkampf mehr bestreiten. 1919 war das Anschlußverbot als nationale und wirtschaftliche Katastrophe empfunden worden. Das Anschlußverbot des Staatsvertrages von 1955 regte keinen Menschen auch nur einen Augenblick lang auf, weil es keinerlei wirtschaftliche Auswirkung hatte. Nach sieben deutschen und zehn alliierten Besatzungsjahren fühlten sich die endlich unkontrolliert lebenden Österreicher in ihrem florierenden Kleinstaat so wohl, daß sie gar nicht auf die Idee kamen, sich nationales Kopfzerbrechen zu bereiten. Hatte die ÖVP also acht Mandate zurückgewonnen, so kehrten am anderen Ende der politischen Skala die zeitweise radikalisierten Sozialisten von der KPÖ wieder zur SPÖ zurück und brachten ihr ein zusätzliches Mandat. Der wirtschaftliche Ausbruch der Konjunktur in der wiedergewonnenen Freiheit gab weder dem rechten noch dem linken Radikalismus viel Spielraum. Die späteren fünfziger Jahre gingen unter der Parole des „Raab-Kamitz-Kurses" in die innere politische Chronik ein: Wirtschaftsexpansion auf Grundlage einer stabilen Währung und eines ausgeglichenen Budgets.

Der Marschallplan, der Österreich in fünf Jahren fast eine Milliarde Dollar zugeführt hatte, war die Grundlage der wirtschaftlichen Gesundung gewesen.

Nach seinem Auslaufen mußte man an die interne Regulierung der Verhältnisse gehen.

Das Bruttonationalprodukt wuchs in den Hochkonjunkturjahren 1955 bis 1960 um fast 30 Prozent, die Industrieproduktion um fast 35 Prozent. Und wer mit mißbilligenden Blicken auf die verstaatlichte Industrie schaute, dem zeigten die Produktionsindizes bei den Staatsbetrieben eine Steigerung von 100 im Jahre 1949 auf 279,1 im Jahre 1960, bei einer Entwicklung der Gesamtindustrie in dieser Zeit von 100 auf 247!

Für den Mann hieß das: Es ging ihm gut. Er träumte zwar noch immer von den unwiederbringlich dahingeschwundenen Zeiten, in denen das Schnitzel um einen Schilling über den Tellerrand hing, aber er dachte mit den gleichen Gefühlen daran zurück, mit denen ältere Leute nun einmal an ihre Jugend zurückdenken. Daß es dem Durchschnittsbürger besser ging, als es ihm je zuvor gegangen war, stand außer Frage. Hinter der allgemeinen wirtschaftlichen Blüte zurück, blieben zunächst nur die Rentner. Die kulturellen Schattenseiten des materiellen Wohlstandes wurden allerdings geflissentlich übersehen.

Am 25. Oktober 1955 hatten die Besatzer das Land verlassen. Am 26. Oktober folgte die feierliche Proklamation der immerwährenden Neutralität. Das Land, von seinen Befreiern befreit, war über sich selbst verantwortlich. In dem verständlichen Hochgefühl des Wirtschaftsaufschwunges begann die Überbewertung des materiellen Erfolgs. Nach sieben Kriegs- und zehn Besatzungsjahren wollte man endlich leben. Leben: das hieß Konsumieren, Versäumtes nachholen. Versäumtes nachholen: das hieß Westeuropa einholen. Mehr Wohnungen, mehr Autos, mehr Kühlschränke, mehr Fernsehgeräte. Mehr, mehr und mehr? Das Kleinbürgerglück des Augenblicks triumphierte, auch in der linken Reichshälfte, auch bei den Kommunisten. Und nebenbei lief Österreich Gefahr, zur geistigen Provinz abzusacken (Fürwahr, ich sage: „Alles was käuflich ist, ist wertlos!"). Die öffentliche Uninteressiertheit an der Kultur überhaupt, ein Desaster! Nur wenige Österreicher werden von Zeit zu Zeit daran erinnert, daß sie im materiellen Wohlstand die geistigen Produkte vergessen. Rekognosziere die österreichischen Haushalte, einen modernsten Wohnzimmerschrank, aber leider kein Buch in der Vitrine. Ein Buch will allen helfen, die deutsch sprechen, lesen oder schreiben und dabei Rat und Auskunft wollen. Wie notwendig es für jeden einzelnen und ebenso für die Gesellschaft ist, für eine solide „Ausbildung zu sorgen", braucht man das noch sagen?

Sehen wir uns nun wieder die Probleme des Betriebsrates an.

Kündigung, Kündigung hieß immer wieder das Thema der Betriebsratssitzungen. So auch am 26. Juni 1956.

BO Wladar verweist auf die Besprechung vom 21. 6. 56 mit dem Herren Direktor und Jahnass . . . Bei voller Auslastung besteht ein Überhang von achtzig Mann . . .

Die Direktion sieht sich gezwungen, eine Liste von 91 Mann, die der Betriebsrat schon bekommen hat, bekanntzugeben. Auch Nachträge sind dazugekommen.

Baumann: Man kann mit dem Herrn Direktor schon sprechen, aber es ist eine einschneidende Maßnahme für viele Menschen . . . Ich verweise auf das Kreditansuchen der DDSG, mit dem man die Arbeitslage verbessern kann . . . Ich stelle den Antrag, man solle vor die Belegschaft treten und diese über den Abbau informieren. Ein Machtwort der Arbeiter würde Eindruck machen.

BO Wladar: Ich weiß nicht, muß ich immer wieder in jeder Sitzung wiederholen was geschah; der Baumann sagt immer wieder dasselbe, Herr Direktor und Jahnass haben doch genau berechnet, wie die Situation des Betriebes steht. Ich bin schon bereit, vor die Belegschaft zu gehen. Wir tragen nicht nur für 80 Leute die Verantwortung, sondern für die anderen auch . . .

Riedl: . . . Verweist auf die Schwierigkeiten des Betriebes und unterstreicht die Bemühungen der Direktion. Der Kredit, den wir bekommen sollen, wird ja geteilt, Linz und Korneuburg . . .

Berger: Wir haben ein Defizit von 6 Millionen, was macht es schon, wenn die 80 Mann noch dazukommen.

Buchsbaum: Geld ist immer genug da, aber für die Ministergehälter. . .

BO Wladar: Der Tenor ist wesentlich anders als bei der letzten Sitzung. Wahrscheinlich haben die Kollegen der KP Fühlung genommen bei ihren höchsten Stellen. . .

Es folgen nur noch Polemiken und Demagogie!

Das Jahr 1957 beginnt mit einer Vollversammlung, um den Forderungen der Betriebsräte Nachdruck zu verleihen. Der Grund war, daß der Generaldirektor Fillitz (DDSG) keiner Lohnerhöhungen zugestimmt hat und diverse Sonderleistungen streichen will. Es wurde einstimmig beschlossen:

1. sofortige Einstellung sämtlicher Überstunden
2. sofortiger Beginn der passiven Arbeit
3. Einspruch gegen alle Kündigungen

Man muß hier korrekterweise erwähnen, daß Direktor Jetzer nicht nur wieder Kontakt mit der Sowjetunion aufgenommen hat, sondern auch Verbindung mit zwei deutschen Reedereien — Neptun und Kirsten — aufnehmen konnte und für je 2 Seefrachtschiffe Abschlüsse tätigte. Diese Entwicklung bedeutete einen Wendepunkt in der Geschichte des österreichischen Schiffbaues. Zum ersten Mal werden bei Wien Seeschiffe gebaut, die Häfen der Nordsee, Spanien und der kanarischen Inseln anlaufen.

Am 2. September 1957 war der Stapellauf des ersten Schiffes mit Fernsehaufnahmen. Am Donnerstag, dem 9. November 1957, lief das zweite Schiff vom Stapel.

Schon damals setzte Direktor Jetzer ein Memorandum auf, über die Möglichkeit einer Zusammenarbeit der Werften Korneuburg und Linz. Leider ist es nur fragmentarisch erhalten, aber trotzdem sollen es die „Nachschößlinge" erfahren:

Als ich die Werft Korneuburg am 1. März 1956 übernahm, wurde mir ein sehr gut durchdachtes „Rationalisierungsabkommen", welches den Zweck hatte, „eine objektive Zusammenarbeit der beiden Werften sicherzustellen", vorgelegt. Ich bin mit großer Freude und Optimismus an die Verwirklichung dieser Zusammenarbeit herangegangen. Es wurde mir nicht leicht gemacht, weil in Linz leider eine starke Rivalität zum Ausdruck kam. Menschlich begreiflich, weil die 10 Jahre lang dominierende Stellung der Werft Linz nun plötzlich — wie früher — mit Korneuburg geteilt werden mußte. In Korneuburg kam dies vorerst nicht zum Ausdruck, weil einesteils sehr massive Versprechungen gemacht waren und man mit dem Weiterbestand der russischen Aufträge rechnete. Weil diese Aufträge nicht in dem erwarteten Maß einliefen, andererseits aber auch aus programmatischen Gründen, wurde in der Werft Korneuburg sofort das Schwergewicht auf die Erringung von Exportaufträgen gelegt . . .
Großzügig wurden wir hiebei vom Vorstand der DDSG unterstützt und es gelang, die ersten Aufträge aus Norddeutschland hereinzubringen. Mit diesen Bestellungen bewies die Werft ihre Geltung im Seeschiffbau . . .
Leider hat uns die kurz darauf eintretende Schiffahrtskrise in Europa um den weiteren Erfolg gebracht. Immerhin zeugen die von der Schiffswerft Korneuburg nach Bremen und Hamburg gelieferten Objekte von der unermüdlichen Anstrengung zur Sicherung der Beschäftigung in der Werft. All dies wäre jedoch nicht notwendig gewesen, wenn die Werft Korneuburg in ihre alte Position als reine DDSG-Werft eingesetzt worden wäre . . .
Als großes Heilmittel für die Werftmisere wird immer und nicht nur in Österreich die zweite Produktion angeführt. Die Einführung einer zweiten tragenden Produktion erfordert jedoch große Investitionsmittel, weshalb im Ausland Umstellungen mit Hilfe des Staates durchgeführt werden. Meisterhaft geschieht dies in Frankreich . . .
Linz hatte in den Jahren 1945 bis 1955 Gelegenheit zu namhaften Investitionen und verfügt über eine Ausstattung, die die Hereinnahme von Lohnarbeiten in großem Maß und vorteilhaft, auch durch den Standplatz, ermöglicht. Derartige Investitionen für Korneuburg aufzubringen, ist heute unmöglich . . .
In beiden Werften wurde es nach 1945 unterlassen, planmäßig eine derartige Produktion aufzuziehen . . .
Es ist aber seit 1955, nach der Satuierung und Auffüllung der österreichischen Industrie bzw. Produktionszweige äußerst schwierig, eine neue Produktion aufzubauen. Mehrfache Bemühungen sowohl in Korneuburg wie in Linz sind im Gange. Der Weg ist langwierig und kann nur Schritt für Schritt Erfolge bringen. Keines-

wegs kann diese zweite Produktion in Korneuburg bereits die Schiffbau-Beschäf-
tigungslücken schließen ...
Im besonderen ist zu bedenken, daß beide Werften absolut notwendige Stütz-
punkte der Schiffahrt sind und an Schlüsselpunkten des Verkehrs, wie er sich in
den letzten Jahrzehnten herausgestellt hat, liegen. Der manchmal gebrauchte
Satz, daß zwei Werften für Österreich zu viel seien, geht an dem wesentlichen
Zweck der Werften als Dienstleistungsbetrieb völlig vorbei, er ist ein leichtferti-
ges Übertünchen der wirklichen Zusammenhänge und nur in bezug auf die Neu-
baumöglichkeit des Inlandes richtig ...

Die Krudelität hat weiter Vorrang in der Betriebsratstätigkeit, deshalb und
darum bringe ich keine gekürzten Protokolle mehr vom Jahr 1958. Interessant
ist nur, daß Ende Dezember 1958 die Angestellten der Werft Korneuburg die
Absicht hatten, von der Gewerkschaft HTV auszutreten und zu den Industrie-
angestellten überzutreten. Sie sind bis jetzt bei der HTV nicht schlecht gefahren, aber ich glaube, sie wollten damals der Arbeitergewerkschaft „ein ade sagen". Vom Jänner bis Juli 1959 fehlen die Protokolle der Betriebsratssitzungen,
warum, weshalb, das wissen nur die Verstorbenen.
Am 12. Juni 1959 war eine wichtige Sitzung des Betriebsrates. Es begann eine
neue Epoche der Korneuburger Werft, nämlich die Bildung der Schiffswerft
Korneuburg AG.
Obmann Wladar berichtet, daß am 27. Mai 1959 die Konstituierung des Auf-
sichtsrates war. Der Aufsichtsrat ist personengleich. Der Vorstand besteht aus:
Direktor Jetzer und Direktor Peterseil. Der Präsident des Aufsichtsrates ist Bür-
germeister Wondrak aus Stockerau. Mitglieder des Aufsichtsrates sind: Gen. Dir.
Ryznar, Landeshauptmannstellvertreter Bernaschek, Direktor Dr. Fillitz, Direktor
Dr. Foltinek, Dr. Hackl, Dr. Hartel, Direktor König, Peter Revertera, Rudolf Vol-
lath, Direktor Walla, Ing. Scheidl, Komm.-Rat Vogel, Direktor Ing. Wüster. Vom
Betriebsrat delegiert: Huber und Feichtinger für Linz, Wladar und Dorn für Kor-
neuburg.

Nun zu einem anderen Aspekt des Werftalltages; wie hoch waren damals die
Arbeiter-Stundenlöhne?
1951 war der Spitzenfacharbeiterstundenlohn, also Lohngruppe 8, öS 3,20 plus
einer starren Zulage von 70 Groschen; Lohngruppe 7 — öS 2,80 plus 70 Groschen; Lohngruppe 3 — öS 1,85 plus 50 Groschen. In einer Woche war die
Normalarbeitszeit 48 Stunden.
Anfang 1957 hatte Lohngruppe 8 — öS 7,20 plus öS 0,30; Lohngruppe 4 —
öS 5,50 plus öS 0,25. Dieses Lohnschema hatten die Arbeiter im Akkord. Für
Arbeiter in der „Leistungszuschlagsentschädigung", also ohne Akkord, waren
die Stundenlöhne im Durchschnitt um einen Schilling höher.

Ab Oktober 1963 gab es wieder eine Lohnerhöhung: Lohngruppe 10 — öS 13,50; Lohngruppe 4 — öS 8,90.

Lösen wir uns vom „Alltag" der Werft und kommen zur österreichischen Innenpolitik. Die Wahlen 1959 brachten den Sozialisten zum zweiten Male mehr Stimmen als der ÖVP, trotzdem aber, infolge der Wahlarithmetik, um ein Mandat weniger. Die Mandatsverteilung war: ÖVP (44,19 %) 79 Mandate, SPÖ (44,79 %) 78 Mandate, FPÖ (7,7 %) 8 Mandate und KPÖ (3,27 %) kein Mandat. Der Machtzuwachs wurde der SPÖ mit einem neuen Ministerium honoriert. Das Außenamt, bis dahin zwar mit einem Minister bestückt, staatsrechtlich aber im Verband des Bundeskanzleramtes, wurde zum selbständigen Ressort. Nach Abschluß des Staatsvertrages und der Erklärung der immerwährenden Neutralität hielt Julius Raab die Außenpoltik nicht mehr für bedeutsam genug, um sie unter seiner direkten Kontrolle zu behalten.

Auch Kreiskys Widersacher in den eigenen Reihen dachten wohl, daß der „unbequeme" Außenseiter auf der diplomatischen Bühne wohl am wenigsten innerparteilichen „Schaden" anrichten würde, dafür aber dem sozialistischen Prestige nützen könne. So wurde Dr. Bruno Kreisky, als Beamter in der Dienstklasse VIII, Gesandter, geführt, 1959 Außenminister. Der erste Sozialdemokrat in diesem Amt, seit Dr. Otto Bauer 1919 an seiner Anschlußpolitik gescheitert war. Dr. Bruno Kreisky rückte mit den drei großen Themen der auslaufenden fünfziger und einsetzenden sechziger Jahre in den österreichischen Vordergrund: mit Habsburg, Kirche, Südtirol.

Am 18. November 1962 hatten die Österreicher wieder gewählt. Die Sozialisten hatten zwar gegenüber 1959 keine Stimmen verloren, aber die ÖVP hatte beträchtliche Stimmengewinne erzielt. Die Jungwähler hatten sich vorwiegend für das bürgerliche Lager entschieden, ebenso die Randschichten der freiheitlichen Opposition. Bei der Regierungsbildung dagegen hatte der Mann mit den besseren Nerven, Pittermann, erneut die Oberhand behalten: Die Sozialisten zogen ohne nennenswerte Einbußen an realer Macht in die neue Koalitionsregierung ein. Die Sozialisten konnten nur gewinnen, wenn sie hart blieben. Das ÖVP-Verhandlungsteam aber sah sich dem Schreckgespenst einer Opposition gegenüber, die nicht nur mit 76 Abgeordneten im Parlament saß, sondern auch über die außerparlamentarische Macht der Gewerkschaften verfügte. Was würde kommen, falls die Sozialisten in Opposition gingen? Eine endlose Kette von Streiks, die die Wirtschaft in einem Augenblick bedrohten, in dem die Konjunktur ohnehin spürbar abflaute? Dem Gewerkschaftsbundpräsidenten Franz Olah, der sich in der sozialistischen Führungsspitze unverkennbar vorwärtsschob, traute man im ÖVP-Lager jedenfalls derartige Maßnahmen zur Durchsetzung politischer Forderungen durchaus zu. Im übrigen war das Koalitionsdenken zur Gewohnheit geworden. Es befreite von der unterschwelligen Angst, die weite Kreise des Bürgertums noch immer beherrschte: Würde das Auseinandergehen der berühmten „Vernunftehe" von 1945 die junge österreichische Demokratie nicht allzustark belasten? Mußte man nicht mit dem Wiedererwachen alter Ressentiments rechnen, mit neuem Ausbruch alter Feindschaften? Steuerte man, wenn man die Sozialisten aus der Regierung drängte, nicht einem neuen Juli 1927 zu? Mit den 81 Mandaten, die die ÖVP aus der Wahl des Jahres 1962 heimbrachte, konnte sie nur regieren, wenn sie eine kleine Koalition mit den Freiheitlichen schloß. Das aber ging auch zahlreichen ÖVP-Funktionären, die die Sozialisten liebend gerne losgeworden wären, gegen den Strich. Sollte man sich wie in der Ersten Republik einer verschwindend kleinen Minderheit ausliefern? So behielten die Verfechter der Koalition innerhalb der ÖVP noch einmal die Oberhand. Die Bundesregierung nach der Wahl entschied sich nur unwesentlich von der Kabinettsliste vor der Wahl. Ein wesentlicher Unterschied sollte sich erst später klar herauskristallisieren. Und dieser Unterschied wurde für die Sozialisten ein weit größeres Problem als für die Volkspartei: als Innenminister zog an Stelle des gutmütig-konzilianten ehemaligen Wiener Verwaltungsstadtrates Josef Afritsch der Gewerkschaftsbundpräsident Franz Olah in das Palais Modena in der Wiener Herrengasse ein.

Von Klaus zu Kreisky

In den Abendstunden des 6. März 1966 ging eine österreichische Epoche zu Ende. In den 21 Jahren der Zweiten Republik war es die siebente Wahlnacht. Rechnete man die fünf Durchgänge der Bundespräsidentenwahlen hinzu, dann war es sogar die zwölfte. In keiner der Wahlnächte hatten die im Pressezentrum des Innenministeriums zusammengepferchten, unter den heißen Scheinwerfern der Fernsehleute schwitzenden Journalisten die künftigen Ereignisse so intensiv auf sich zukommen gespürt. Jedesmal wenn die Leuchtziffern an der Stirnfront des großen Saales erloschen, um gleich darauf mit dem neuesten Stand der Mandatsverteilung wieder aufzublitzen, wußte man sich dem unaufhaltsamen Erdrutsch wieder ein paar Schritte näher. Das Endresultat lautete schließlich 85 ÖVP, 74 SPÖ, 6 FPÖ. Zum ersten Male seit 1945 hatte die Österreichische Volkspartei wieder die absolute Majorität errungen. Seit den ersten Ergebnissen aus kleinen Gemeinden war dieser Trend abzusehen. Im weißlackierten josefinischen Mobilar seines Büros, unter den farbfrohmodernen Tapisserien von Wolfgang Hutter, sah der sozialistische Innenmini-

ster Hans Czettel von Viertelstunde zu Viertelstunde schwärzer und trister, während er die Additionstätigkeit seiner Sekretäre beobachtete. Er brauchte nur die Stimmen zu summieren, die sein Amtsvorgänger in diesem Raum, Franz Olah, auf seine Außenseiterpartei vereinigt hatte, um das ganze Ausmaß der Niederlage vorauszuahnen. Während dann das Fernsehen drüben im Saal prominente Journalisten über die Gründe des Erdrutsches interviewte, diskutierten im kleinen Salon neben Czettels Arbeitszimmer sozialistische Spitzenfunktionäre rund um den Parteivorsitzenden Bruno Pittermann schon die voraussichtlichen Folgen; einer Fortsetzung des Zweiparteienregimes wurden dabei nur geringe Chancen eingeräumt, obwohl der Sprecher der Sieger eben vom Bildschirm herunter seine Bereitschaft zu neuen Koalitionsverhandlungen mit den Geschlagenen verkündete. Argumente dafür, lieber in die Opposition zu gehen, lagen nahe. Die absolute Parlamentsmehrheit würde sich die Volkspartei mit so großen Abstrichen von den sozialistischen Machtpositionen honorieren lassen, daß die Sozialisten nur noch die Verantwortung mitzutragen hätten, ohne wirklichen Einfluß auf die Entscheidungen zu besitzen. Das mußte sie vor der noch verbliebenen Wählerschaft kompromittieren; außerdem mußte Pittermann damit rechnen, daß man ihn und seine Parteifreunde bei der nächsten Gelegenheit aus der Regierung wieder hinauskomplimentierte.
Beim Verlassen des Salons, knapp vor Mitternacht, meinte Pittermann schließlich deprimiert: „Das mit der Opposition, das haben wir ja 1920 schon einmal erlebt — wenn wir erst einmal aus der Regierung draußen sind, wie kommen wir dann wieder hinein?" So ging am 6. März 1966 eine österreichische Epoche zu Ende.
Nach 21 Koalitionsjahren bildete Dr. Josef Klaus die erste österreichische Einparteienregierung mit einer Majorität von 85 Mandaten im Nationalrat gegenüber 80 Oppositionellen: 74 Sozialistischen und 6 Freiheitlichen.
Der 12. Februar 1934 kehrte nicht wieder. Es gab keine politischen Streiks, die die Wirtschaft lahmgelegt hätten. Der Rundfunk wurde auf Grund des Volksbegehrens entpolitisiert, ohne daß die sozialistischen Mitarbeiter hinausgeworfen worden wären. Der von der ÖVP-Mehrheit gegen den massiven Widerstand der Sozialisten gewählte Generalintendant Gerd Bacher entließ nicht nur den roten Fernsehdirektor Gerhard Freund, sondern auch den schwarzen Rundfunkdirektor Alfons Überhör und bestellte den ehemaligen Chefredakteur der „Arbeiter-Zeitung", Franz Kreuzer, zum Chefredakteur des Aktuellen Dienstes. Die verstaatlichte Industrie wurde nicht reprivatisiert. Die unabhängige Presse attackierte die ÖVP-Maßnahmen mit ähnlicher Heftigkeit, mit der sie zuvor die Koalition attackiert hatte. Dr. Otto Habsburg-Lothringen kehrte nach Österreich zurück, ohne daß ein Bürgerkrieg ausbrach. Die Sozialisten schlossen keine Aktionsgemeinschaft mit den Kommunisten, auch nicht auf Gewerkschaftsebene.

So komme ich nun zu meinem Maschinenbau. Jetzt und nicht später, fühle ich mich verpflichtet, als langjähriger Partieführer der „Dampfhilfsmaschinenpartie" meinen braven Mitarbeitern und Freunden innigst zu danken. Allen voran das Triumvirat Zöbinger Hans, Resetka Willi und Stompe Jupp. Alle drei sind perfekte Maschinenschlosser, vielleicht nur verschieden in ihrer Art. Zöbinger Hans, der große Improvisierer und Organisierer, Resetka Willi, der perfekte „Bankarbeiter" und Jupp, der unermüdliche „Ruchler". Wer zählt die Dampfschiffe in den Jahrzehnten, welche unsere Partie schon alle repariert hat? Schöne und herrliche Zeiten, ob Sommer oder Winter, verbrachten wir alle im Maschinenbau. Heutzutage ist dieser Maschinenbau ein Torso. Heute denke ich oft mit Dankbarkeit an die Jahre, die ich mit ihnen verbracht habe. Auch die vielen Lehrlinge, die wir ausgebildet haben und heute auf anderen Positionen sich befinden, werden „unsere" Partie nie vergessen. Ebenso den Freunden der DDSG, Betriebsleiter, Maschinisten und Heizern der Dampfschiffe von damals, danke ich herzlich für die freundschaftliche Zusammenarbeit. Mit einem Betriebsleiter ist eines meiner ärgsten Versäumnisse verbunden: Als ich später einmal in die Stadt kam, wo er wohnte, um ihn zu besuchen, fand ich am Haustor noch die Parte angeschlagen, die sein Begräbnis ankündigte, das erst wenige Tage zuvor stattgefunden hatte. Ja, lieb' so lang Du lieben kannst . . .

Ein paar Sätze zur „Rationalisierung" im Maschinenbau. In anderen Betrieben des ausgehenden 19. Jahrhunderts genügte die fortschreitende Mechanisierung, den durch die Verkürzung der Arbeitszeit eintretenden Produktionsausfall und die durch Lohnerhöhung steigenden Kosten wettzumachen. Die Arbeitsleistung stieg, als die Muskelarbeit ersetzt wurde. In der Zwischenkriegszeit (1919 bis 1939) versuchte man, die Produktivität vor allem durch eine besondere Organisation zu erhöhen. Man fand die Bezeichnung „Rationalisierung" (ratio = Vernunft, rational = wirtschaftlich einfach gestalten, vernunftmäßig, zweckmäßig, haushälterisch). Man faßt unter diesem Schlagwort verschiedene Maßnahmen zusammen, die sich in drei Gruppen teilen lassen: technische Rationalisierung, neue Arbeitsverfahren und industrielle Betriebslehre. Die Folge der Rationalisierung war eine Steigerung der Produktivität. So stieg zum Beispiel die Produktivität in den USA zwischen 1919 und 1929 um 41 Prozent, wogegen die Zahl der Arbeiter nur um 0,6 Prozent zunahm. Das bedeutet aber, daß die gleiche Zahl von Arbeitern fast um die Hälfte mehr produzierte als zehn Jahre früher. In Europa war die Produktivitätssteigerung durch die Rationalisierung nicht so groß wie in dem großen Wirtschaftsraum Amerika, da man in unseren Kleinstaaten den technischen Fortschritt nicht voll ausnützen konnte. Die durch die höhere Produktivität erzielten Ersparnisse wurden aber durch die Handelsspannen, durch die Kosten für Reklame, höhere

Steuern und Soziallasten teilweise absorbiert. Vor allem aber hat die Kartellwirtschaft eine Preissenkung verhindert. Die Folge war die Weltwirtschaftskrise: die Produktion konnte zwischen 1929 und 1933 nur sehr schwer abgesetzt werden. Massenarbeitslosigkeit war die Folge der Produktionseinschränkung. Trotz der schlimmen Erfahrungen, die man im Kapitalismus mit der Rationalisierung gemacht hat, geht man heute daran, eine Überrationalisierung durchzuführen, die unter dem Namen „Automatisierung" bekannt wurde. Das war und ist in anderen Betrieben geschehen. Und wie sah und sieht es im Maschinenbau unserer Werft aus? Mit Verlaub gesagt, wir stehen zwischen dem Hochkapitalismus und dem Spätkapitalismus, anlagegemäß versteht sich, das heißt „produktionsstättenmäßig"! Wieder mit Verlaub gesagt, es fehlte jahrzehntelang bei den Meistern dieser Branche eine Erweiterung des Denkhorizonts.

Nun führt uns der Weg wieder zu den Berichten des Betriebsrates. Auszugsweise und „wie geschrieben", komme ich zur Sitzung vom 15. Juni 1966. Der Obmann berichtet, daß die Auszahlung des 13. Monatsgehaltes mit Treuezulage und Regieabgeltung heute ist und die Summe von S 3,737.000,— ausbezahlt wird. Aufträge für die Sowjetunion mit Fixpreisen abgeschlossen wurden und die kommenden Lohnforderungen der Metallarbeiter nicht berücksichtigt worden sind. Wir sind die Jahre hindurch immer defizitär gewesen, jetzt ist die einmalige Chance. Wir müssen aus diesem Auftrag günstig heraussteigen, ansonsten geht es uns schlecht. Wir müssen aktiv werden. Wir gehören jetzt zur Sektion V. Verkehr und verstaatlichte Betriebe. Verfügung der Werftleitung: Kollegen, die auf der Insel arbeiten, sollen Frühstück drüben einnehmen, wegen Einsparung von Wegzeiten. Sperre der Kantine in der Frühstückszeit. Frühstück vom Einholer bringen lassen.

In der Sitzung vom 29. Juli 1966 wurde berichtet: Die Lohnforderung der Metallarbeiter wirkt sich wie folgt aus: Schnitt der Erhöhung = 12 Prozent. Die Lohngruppe 10 hat jetzt S 17,—, der Metallarbeiter Höchstlohn (Kollektivlohn) von S 16,50. Acht Verstemmer-Kollegen erhalten nach langen Verhandlungen nun Lohngruppe 8.

Konstituierung des Betriebsrates am 4. Jänner 1967.

Anwesend alle gewählten Betriebsräte:
Das Ergebnis der Funktionenwahl:
1. Obmann: *Wladar Anton*
2. Obmann: *Huber Josef*

1. Schriftführer:	Absolon Oskar
2. Schriftführer:	Benold Adolf
1. Kassier:	Weigl Josef
Kulturreferent:	Passler Alfred
Freigestellt und in den Aufsichtsrat:	Obmann Wladar

Eine neue Epoche in meinem Leben begann: Getreu meiner Lebensauffassung, rationaler Weltanschauung und Bildungshunger, besuchte ich am Beginn meiner „Laufbahn" etliche Gewerkschaftskurse und die dreijährige Abendschule für Betriebsräte. Ich lernte autodidaktisch Allgemeine Rechtslehre, Arbeitsrecht, Arbeitsverfassung, Sozialrecht und Betriebswirtschaft. Schon bei dem ersten Kontakt mit den langjährigen Betriebsräten erkannte ich, daß diese nur fragmentarisch die oben angeführten Themenkreise beherrschten. Deshalb hieß es lernen und immer wieder lernen und lesen! Versucht man eine Erfolgsbilanz der gewerkschaftlichen und betriebsrätlichen Arbeit über einen längeren Zeitraum hinweg aufzustellen, so stößt man dabei auf das Versagen rein zahlenmäßiger Feststellungen. Es klingt gewiß sehr überzeugend, wenn man hört: „ein Arbeiter verdient heute an einem Tag ebenso viel oder gar mehr, als sein Vater vor fünfzig Jahren bei viel längerer Arbeitszeit in der ganzen Woche nach Hause gebracht hat". Allein die Preise, Steuern und die Sozialbeiträge sind seitdem stark gestiegen. Zudem hat sich der Bedarf inzwischen völlig umgeschichtet: Höherer Lebensstandard hinsichtlich Wohnung, Kleidung, Nahrung, kulturelle Bedürfnisse (Sport, Theater, Reisen) und dazu Güter wie Fahrrad, Motorrad, Auto, Radio, Fernsehapparat usw. Die gehobene Lebenshaltung eignet sich als Maßstab des Aufstiegs weit besser als Vergleiche von Lohnskalen. Aus dem größeren Massenkonsum ist eine ganz neue Bedarfslage entstanden, auf ihm bauen sich ganze Industrien auf. Wenn der Unternehmer von früher im Lohn- und Gehaltskonto nichts als eine Belastung sah, die man im Verhältnis zum Umsatz möglichst niedrig halten mußte, so hat man sich gewöhnt, in den Lohn- und Gehaltssummen eine Vorbedingung für den Absatz ganzer Warenkategorien anzuerkennen — ihr planloser Abbau würde reihenweise Betriebe zum Erliegen bringen!
So vollzog sich in der Vorstellung von den Funktionen der Wirtschaft ein Wandel, der genau dem sozialen Wollen der Gewerkschaften entsprach: der Mensch darf nicht nur Objekt, er muß Subjekt der Wirtschaft sein. Man darf doch feststellen, trotz vieler unzeitgemäßen „Unzufriedenen" und „Besserwissern": an dem Aufstieg der Arbeitnehmerschichten in der modernen Gesellschaft haben die Gewerkschaften und Betriebsräte einen entscheidenden Anteil. Die Erfolge, die dabei erzielt wurden, rücken ins rechte Licht erst dann, wenn man im Auge behält, daß so gut wie keiner der erzielten Fortschritte

ohne Kampf erreicht wurde, Kampf gegen eine widerstrebende Staatsgewalt, Kampf gegen Vorurteile der Gegner, ja mitunter selbst der eigenen Schicksalsgefährten. Als wichtigstes aber bleibt, daß es den Betriebsräten gelungen ist, ein echtes Sozialbewußtsein zu schaffen, eine Anerkennung der menschlichen und sittlichen Werte, die kein Unternehmer, ja kein Staat auf die Dauer ignorieren kann. Nur in der freien staatlichen Gemeinschaft ist es möglich, Menschenwert und -würde so zu verteidigen und das Gefühl dafür weiter zu entwickeln. Darum ist die Demokratie zum Grundpfeiler jeder Sozialpolitik geworden, aber auch die Wirtschaft muß sich auf ihn stützen, wenn sie wirklich dem Wohle aller dienen will.

Schon am 5. Jänner 1967 gab es eine gemeinsame Sitzung der Arbeiter- und Angestelltenbetriebsräte. Es ging um die Teuerung ab 1. Jänner 1967. Der Obmann eröffnete die Sitzung und berichtete über die Stellungnahme des ÖGB. Lebensstandard fast nicht gesunken, da die Gewerkschaft immer auf Ausgleich bedacht ist. Es gibt drei Möglichkeiten gegen die Teuerung: Protest an die Regierung, Protest an den ÖGB und/oder an die Betriebsdirektion. Die KP kritisiert den Lebensstandard, steigende Preise, Grundnahrung gestiegen und die Meinung der Kollegen, daß der ÖGB sehr langsam handelt. Lohn-Preisspirale — die Arbeiter immer maßhalten, die Wirtschaft dagegen aktiv. Preisstopp vorschlagen. Wir haben kein Vertrauen zu den Theorien der Gewerkschaft. Kein Druck bei der Unterschriften-Aktion — Generalstreik richtig (Novotny). Der Obmann erwidert: Preisstopp schwer vorzustellen, Vergleich mit anderen Ländern. Beispiel unseres Betriebes, 10 Schiffe mit Fixpreisen abgeschlossen, haben seit 1965 im Betrieb eine 24 %ige Erhöhung erreicht — ÖGB immer verstanden auf Preiserhöhung den Lohnausgleich, schlägt auch vor eine Resolution an die Regierung und an den ÖGB zu senden. Vorschlag einstimmig angenommen.

Am 12. Oktober war wieder eine gemeinsame Sitzung: Die Themen waren erstens um die Probleme der neuen EDV-Anlage und zweitens der Situationsbericht beider Werften. Der Obmann berichtet über die Neuorganisation der Verstaatlichten Betriebe. Im Rechnungshofbericht 1965 wird verlangt, daß sich beide Werften entscheiden sollen und bietet drei Varianten an: Wenn keine Neubauten, dann Schließung der Werft Korneuburg, Werft Linz soll bestehen bleiben wegen guter maschineller Ausrüstung oder Vereinigte Schiffswerften mit zwei Betrieben und/oder der bleibende Zustand, aber nicht ohne finanzielle Hilfe, die derzeit nicht möglich ist. Die DDSG kann nie zur Verstaatlichten Industriegesellschaft kommen, da Verkehrsbetrieb. Nur eine Loslösung der Werft möglich. Die negativen Seiten für uns sind die gute Lage von Linz und die guten Gewinne von Linz. Ziel der Betriebsräte beider Werften müßte sein: Sicherung der Arbeitsplätze, offene Zusammenarbeit und Stellungnahmen beider Direktoren. Aktionen: Ein Redaktionskomitee soll Resolutionen an

ÖGB, Arbeiterkammer, Landesregierung, Dr. Taus, Regierung und an die Fraktionen senden.

In der gemeinsamen Sitzung vom 9. November 1967 ging es wieder um das Problem beider Werften. Außer allen Betriebsräten waren noch anwesend: Direktor Wimberger (ÖIAG), Dir. Schwartz, Dr. Guggenberger und Haring von der Arbeiterkammer. Am Beginn wurde über den Artikel der „Presse" diskutiert. Dir. Wimberger: Die OIA-Aufgabe ist, das Problem der Werften zu lösen. Gewinn und Verlustausschließungsvertrag. Dir. Schwartz: Über das Verhältnis mit der DDSG (Verbundenheit irreal) Annäherung an die Verstaatlichte Industrie wichtig. Obmann Wladar: Konzernierung (Interessengemeinschaft) Fusion (Verschmelzung). Unbedingt aus dem Verband der DDSG. Eigentümer der beiden Schiffswerften ist die Republik Österreich.

Nun zur österreichischen Innenpolitik. Bei einer Tagung der „Katholischen Aktion" erklärte Bundeskanzler Klaus einmal: „Diese Regierung wird Österreich wieder zu einem katholischen Land machen". Massive Proteste namhafter Katholiken, die sich den Ausgleich der Kirche mit den Sozialisten nicht verderben lassen wollten, waren die Folgen dieser Äußerung. Für Klaus mag das ein Hinweis gewesen sein, daß er eben doch nicht der Kanzler war, der Österreich in ein Österreich seiner Vorstellungen umwandeln konnte. So wollte er wenigstens die unbedankte Vorarbeit leisten, die unpopulären Maßnahmen durchziehen, und die Ernte dann seinen Nachfolgern überlassen. Ein Sesselkleber wollte er nicht sein. Der geplante Nachfolger Withalm kam nicht zum Zug. Klaus und diese seine Politik transparent und populär zugleich zu machen, gelang nicht einmal einem Karl Pisa. Die ÖVP-Regierung nämlich, die das Bild einer Unsicherheit und inneren Zerrissenheit bot, stand seit 1967 nicht mehr dem verbrauchten DDr. Bruno Pittermann gegenüber, dem notorischen „Nein"-Sager der Koalitionszeit, sondern einem neuen Mann: Dr. Bruno Kreisky.

Am 1. März 1970, gegen acht Uhr abends, fuhr Dr. Bruno Kreisky aus der SPÖ-Zentrale in der Wiener Löwelstraße hinüber in das Innenministerium in die Herrengasse. Im breiten Korridor vor der Ministersuite drängten sich die Journalisten um Buffet, Monitore und Prominente. Das Buffet war schon kahlgefressen, über die Bildschirme flimmerten Wahlresultate, die Prominenten gaben Kommentare ab. Gegen acht Uhr abends stand zwar noch kein Endergebnis, wohl aber schon eine Katastrophe für die Volkspartei fest. Der da kam, Kreisky, war der künftige Bundeskanzler.

Bei den Wahlgängen bis 1966 hatten sich je nach Trend der Hochrechnungen das Arbeitszimmer des roten Innenministers oder das Büro des schwarzen Staatssekretärs zum Zentrum des Geschehens entwickelt. Ziel des allgemeinen Andrangs, Schauplatz lauten Jubels bei Freisekt — oder Grabkammer abgestorbener Hoffnungen mit Klagemauer der vereinsamten Geschlagenen. 1970 war wohl der Innenminister (Franz Soronics) wie auch der Staatssekretär (Roland Minkowitsch) schwarz und von den Journalisten wenig begehrt. Für Kreisky wurde am Ende des Korridors schnell ein kleiner Raum freigemacht, wo er von den Glückwünschen überlaufen wurde. Zu einigen Leuten sagte Kreisky: „Ich danke Ihnen". Persönlichen Wahlhelfern streckte er seine Hand entgegen. Sehr viele Hände wurden ihm entgegengestreckt. Die Nähe des künftigen Chefs war sehr gefragt.

Das Resultat lautete später: 81 SPÖ, 79 ÖVP, 5 FPÖ. Die Volkspartei hatte ihre absolute Parlamentsmehrheit eingebüßt, die SPÖ hatte zum ersten Male in den 25 Jahren der Zweiten Republik die relative Parlamentsmehrheit erreicht.

In die Herrengasse kam Kreisky an der Spitze eines Kometenschweifs von Mitarbeitern aus der Löwelstraße. Den Zeugen dieses Auftritts fiel es später schwer, sich zu erinnern, wer ihn begleitet hatte. Er beherrschte die Szene, als wäre er allein vorhanden. „Seine Hausmacht ist er selbst." Die SPÖ hat die Wahl nicht gewonnen, hieß es damals, die ÖVP hat sie nur verloren. Das traf den Sachverhalt nicht ganz. Es gab einen Sieger: Kreisky.

Das Ende des DDr. Bruno Pittermann, Parteivorsitzender der SPÖ und Vizekanzler von 1957 bis 1966, war mit der Wahlnacht des 6. März 1966 unausweichlich geworden. Nicht, weil er verloren hatte, sondern weil mit ihm nichts mehr zu gewinnen war. Der honorige Reformer der fünfziger Jahre diente als Bürgerschreck der sechziger Jahre. Er war der notorische „Nein"-Sager, der in der Koalition immer wieder die Lösung dringender Probleme verhindert hatte. Pittermanns Pech war die veränderte Situation. Schärf als Vizekanzler hatte mit den Bundeskanzlern Figl und Raab die nackte Not im besetzten Österreich zu bewältigen gehabt; da gab es ohnehin zumeist nur einen gangbaren Weg. Pittermann sah sich dann dem Staatsvertragskanzler Raab gegenüber, und den Reformkanzlern Gorbach und Klaus, und die Koalition wurde mit einer neuen Aufgabe konfrontiert; im nunmehr befreiten Österreich sollten die gesellschaftspolitischen Weichen für die Zukunft gestellt werden. Die sozialistischen Vorstellungen konnte der Vizekanzler als Junior-Partner nicht durchsetzen; so verhinderte er als „Nein"-Sager jahrelang lediglich die bürgerlichen Alternativen und damit überhaupt jede Entscheidung. Dann fiel noch die ganze Summe der SPÖ-Versager in Sachen Rundfunk, Fußach, „Kronen-Zeitung", und Olah auf Pittermann zurück.

Der Wahlkampf 1966 hatte die Partei ganz auf die Person ihres Vorsitzenden abgestimmt, in der irrigen Hoffnung, die Pittermann-Verteufelung loszuwerden. Das Gegenteil trat ein: Nun wurde die ganze Partei mit Pittermann identifiziert. Und Pittermann samt SPÖ wurden mit den versteinerten Wiener Rathaus-Strukturen gleichgesetzt; mit dem „Mir san mir"-Ungeist einer Funktionärsschicht von Bezirkskaisern, wie der Fußach-Probst sie als Typus verkörperte. Starrsinnig — doktrinär, nur dem eingeschränkten Horizont einer überheblich gewordenen Mehrheit glaubte diese Feudalschicht von Gemeindebau-Aristokraten, sich alles erlauben zu dürfen, denn: „Uns kann nix passieren, mir san die Mehrern!"

Diese Funktionsgarnitur beschwor dann 1973 die Slavik-Krise herauf, zeichnete verantwortlich für den Wiener Bauring-Skandal, trieb 1976, nach dem Reichsbrücken-Einsturz, den Slavik-Nachfolger Leopold Gratz zu seiner verzweifelt ernst gemeinten Rücktrittsdrohung. Die Funktionsgarnitur prägte das SPÖ-Image von 1966; nicht nur für das bürgerliche Lager, sondern auch für den SPÖ-Anhang in den Bundesländern, wo man sich auf keine einzementierte Mehrheit stützen konnte. Pittermann und einer solchen Sozialistischen Partei ließen sich die fünf bis zehn Prozent Wechselwähler nicht gewinnen, die man mangels treffenderer Charakterisierung Liberale nannte. Die SPÖ-Stammwählerschaft betrug etwa 42 bis 45 Prozent der Bevölkerung; um die Mehrheit zu bekommen, brauchte man die „Blutgruppe Null". Sie entschied sich von Fall zu Fall für die Partei mit der besseren Politik; parteipolitisch ungebunden, geistig unabhängig, suchte sie mehr Freiheitsraum und mehr Zukunftsorientierung; als den Mann ihrer Wahl suchte sie die Persönlichkeit mit mehr Fortschrittlichkeit ohne Kraftmeierei. Pittermann konnte dieser Mann nicht mehr sein. Olah hatte sich selbst hinausgespielt. Broda trug die Narben der „Kronen-Zeitungs-Schlacht"; der kühle, kluge Jurist war ohnehin nie ein Mann großen persönlichen Anhangs gewesen. So blieb nach der Wahlniederlage von 1966 nur noch Bruno Kreisky von jenem Quartett der Fortschrittlichen übrig, das Ende der fünfziger Jahre angetreten war. Sankt Pölten war Kreiskys Wahlkreis, die Niederöstereicher hatten ihn zum Landesparteivorsitzenden gewählt; die Bundesländer standen hinter ihm. Je näher der Parteitag 1967 rückte, um so deutlicher zeigte sich, daß Pittermann dem Bruno Kreisky nicht weichen wollte, und Wien stellte sich hinter den Bruno Pittermann. „Mit Kreisky werden wir die Wahlen gewinnen und die Partei verlieren", hieß es damals schon bei seinen Gegnern. Kreisky nennt sich selbst Sozialdemokrat, nie Sozialist. Doktrinäre Weltverbesserer sind ihm zuwider. Sein Sozialismus ist pragmatisches Weltverändern, zum Besseren hin. Ideen und Helfer nimmt er, wo er sie bekommen kann. „Partei" ist für ihn keine geschlossene Gesellschaft in der Gesellschaft. Er will die „offene" Partei, auch für jene — diese Formulierung benutzte er gerne —, „die nur einen Teil des Weges mit uns gehen wollen". Mit einem solchen Mann tun sich Berufsparteisekretäre nicht leicht. Der alte Karl Waldbrunner, der einen offenen Machtkampf auf dem Parteitag verhindern wollte, stieß bei der Suche nach einem Kompromißkandidaten auf den ehemaligen Innenminister Hans Czettel, Pittermann war einverstanden. Czettel erklärte sich zur Kandidatur bereit, aber nur als Mann eines einvernehmlichen Wahlvorschlages, nicht als Kandidat gegen Kreisky. Da der Kreisky-Anhang nicht einverstanden war, schien die Sache erledigt. Auf dem Parteitag änderte Pittermann seine Haltung, nun peilte er selbst den Kampf gegen Kreisky an, empfahl dem Plenum Czettel als Gegenkandidaten. (Czettel: „Es war eine ganz blöde Geschichte und für mich entsetzlich peinlich!) Peinlich war die ganze „blöde Geschichte" vor allem deshalb, weil Pittermann sich zum Klassenkämpfer innerhalb der Partei machte, lautstark gegen die Intellektuellen polemisierte und die Frage aufwarf, warum nicht endlich einmal auch ein Arbeiter — eben der Ternitzer Metallarbeiter Hans Czettel — Vorsitzender einer Arbeiterpartei werden sollte. Der Parteitag entschied sich mit überwältigender Mehrheit für Bruno Kreisky. Er entschied sich damit für den Mann, der mehr Diplomat als Parteipolitiker schien, den Mann des internationalen Ansehens, des weiträumigen Denkers über Parteigrenzen hinaus — den Sozialdemokraten, der auch für Nichtsozialisten wählbar war. Der von Klaus installierte, von Gerd Bacher reformierte Rundfunk, das von den Parteisekretariaten unabhängig gewordene Fernsehen, auf dessen Bildschirmen die Journalisten die Oberhand über die Unterhalter gewannen, gaben diesem Bruno Kreisky die Möglichkeit, das neue Image der SPÖ, die Wählbarkeit für jedermann, perfekt auszuspielen. Mit der „Eisenstädter Erklärung" begann der neue Weg. Massive Absage an den Kommunismus, an jede Aktionsgemeinschaft mit dem linken Radikalismus, kompromißloses Bekenntnis zur Demokratie westlicher Prägung. In der politischen Linie des Diplomaten Kreisky, der als Außenminister die „Entwertung der Grenzen" betrieben, das bessere Verhältnis zu den volksdemokratischen Nachbarn gesucht hatte, trat damit kein Bruch ein. Wenn er von Neutralität sprach, hatte er auch immer Neutralität gemeint und niemals jenen Neutralismus, den das bürgerliche Lager den Sozialisten gelegentlich vorwarf.

Kreisky und seine Mannschaft im Außenministerium haben Neutralitätspolitik immer aktiv aufgefaßt, als Erfüllung einer österreichischen Friedensaufgabe zwischen den großen Machtblöcken in Ost und West. „Aus eigener Erfahrung kann ich sagen, daß die Vertreter mittlerer und kleinerer Staaten bei internationalen Konferenzen nicht ohne Einfluß sind. Oftmals haben gerade sie dazu beigetragen, für alle annehmbare Kompromisse zu finden, da sie keine Prestigepolitik treiben müssen". Eine solche Neutralitätspolitik hätte ein neutralistisches Regime gar nicht führen können. Österreich hätte 1955 den Staatsvertrag nicht bekommen, wäre es nur als passives, und nicht auch als aktives Demonstrationsobjekt für Entspannung geeignet erschienen. Für Chruschtschow war nur ein glaubhaftes Beispiel brauchbar, deshalb mußte Österreich glaubhaft nach beiden Seiten werden. Wer als Vermittler dienen sollte, mußte das Vertrauen beider Parteien besitzen. Ein neutralistisches Österreich konnte der östlichen Entspannungspolitik nicht nützen, weil es das Vertrauen des Westens nicht behalten würde. Das hat die österreichische Außenpolitik erkannt, deshalb ließ sie sich nicht zum Neutralismus verlocken. Die Sowjets begriffen es, deshalb nahmen sie Österreichs Neutralität ohne Neutralismus hin.

1950 demonstrierte Österreich seinen Antikommunismus während der Oktoberstreiks. Auch 1956, während des ungarischen Volksaufstandes, waren die österreichischen Sympathien unverkennbar. Trotzdem schaltete Chruschtschow den damaligen Staatssekretär Kreisky 1959 als Verbindungsmann zu Willy Brandt ein, bald darauf den Außenminister Kreisky als Vermittler in der Berlin-Frage. Der deutsche Bundeskanzler Adenauer ermutigte den Österreicher, die Kontakte weiterzuführen. Die Aktion blieb ohne Ergebnis, was Berlin betraf. Wien hat es genützt. Sie bestätigte dem Ballhausplatz das Vertrauen beider Seiten und damit die Richtigkeit der aktiven Neutralitätspolitik ohne Neutralismus. Mit einer noch so zukunftssichernden Außenpolitik allerdings ließen sich die Wahlen in Österreich kaum gewinnen. Die Eisenstädter Erklärung allein hätte es auch nicht ausgemacht. Kreisky war zwar für Leute wählbar, die einen Pittermann nie gewählt hätten, aber sie wählten Kreisky am 1. März 1970 hauptsächlich wegen der Fehler, die Klaus und seine Mannschaft in vier ÖVP-Alleinregierungsjahren gemacht hatten. Am Abend des 1. März 1970 besaß die Kreisky-SPÖ 81 Mandate. Eine relative, aber keine absolute Mehrheit. Eine kleine Koalition kam nicht in Frage. Schon am 16. Jänner 1970 hatte die FPÖ sich mit der Parole „Kein roter Bundeskanzler, kein schwarzes Österreich" festgelegt. So schieden FPÖ-Minister für ein Kreisky-Kabinett von vornherein aus. Klaus wiederum hatte erklärt, daß er kein Koalitionsbundeskanzler werden wolle. Als Vizekanzler einer Kreisky-Regierung war er überhaupt undenkbar. Als Franz Jonas den Wahlsieger Kreisky routinemäßig mit der Regierungsbildung beauftragte, mochten viele Österreicher eine Neuauflage der alten Koalitions- und Proprozpraxis erwartet und befürchtet haben.
Für Kreisky kam die alte Methode des Regierens, das oft nur ein Verwalten war, nicht in Frage. Er wollte die angesammelten Probleme lösen, im sozialdemokratischen Sinn. Sein Programm war von einer Versammlung von 1.400 Fachleuten in monatelanger Arbeit entwickelt worden, von spektakulärer Publizität begleitet. Was Raab, Gorbach und auch Klaus versäumt hatten, die Ausrichtung auf die Arbeitnehmergesellschaft, kam in diesem Programm zum Zug. Eine neue Wirtschaftspolitik des großindustriellen Wachstums mit Vollbeschäftigung als oberstes Gebot. Eine vom konservativen Geist gelöste Kulturpolitik der Chancengleichheit in der Erziehung und Bildung. Eine Sozialpolitik größtmöglicher Sicherheit des Einzelmenschen in einem allumfassenden Wohlfahrtssystem. Eine auf immer stärkere Mitbestimmung aller in allen Bereichen hinzielende Gesellschaftspolitik überhaupt. Mit dem Wahlschlager, den Präsenzdienst beim Bundesheer auf sechs Monate zu verkürzen, hatte

Kreisky die Jungwähler gewonnen. Daß die ÖVP nicht mitziehen konnte, war klar. Daß Kreisky keine Abstriche machen würde, war ebenso klar. So liefen die rot-schwarzen Koalitionsverhandlungen bis zum 20. April 1970 als eine Formalität ab, bei der nichts herauskommen konnte. Kreisky spekulierte von Anfang an auf eine Minderheitsregierung. Schon am 18. April stellten die Verhandlungsteams von SPÖ und ÖVP die Aussichtslosigkeit der Bemühungen um eine neue Koalition fest. Ein Gespräch des Bundespräsidenten mit der ÖVP-Spitze brachte kein Resultat. Theoretisch war eine ÖVP-FPÖ-Koalition denkbar, sie hätte über eine parlamentarische Mehrheit verfügt. Vor dem Versuch der Besiegten, gemeinsam über die Sieger zu regieren, schreckten die Beteiligten jedoch zurück.

Am 20. April 1970 teilte Kreisky dem Bundespräsidenten das Scheitern der Verhandlungen mit. Jonas betraute Kreisky erneut. Daß nun nur noch ein Minderheitskabinett in Frage kam, war klar. Ein paar Stunden später kam Kreisky zum zweiten Male in die Präsidentenvilla auf der Hohen Warte. Auf der Ministerliste, die er am Abend des 20. April 1970 dem Bundespräsidenten vorlegte, fanden sich außer dem Justizminister Dr. Broda und dem Innenminister Rösch keine Namen, die schon einmal auf Kabinettslisten gestanden waren. In den wenigen Stunden des 20. April, in der dramatischen Pause zwischen dem Scheitern der Koalitionsverhandlungen und der Bildung der Alleinregierung, hatte er den Spitzengremien seiner Partei die Zustimmung zu diesem Kabinett der „Unbekannten" abgerungen. Er hatte ein letztes Mal klargemacht, daß man in diese erste sozialistische Regierung der Republik nicht mit Männern gehen durfte, die mit den Fehlern und Fehleinschätzungen, mit Irrungen und Irrtümern der Koalitionsvergangenheit belastet waren, mochten sie sich für die Partei auch noch so große Verdienste erworben haben, mochten sie nun zu Recht oder zu Unrecht verteufelt worden sein. Trotzdem war die erste Kreisky-Regierung nicht frei von Fehlgriffen. Der Verteidigungsminister, General Johann Freihsler, stand die Belastungen nicht durch. Der Landwirtschaftsminister Dr. Johann Öllinger erwies sich als ehemaliger SS-Mann und trat „krankheitshalber" ab. Die in das Sozialministerium gesetzte Staatssekretärin Gertrude Wondrak, die ein künftiges Gesundheitsministerium vorbereiten sollte, kam gegen den massiven, mit der ganzen Macht des Gewerkschaftsbundes agierenden Vizekanzler und Sozialminister Ing. Rudolf Häuser nicht an.

„Die Bundesregierung ist sich des Umstandes bewußt, daß ihre Vorlagen nicht von vornhinein mit einer Mehrheit des Nationalrates rechnen können, und sie wird sich daher jedesmal um die Zustimmung der Mehrheit des Hohen Hauses bemühen. Die politische Situation, die entstanden ist, scheint nur einer der zentralen Rollen des Parlaments in der Demokratie sehr zuträglich zu sein. Damit wird das Parlament und den Mitgliedern des Hohen Hauses ein Maß an

Verantwortung auferlegt, wie das kaum jemals vorher in der Geschichte der Republik der Fall gewesen ist." Kreisky sagte diese Sätze am Anfang der Regierungserklärung, mit der er dem neugewählten Nationalrat sein Kabinett vorstellte. Daß dies am 27. April 1970 geschah, war kein Zufall. An diesem 27. April feierte die Zweite Republik den 25. Jahrestag ihres Bestandes. Damit hatte sie die Erste Republik um fünf Jahre überlebt. Es gab wohl niemanden mehr, der ihr die Lebensfähigkeit abgesprochen hätte, wie es der Ersten Republik so oft passiert war.

Inzwischen war es der Werftleitung in angestrengter Arbeit gelungen, in neue Absatzgebiete mit völlig neuem Programm einzudringen, den Ruf des österreichischen Schiffbaues in das weite Ausland zu tragen und sich hiemit wieder aktiv in die österreichische Wirtschaft einzugliedern. Es gelang der Werftleitung, auf dem Gebiet der Fischereifahrzeuge internationale Aufträge zu erhalten. Für einen griechischen Reeder wurde in Korneuburg ein modernes Fischerei-Fang- und Kühlschiff „Evangelistria IV" gebaut, mit einer Länge von 76 Metern, 1.230 BRT und einer Motorenleistung von 1.500 PS. Der gekühlte Fischladeraum hat 1.150 Kubikmeter Inhalt. Für die im Aufbau befindliche Fischereiflotte in Nigerien wurden 3 modernste Fischkutter von ca. 23 Metern Länge für Schleppnetzfischerei gebaut, die jedoch auch für Ringwaden- und Baumkürzenfischerei geeignet sind. Weiters eine kleine Flotte von 5 Fischereifahrzeugen mit einer Länge von 18 Metern und 190 PS Leistung. Für die Reederei Johannes Bos aus Loga/Leer, Deutschland, wurden 4 Hochseeschiffe (Container-Schiffe) mit einer Länge von 76,4 Metern, 1.400 PS und 1.300 tdw gebaut; die ersten drei wurden bereits 1970 geliefert und das vierte im März 1971. Des weiteren waren für die gleiche Reederei 6 Hochsee-Vollcontainerschiffe mit einer Länge von 90,4 Metern, 3.000 PS und 2.500 tdw in Auftrag, die bis Mitte 1972 ausgeliefert werden mußten. Die Projektierung, Konstruktion der Schiffe wurde von der Werft in eigener Regie durchgeführt. Die Schiffswerft hat damit den 703. Neubau in Auftrag genommen.
Nebenproduktion:
Allgemeine Stahl- und Maschinenkonstruktionen. Durch das gut geschulte Personal aller Kategorien verfügt die Werft über Spezialisten, besonders auf dem Gebiet der Schweißung und des Stahlbaues. Diese Arbeitskräfte ermöglichen es der Werft, eine starke Nebenproduktion auf dem Sektor des Behälter- und Stahlbaues jeder Art zu betreiben. Dementsprechend besteht ein großer Anteil der Produktion in den mechanischen Werkstätten aus Erzeugnissen außerhalb des schiffbaulichen Spezialgebietes. So hat sich die Produktion von Seilbahngondeln und Schrägaufzügen gut entwickelt. Diese Lieferungen waren und sind nicht nur für Österreich, sondern für die Schweiz, Jugoslawien und sogar Amerika bestimmt. Als Nebenproduktion ist auch der Kunststoffbau

anzusehen, der neben der Ausrüstung der Schiffe, wie Sanitärzellen, Zillen, Motorboote etc. auch Universalboote, Tretbote und die Segeljachten anfertigt. Seit Beginn des Baues der Jachten im Jahre 1967 wurden bereits 205 Stück geliefert.

Wie „hoch" waren nun die Stundenlöhne der Arbeiter in der Schwartz-Ära: Folgende Stundensätze waren

Ab August 1966:

Lohngruppe 10 .... S 17,—
Lohngruppe 9 .... S 16,50
Lohngruppe 8 .... S 15,40
Lohngruppe 7 .... S 14,—
Lohngruppe 6 .... S 12,80
Lohngruppe 5 .... S 11,80
Lohngruppe 4 .... S 10,90

Ab Februar 1968:

Lohngruppe 10 .... S 18,30
Lohngruppe 9 .... S 17,60
Lohngruppe 8 .... S 16,—
Lohngruppe 7 .... S 15,—
Lohngruppe 6 .... S 13,70
Lohngruppe 5 .... S 12,60
Lohngruppe 4 .... S 11,90

Ab Juni 1969:

Lohngruppe 10 .... S 19,70
Lohngruppe 9 .... S 19,—
Lohngruppe 8 .... S 17,50
Lohngruppe 7 .... S 16,40
Lohngruppe 6 .... S 15,—
Lohngruppe 5 .... S 13,90
Lohngruppe 4 .... S 13,—

Beginn der 42-Stundenwoche
Ab Jänner 1970:

Lohngruppe 10 .... S 21,15
Lohngruppe 9 .... S 20,35
Lohngruppe 8 .... S 18,75
Lohngruppe 7 .... S 17,60
Lohngruppe 6 .... S 16,70
Lohngruppe 5 .... S 14,90
Lohngruppe 4 .... S 13,90

Ab Jänner 1971:

Lohngruppe 10 .... S 24,45
Lohngruppe 9 .... S 23,55
Lohngruppe 8 .... S 21,55
Lohngruppe 7 .... S 20,10
Lohngruppe 6 .... S 18,45
Lohngruppe 5 .... S 16,85
Lohngruppe 4 .... S 15,55

Ab Juni 1972:

Lohngruppe 10 .... S 28,10
Lohngruppe 9 .... S 27,—
Lohngruppe 8 .... S 24,80
Lohngruppe 7 .... S 23,30
Lohngruppe 6 .... S 21,10
Lohngruppe 5 .... S 19,—
Lohngruppe 4 .... S 17,80

In der Betriebsratssitzung vom 1. Oktober 1970 wurde der gewerkschaftliche Linksblock wieder „aktiv": der Linksblock stellt die Forderung, daß man auf Grund der erhöhten Preissituation innerbetrieblich etwas fordern soll. Der Obmann warnt, daß bei der nächsten Lohnrunde durch eine innerbetriebliche Lohnerhöhung nicht mehr die Istlöhne gelten, sondern die KV-Löhne, die erfahrungsgemäß immer höher sind. Der Obmann schlägt vor, analog zu Linz, zu Weihnachten nicht mit Lohnabgeltung zu arbeiten. Der Linksblock entgegnet, daß wir aufgrund der Preissteigerungen einen Betrag fordern sollten und stellt den Antrag, diese Sitzung zu vertagen, um diesen Fragenkomplex gründlich zu beraten. Der Antrag auf Vertagung wird angenommen.

Am 4. Oktober 1970 war die Fortsetzung der letzten Sitzung. Der Obmann berichtet über die Bilanz der Werft. Gewinn S 950.000,—, Dividende S 750.000,—, ergibt einen Reingewinn von S 200.000,—. Der Obmann ersucht jeden Betriebsrat, seine Vorstellungen zu dem Problem innerbetrieblicher Forderung bekanntzugeben. Der Linksblock zweifelt die Bilanz an. Der Reallohn sinkt durch die Preissteigerungen. Eine Prämie wie in Linz muß man fordern. Die allgemeine Meinung aller Betriebsräte ist: Forderung von einer einmaligen Abgeltung für die Preissteigerungen in der Höhe von S 1.000,— und die Zeit zwischen Weihnachten und Neujahr bezahlte Freizeit.

In der Sitzung vom 13. Oktober 1970 wurde das Ergebnis der Forderung besprochen: Das Angebot der Direktion ist: Heiliger Abend und Silvester ganztägig frei, der 28., 29. und 30. Dezember wird mit 100 Prozent Zuschlag gearbeitet. Die einmalige Prämie oder Abgeltung wurde von der Direktion verworfen, da kein Geld vorhanden sei. Der Linksblock sagt einstimmig, alles ungenügend, kein Erfolg. Die Werftleitung honoriert nicht die Produktionssteigerung. Es wird gefordert, noch eine Vorsprache bei der Direktion.

Zurück zur österreichischen Innenpolitik. Am 25. April 1971 wird der amtierende Bundespräsident Franz Jonas mit 2,448.372 Stimmen, das sind 52,79 Prozent, wiedergewählt. Sein Gegenkandidat, Dr. Kurt Waldheim, erhält 2,224.368 Stimmen, das sind 47,21 Prozent. Hat die zweifelsfrei bewiesene wirtschaftliche Lebensfähigkeit auch die Demokratie schon soweit gestärkt, daß Österreich eine Minderheitsregierung schon verkraften konnte? Daß die Kreisky-Regierung über die höchste aller Hürden, die Budgethürde, hinwegkommen würde, daß sie eineinhalb Jahre im Amt bleiben würde, mochten ihr am 27. April 1970 nur sehr wenige Optimisten zugetraut haben. Das Risiko lag immer auf der Hand. Eine geeinigte Opposition hätte das Kabinett jederzeit durch ein Mißtrauensvotum stürzen können. Auch die innere Zerrissenheit der führerlosen ÖVP nach der Wahlkatastrophe vom 1. März war keine Versicherung gegen eine derartige Panne. Tatsächlich brauchte die Volkspartei länger als ein Jahr, um sich ein neues Führungsteam zuzulegen, mit dem sie dann den ersten Versuch eines Mißtrauensvotums startete. Noch immer nicht gegen die Gesamtregierung, sondern lediglich gegen den Verteidigungsminister Lütgendorf. Sie beging damit den Fehler, ausgerechnet gegen den konservativsten Mann des Kreisky-Teams vorzupreschen und begab sich damit in peinliche Nachbarschaft zum österreichischen APÖ-Ableger DDr. Günther Nenning und seinem Anhang. Dies mußte sich der neue ÖVP-Obmann Dr. Karl Schleinzer auch prompt von der FPÖ-Opposition im Parlament sagen lassen, bevor der Mißtrauensantrag durchfiel. Mit den freiheitlichen Stimmen stand nicht nur Lütgendorf den ÖVP-Mißtrauensantrag durch, mit diesen freiheitlichen Stimmen verabschiedete der Nationalrat auch das Budget im Herbst 1970. Diese Stimmen, hieß es damals in der Kreisky-feindlichen Welt der ÖVP-Opposition, habe sich der Kanzler mit der kleinen Wahlrechtsreform erkauft — mit der Neueinteilung des Bundesgebietes in neun Wahlkreise und einer Erhöhung der Abgeordnetenzahl auf 183. Daß diese Wahlrechtsreform kein billiger Kaufpreis für die FPÖ-Abgeordneten war, sondern ein längst überfälliges demokratisches Nachziehverfahren, das hatten am 1. März 1970 die Wahlen erst wieder bewiesen. Die Ungerechtigkeit des bisherigen Rechnungssystems lag auf der Hand: hatte doch die ÖVP 1966 mit 48,35 Prozent der Stimmen eine absolute 85-Mandate-Mehrheit bekommen, die SPÖ dagegen 1970 mit 48,20 Prozent nur eine relative 81-Mandate-Majorität. Und wer sich kurzfristig darüber aufregen wollte, daß man nun 183 Abgeordnete bezahlen mußte, der wurde mit der ersten Verfassung der Ersten Republik, die damals schon die Abgeordnetenzahl 183 festgelegt hatte, eines Besseren belehrt. Was dieses Budget 1970 aber betraf, so hatte die Volkspartei hier ihren wohl schwersten taktischen Fehler gemacht: sie hatte es durch ihre Spitzenfunktionäre schon grundsätzlich ablehnen lassen, bevor die Zahlen noch bekannt waren. Das hieß aber nichts anderes als: Abgelehnt wird nicht aus sachlichen Erwägungen, nicht aus verantwortungsbewußter Kritik, sondern weil es das Budget einer sozialistischen Regierung ist! Die Wählerschaft honorierte diese ausschließlich parteipolitisch orientierte Praxis postwendend: Bei den Nachtragswahlen im Herbst 1970 in einigen Wiener Wahlkreisen verlor die schon am 1. März 1970 geschlagene ÖVP noch ein weiteres Mandat an die Freiheitlichen. Wer erwartet hatte, daß ein halbes Jahr Kreisky-Regierung genügte, der ÖVP wieder auf die Beine zu helfen, täuschte sich. Gleich nach Amtsantritt seiner Minderheitsregierung sagte Kreisky einmal: „Wenn wir gestürzt werden, so werden wir doch in kurzer Zeit soviel Neues eingeleitet haben, daß keine künftige Regierung darüber hinwegsehen kann". Er wurde nicht gestürzt. Die Wirtschaftsentwicklung brachte eine neue Konjunktur und damit eine Festigung der Regierung. So betrachtete die SPÖ das Risiko einer Neuwahl als geringer denn das Risiko eines zweiten Minderheitsbudgets. Österreich erzielte 1971 mit 7,1 Prozent das höchste reale Wirtschaftswachstum aller europäischen Industriestaaten. Die Verbraucherpreise lagen mit einem Preisanstieg von 4,5 Prozent 1970/71 unter dem europäischen Durchschnitt. Die Beschäftigung von Arbeitskräften, die seit 1966 abgesunken waren, erreichten 1970 wieder das Niveau, das sie vor Antritt der ÖVP-Alleinregierung gehalten hatte, und stieg 1971 noch weiter an.

Am 10. Oktober 1971 wurde unter solchen Voraussetzungen der Nationalrat neu gewählt. Am Abend dieses Wahlsonntags konnte die SPÖ den höchsten Sieg verzeichnen, den jemals eine demokratische Partei in der Republik errungen hatte: mehr als 50 Prozent aller Stimmen. Das Mandatsverhältnis stand von da an für die nächsten vier Jahre 93 : 80 : 10. Mit nicht einmal 43 Prozent aller Wählerstimmen erreichte die ÖVP 1971 ihren tiefsten Stand seit 1945. Die Personaldiskussion um ihr Führungsduo riß seither nicht mehr ab. Parteiobmann war der Bauernbündler Dr. Karl Schleinzer aus Kärnten, kurzfristig Verteidigungsminister, dann Landwirtschaftsminister der Regierung Klaus. Als Generalsekretär fungierte ÖAAB-Sozialexperte Dr. Herbert Kohlmaier. Ein starker Mann für eine nächste Reform war nicht in Sicht. Im Hintergrund war ein mächtiger Mann zwar spürbar, der Präsident der Bundeswirtschaftskammer und Wirtschaftsbund-Chef Ing. Rudolf Sallinger, aber Sallinger scheute die Öffentlichkeit. Er wollte schon Anfang der siebziger Jahre ein Führungsteam Taus-Krainer protegieren. Doch wie Sallinger selbst die Spitzenfunktion des Parteichefs scheute, so scheuten zunächst auch Taus und Krainer den Vorstoß. So blieben Schleinzer und Kohlmaier, permanent in Frage gestellt und dadurch verunsichert, aber ohne echte Alternative. „Wachsamkeit" war ein von Dr. Schleinzer immer wieder benützter Ausdruck für die oppositionelle Aufgabe der ÖVP. Wachsamkeit genügte nicht, um einen Kreisky aus dem Sattel zu heben. Um einen zweimaligen Wahlsieger wie Kreisky konnte es auch niemals eine Personaldiskussion in den eigenen Reihen geben. Im Hinblick auf die Wahlen von 1975 hob die SPÖ ihre Altersklausel für Kreisky, den Gewerkschaftspräsidenten Anton Benja und die Wissenschaftsministerin Dr. Herta Firnberg auf.

Das Personalproblem der SPÖ ist die Nachfolgefrage. Den Finanzminister Dr. Hannes Androsch, seit 1976 auch Vizekanzler, und den Wiener Bürgermeister Leopold Gratz, beide stellvertretende Parteivorsitzende, sieht die Öffentlichkeit gerne als konkurrierende Kronprinzen. Kreisky selbst liebt es nicht, auf Nachfolgefragen angesprochen zu werden. Er hält noch weitere Jungmänner im Talon: den Unterrichtsminister Dr. Fred Sinowatz etwa, oder den Klubobmann Dr. Heinz Fischer. Wenn bei der ÖVP ein „zu wenige" das Personalproblem darstellt, so scheint es bei der SPÖ mitunter ein „zu viel". Die Gegner der Sozialisten suchen schon die Anzeichen künftiger Diadochenkämpfe. Was aber bis 1979 noch geschieht, kann niemand sagen. Die Ereignisse seit dem Wahlsonntag des 10. Oktober 1971 sind noch in Fluß. Vieles muß mehr als Politik gewertet denn als Geschichte bewertet werden. Die Jahre 1972 und 1973 waren Jahre krisenhafter Belastungen der Kreisky-Regierung, der SPÖ, Österreichs überhaupt. Trotz heftiger sowjetischer Proteste wurde 1971 das Interims-Abkommen mit der EWG, Österreichs langersehnte Attachierung an den gemeinsamen Markt, geschlossen. Dann aber kam mit dem Nahost-Krieg und der Erdölkrise die weltweite Rezession. Die Preise stiegen. Das Wachstum ging zurück, bis an die Null-Grenze. Die Arbeitslosenzahlen stiegen an; Fremdarbeiter mußten heimgeschickt werden. Am 18. Oktober 1972 demonstrierten 7.000 Ärzte auf der Wiener Ringstraße gegen eine Novellierung des Allgemeinen Sozialversicherungsgesetzes, die ihrer Ansicht nach „Ärzte und Patienten einer anonymen Bürokratie unterzuordnen" versuche.

Hochschulprofessoren protestierten gegen Dr. Herta Firnbergs UOG, das Universitätsorganisationsgesetz. Einen besonderen Platz in der Aktivität der Kreisky-Regierung nahm die Reform der Rundfunkreform aus der Klaus-Ära ein. Dem informationsfreudigen Bacher-ORF verdankte Kreisky zwar einen guten Teil seines Erfolges als Oppositionsführer; die sich steigende Informationslawine allerdings, die den Fernsehkunden förmlich überfluteten, wurde SPÖ-intern aber schon sehr bald als Gefahr betrachtet. Bachers engste Mitarbeiter standen rechts, der Nachrichtenchef und „deutsch-Unkundiger" Alfons Dalma, der Leiter der Abteilung „Politik und Zeitgeschehen", Alfred Payrleitner. Dafür hatte Bacher den sozialistischen „Horizonte"-Macher Dr. Heinz Brantl gefeuert. Dann aber kam der Fall Schranz. Der Ausschluß des österreichischen Ski-Idols von den Olympischen Winterspielen in Sapporo war für den ORF der Anlaß, das ganze Land in einen wahren Schranz-Taumel zu versetzen. Mit dem Vollblutdemagogen Bacher und seiner Mannschaft ging ganz einfach das publizistische Temperament durch. Daß sie dabei absichtslos den Aufstand probten, erfaßten sie wohl selbst nicht. Am Endresultat dieser Massenhysterie allerdings ließ sich erkennen, welches Machtinstrument mit Rundfunk und Fernsehen hier in die Hände weniger Männer oder überhaupt in die Hand eines Mannes gelegt war. Was jetzt am Beispiel eines Sportlers verhältnismäßig harmlos vorexerziert wurde, konnte eines Tages politisch und damit gar nicht mehr so harmlos praktiziert werden. Der Mann und sein Instrument mußten unter Kontrolle gebracht werden, im Interesse der Demokratie. Die SPÖ zog das neue Rundfunkgesetz am 10. Juli 1975 mit ihrer Mehrheit allein durch. Bacher war damit erledigt.

Am 24. November 1972 — also am Betriebsratswahltag — beschließt der Nationalrat gegen die Stimmen der Oppositionsparteien die große Lohn- und Einkommenssteuerreform, die am 1. Jänner 1973 in Kraft treten wird. Das Gesetz bring Veränderungen, die sich sozial gerechter auswirken werden. Am 15. Februar 1973 wird im Nationalrat mit den Stimmen von SPÖ und FPÖ das Stahlfusionsgesetz beschlossen. Mit diesem Gesetz werden die VÖEST und die Alpine Montan-Gesellschaft zur Firma „Vereinigte Österreichische Eisen- und Stahlwerke Alpine Montan Aktiengesellschaft" fusioniert. Gleichzeitig werden die Edelstahlfirmen Gebrüder Böhler & Co. AG und Schoeller-Bleckmann Stahlwerke AG als Tochtergesellschaften angegliedert.

Am Freitag, den 5. Jänner 1973 war die konstituierende Betriebsratssitzung des neugewählten Betriebsrates. Die sozialistische Fraktion bringt die Vorschläge Absolon — Obmann, Mühl — Obmann-Stellvertreter, Mannhart — Schriftführer, Parzer — Kassier. Bevor es zur Abstimmung kommt, meldet sich ein Kollege der KP. Die Gewerkschaftliche Einheit plädiert über die wichtigen Funktionen, wie Stellvertreter oder Kassier, wenn Absage dann Stimmenthaltung. Begründet damit, die Zusammenarbeit im Betriebsrat zu manifestieren. Da es keine Wortmeldung gibt, kommt es zu Abstimmung.

Obmann: Absolon   einstimmig angenommen

Obmann-Stellvertreter: Mühl 6 Stimmen angenommen, 3 Stimmenthaltungen

Schriftführer: Mannhart   6 Stimmen angenommen, 3 Stimmenthaltungen

Kassier: Parzer   6 Stimmen angenommen, 3 Stimmenthaltungen

Delegierung in den Aufsichtsrat: Obmann Absolon einstimmig angenommen.

In der Betriebsratssitzung vom 2. Februar 1973 wurden Ausschüsse nominiert.

1. Arbeitnehmerschutz: Judex, Bauer, Parzer, Novotny, Lackermayer, Ersatz: Strasser, Marhofer, Fucik, Stöckl;

2. Soziale Einrichtung: Mühl, Mannhart, Hornik, Ersatz: Ruffer;

3. Arbeitsrechtlicher Ausschuß: Absolon, Mühl, Buchsbaum.

Dokumentenanhang

Gesamtbetriebsrat
der Schiffswerft
Korneuburg A G.

Korneuburg, am 10. Oktober 1969

Betrifft : Novellierung des O I G - Gesetzes

Im Zusammenhang mit der geplanten Novellierung des ÖIG Gesetzes
hat der Gesamtbetriebsrat der Schiffswerft Korneuburg AG, am
10.Oktober 1969, den Beschluß gefaßt, Sie auf die spezielle Lage
der Schiffswerft Korneuburg AG aufmerksam zu machen und ersucht,
bei der Neuerstellung des ÖIG-Gesetzes die sowohl von der ge -
samten Belegschaft als auch von den Organen der Gesellschaft ge -
faßten Beschlüsse in diesem Zusammenhang zu berücksichtigen und
gesetzlich zu verankern.
Bekanntlich ist die Schiffswerft Korneuburg Aktiengesellschaft
bis zum Jahre 1964 , erstes ÖIG-Gesetz, als Tochtergesellschaft
der Ersten Donau-Dampfschiffahrts-Gesellschaft im Rahmen der
verstaatlichten Unternehmungen, Sektion IV des Bundeskanzleramtes
geführt worden. Durch das ÖIG-Gesetz ist die Erste DDSG dem Verkehrsministerium direkt unterstellt worden und wurde nicht in die
ÖIG aufgenommen. Dadurch ist die Schiffswerft Korneuburg als
reines Industrieunternehmen ebenfalls nicht dem Verband der ÖIG
angegliedert. Der Betriebsrat und auch die Organe, Aufsichtsrat
und der Vorstand der Gesellschaft, haben sich wiederholt mit dieser Frage beschäftigt und sind der Meinung, daß die Schiffswerft
Korneuburg der ÖIG angegliedert und aus dem Verband der Ersten
Donau-Dampfschiffahrts-Gesellschaft herausgelöst gehört. Die Begründung hierfür stützt sich auf folgende Fakten :

1. Obwohl seit 10 Jahren Versuche unternommen wurden, das
   Schiffswerften - Problem in Österreich zu lösen, ging das
   Ergebnis über zeitbedingte Teillösungen nicht hinaus. In
   umfangreichen Ausarbeitungen der 1958 von der Sektion IV
   mit den Untersuchungen betrauten Gesellschaften, wie der
   ÖGEPA und der DSHI sowie in den Einschauberichten 1966
   des Rechnungshofes wird die wirtschaftliche Verflechtung

135

der Schiffswerft Korneuburg mit der DDSG als unzweckmäßig angesehen und die Forderung nach Kooperation der beiden Werften miteinander erhoben. Weiters hat das Finanzamt für Körperschaften bei der Betriebsprüfung der Jahre 1963 - 1968 festgestellt, daß die wirtschaftliche Verflechtung zwischen der DDSG und der Schiffswerft Korneuburg nicht in jenem Umfang bestehe, die ein E Organschaftsverhältnis rechtfertigen und hat die Organschaft hinsichtlich der Umsatzsteuer aufgehoben .

2. Die Schiffswerft Korneuburg ist als Industrieunternehmen kein Verkehrsbetrieb. Sie ist auch nur zu einem geringen Teil für die DDSG beschäftigt. Das Hauptschwergewicht ihrer Produktion liegt auf dem Export von Schiffen. Außerdem macht sich eine sehr starke Nebenproduktion auf dem stahlverarbeitenden Sektor bemerkbar, die eine enge Zusammenarbeit mit anderen verstaatlichten Industrieunternehmungen notwendig machen würde.

3. Die DDSG ist selbst nicht in der Lage, der Schiffswerft Korneuburg die erforderliche Kapitalstärkung zu geben. Sie ist derzeit mit 25 Mio S Aktienkapital ausgestattet, obwohl der Umsatz bei ca. 180 Mio S liegt.

4. Es ist eine engere Zusammenarbeit mit der ÖIG erforderlich, um die Kontakte der verschiedenen verstaatlichten Unter - nehmungen auf dem Gebiete der Akquisition ausnützen zu können. Dasselbe gilt für die Einkaufspolitik.

5. Weiters soll die Schiffswerft Korneuburg ebenfalls in den Genuß von Förderungsmittel für Entwicklung und Forschung kommen, wie dies im Rahmen der ÖIG geschieht.

6. Es soll eine enge Abstimmung der Investitionen durch Kontakte mit den übrigen verstaatlichten Unternehmungen erfolgen und nach allgemeinem volkswirtschaftlichen Interesse die Produktion gestaltet werden.

7. Eine Aufnahme zusätzlicher Produktionen soll ebenfalls durch Abstimmung mit anderen verstaatlichten Unternehmungen im Rahmen der ÖIG erfolgen .

Der Aufsichtsrat der Schiffswerft Korneuburg AG hat daher
nach Behandlung des Einschauberichtes des Rechnungshofes bereits
am 7.12. 1967 , dem auch der Betriebsrat angehört , einen
Beschluß gefaßt , der folgendes zum Inhalt hat :

1. Die Schiffswerft Korneuburg AG wird aus dem Verband der
Ersten Donau-Dampfschiffahrts-Gesellschaft herausgelöst.

2. Eine Fusionierung beider Werften ist nicht zweckmäßig und
nicht durchzusetzen. Beide Werften, sowohl Linz als auch
Korneuburg, verbleiben in ihrer rechtlichen Konstruktion
als selbständige Aktiengesellschaften. Die Schiffswerft
Korneuburg geht direkt in das Eigentum der Republik Österreich über und wird in den Verband der Österreichischen
Industrieverwaltungs-Gesellschaft eingegliedert. Der Kaufpreis an die DDSG wird durch Aufrechnung der Forderungen
des Investitionsfond der verstaatlichten Industrie gegenüber der DDSG durch den Bund abgegolten. Eine Personal -
union im Vorstand und Aufsichtsrat beider Werften bleibt
wie bisher bestehen .

3. Eine Beteiligung der Ersten DDSG an den beiden österreichischen Werften erscheint nicht zweckmäßig.

4. Die Forderung des Investitionsfonds der verstaatlichten
Industrie gegenüber der Schiffswerft Korneuburg in Höhe
von 15 Mio S werden zur Kapitalaufstockung in die Schiffswerft Korneuburg eingebracht. Das Grundkapital erhöht sich
daher auf 40 Mio Schilling.

5. Eine analoge Aufstockung der Forderungen des Investitionsfonds gegen die Schiffswerft Linz erfolgt ebenfalls durch
Aufstockung.

6. Die Schwimmende Werkstätte der DDSG wird ebenfalls durch
Aufrechnung von Forderungen des Bundes gegen die DDSG ab-
gelöst. Die Schwimmende Werkstätte wird in das Eigentum der
Schiffswerft Korneuburg AG übertragen.

Der Gesamtbetriebsrat der Schiffswerft Korneuburg AG steht
auf dem Standpunkt, daß es nicht zweckmäßig erscheint, mit

. / .

der DDSG in der Organschaft zu verbleiben, vielmehr sollte
der Betrieb in den Verband der ÖIG aufgenommen werden.

Die Schiffswerft Korneuburg AG hat bis jetzt bereits
verschiedene Einbußen dadurch erlitten, daß sie nicht dem
Verband der OIG angehört und soll dies daher in der Zu -
kunft vermieden werden .

Wir ersuchen Sie daher dringendst , die erforderlichen
Schritte zu unternehmen und unseren berechtigten Wünschen
zum Wohle unseres Betriebes, dessen Belegschaft und damit
zum Wohle unserer österreichischen Volkswirtschaft zu
entsprechen .

Für den Betriebsrat

Der Arbeiter : **BETRIEBSRAT**   Der Angestellten :
Schiffswerft Korneuburg

Hödlu Josef   *Ruth Friedrich*
3 R C   B.R.O.

NS. Gleichlautende Schreiben ergingen an :

     Parlamentklubs der ÖVP
         -"-   der SPÖ
         -"-   der FPÖ
Präsidium   der ÖIG
     -"-   des ÖGB
     -"-   der A K
Vorstand d.Gewerkschaft HTV
     "   d.   "   I Privatangestellte,
Arb.Kammer f. N.Ö.
Präsident Wondrak Josef.

Ausbauplanung Korneuburg 1971 (Auszug)

SCHIFFSWERFT KORNEUBURG AKTIENGESELLSCHAFT

E I N L E I T U N G

Die betriebliche Entwicklung der Schiffswerft Korneuburg AG ist seit
ihrem Bestande vielen Schwankungen unterlegen und die Zielsetzung wurde
vielfach aus technischen oder finanziellen Gründen geändert. So ist es
ein Faktum, daß der Betrieb ursprünglich als Reparaturbetrieb für die
Erste Donau-Dampfschiffahrts-Gesellschaft gedacht war, der dann erst in
viel späteren Jahren, und zwar 1933 mit einem richtigen Neubau-Programm
begann. Aus den bestehenden Fertigungseinrichtungen erfolgte dann im
2.Weltkrieg ein größerer Ausbau, der aber in fertigungstechnischer Richtung vom heutigen Fertigungsstandpunkt aus gesehen nicht das Optimalste
darstellte. So wurde in den Kriegsjahren als Kernstück der Fertigung die
Schiffbauhalle eingerichtet, die von Haus aus aber in der Nähe der Neubauhellinge hätte errichtet gehört. Durch das bestehende Objekt ist ein
vollkommen unzureichender Materialfluß gegeben, auf den nicht nur von
den Werftleitungen hingewiesen wurde, sondern auch von unabhängigen Prü-
fungsgesellschaften (siehe DSBI-Bericht, Seite 31, vom 20.7.1958 und
Rechnungshof-Bericht vom 1.2.1966).

Es ist daher keine ökonomische Fertigung, schon aus der Sicht des schlechten Materialflusses, gegeben, was sich in den Jahren des immer größer
werdenden technischen Fortschrittes unangenehmer bemerkbar machen wird.
Da die Neubauhellinge sich nunmehr in erstklassigem Zustand befinden und
für Jahrzehnte ihre einwandfreie Funktion gewährleisten werden, ist daher
gedacht, die Zentren der Schiffbaufertigung in die Nähe dieser Hellinge
zu verlegen, wozu die in der Folge beschriebene Neubauplanung dient.

Durch die Übersiedlung der Schiffbaufertigung in neue Objekte in der
Nähe der Neubauhellinge, werden bestehende Fertigungshallen frei. Sie
sind für entsprechende Verwendungszwecke vorgesehen und sollen vor allem
der Nebenproduktion dienen. Es ist im wesentlichen daran gedacht und es
wird sich nur im Zuge dieses Jahrzehnts verwirklichen lassen, einheitliche große Objekte zu schaffen, wo ein zügiger Materialfluß gewährleistet ist, ausgestattet mit den entsprechenden Hebezeugen. Die vielen

kleinen Objekte, die vollkommen unwirtschaftlich geworden sind, wären zu kassieren. Dadurch wird die Grundlage für einen modernst ausgestatteten Betrieb gegeben sein.

Wir glauben, daß mit der vorliegenden Planung unter Bedachtnahme auf die finanzielle Situation das Optimalste geschaffen ist. Die entsprechenden Rentabilitätsrechnungen, Vorausberechnungen zeigen die enormen Einsparungen, welche sich im Laufe der Jahre ergeben werden. Durch den Serienbau von Großobjekten, wie sie derzeit in der Werft erfolgen, ist auch eine entsprechende Auslastung bis in das Jahr 1974/75 gewährleistet und es wird getrachtet, daß schon diese Neubauten, zumindest teilweise, mit Hilfe dieser Fertigungseinrichtungen errichtet werden. In diesem Zusammenhang verweisen wir darauf, daß der Bedarf an diesen Großbauten - Personenschiffe für die Wolga - weiterhin gegeben ist und man hat uns versichert, daß bei entsprechender Bewährung Folgeaufträge zu erwarten sind. Außerdem wird zu Beginn 1980 der Rhein-Main-Donau-Kanal eröffnet und man erwartet eine beachtliche Belebung des Schiffsverkehrs auf der Donau, was sicher ebenfalls mit Neubau-Aufträgen verbunden ist.

Wenn auch gesagt wird, daß die Konkurrenz in erhöhtem Maße hier eintreten wird, so sei darauf verwiesen, daß nur diejenigen Unternehmungen bestehen werden können, die diesem Konkurrenzkampf gewachsen sind. Bei dem derzeitigen Status der Werft Korneuburg ist aber sicherlich keine Gewährleistung hierfür gegeben. Nach Ausbau des vorliegenden Projektes ist die Werft jeglicher Konkurrenz gewachsen, wobei vermerkt werden muß, daß viele Voraussetzungen schon derzeit gegeben sind und der Ausbau nur eine Vervollständigung und Modernisierung darstellt.

Wir hoffen sehr, daß die Überprüfung der vorliegenden Ausbauplanung, die nach gewissenhafter Ausarbeitung durchgeführt wurde, den Beifall und die Zustimmung der damit befaßten Herren findet.

Durch den Besuch auf den Schiffswerften wurden wir auf verschiedene Werft-
einrichtungen aufmerksam, die in engem Zusammenhang mit unseren geplanten
Investitionen und Rationalisierungsmaßnahmen stehen.

Zusammengefaßt wurden auf den besuchten Werften folgende Beobachtungen
gemacht:

1. Anstrengungen zur Rationalisierung des Transportes durch:
   Am Blechlager und in der Vorfertigung. Kräne mit Drehlaufkatzen und
   Magnet-Hebe-Traversen.
   Rollgänge oder Spezialfahrzeuge für den Blechtransport.
   Tieflader für den Transport von Sektionen.
   Sektionsbaukräne großer Reichweite und Hubleistung.
   Fertigungshallen nahe der Hellinge, Sektionsbauhallen längs der Hellinge
   und mit Verschiebedächern, wo keine Sektionsbauhallen, verschiebbare
   Hallen über den Sektionsbauplätzen.
   An allen Arbeitsplätzen in den Fertigungshallen als auch an den Arbeits-
   plätzen im Freien, Kräne unterschiedlichster Bauarten, fix montiert oder
   verfahrbar, zum Montieren an anderen Stellen, auch Autokräne.

2. Wo noch Schnürboden, Anzeichnen auf Folien.

3. Im Verhältnis zum Auftragsstand der Werften, kleine Blechvorratsmengen,
   somit auch kleine Blechlager.

4. Brennschneiden mit mehreren Brennschneidmaschinen, davon mindest eine
   Maschine mit moderner optischer Steuerung, je nach Bauprogramm der Werft
   im Maßstab 1:1, 1:10 oder 1:5.
   1:10 und 1:5 - Maschinen vorbereitet für den Einbau numerischer Steuerung.
   (Um Erfahrungen mit numerisch-gesteuerten Brennschneidmaschinen zu
   sammeln, ist es notwendig, Betriebe zu besuchen, die sich bereits längere
   Zeit speziell darauf eingerichtet haben).

5. Brennschneiden in ausreichend großen Brennhallen mit genügend Platz.

6. Sauerstoff- und Gas-Ringleitungen (zum Automatschneiden wegen Lochstechen
   nur Dissousgas!).

7. Allgemeine Tendenz zur Blechentzunderung und Konservierung, möglichst
   im eigenen Werk.

8. Rationalisierung des Verwaltungsapparates, durch in einem Objekt zu-
   sammengefaßte Büros.

9. Vorbildliche Sozialräumlichkeiten.

Es soll nicht unerwähnt bleiben, daß in sämtlichen von uns besuchten
Schiffswerften die Studiengruppe eine herzliche Aufnahme fand und alle
von uns geäußerten Besichtigungswünsche berücksichtigt wurden.

Gezeichnet:

    Dorn
    Resetka
    Ing. Albert
    Schaller
    Zwischenberger

K o s t e n a u f s t e l l u n g

für das außerordentliche Investitionsvorhaben

1. Ausrüstungskräne samt Fundamenten	S	14,000.000,--
2. Schiffbauhalle und Hilfswerkstätten	S	41,000.000,--
3. Materiallager, Verlegung und Ausrüstung	S	4,600.000,--
4. Energieversorgung	S	3,830.000,--
5. Maschinelle Einrichtungen	S	13,350.000,--
6. Entzunderungsanlage	S	4,500.000,--
7. Sozialräume, Einrichtung, Meisterkanzleien	S	960.000,--
8. Übersiedlungskosten	S	620.000,--
Gesamt	S	82,860.000,--

Begründung für das Investitionsvorhaben - Kosteneinsparungen bei
Durchführung:

1. Die Rationalisierungsmaßnahmen beim Materialtransport
   betreffen den Transport des Materials von der Anlie-
   ferung an, das Lagern des Materials und den Transport
   in die Fertigungshalle.
   Der Transport des Materials in der Fertigungshalle zu
   den Bearbeitungsmaschinen, der Transport der Fertigungs-
   teile zu den Sektionsbauplätzen in der Halle geschieht
   auf möglichst kürzestem Wege. Ebenfalls der Transport
   der Großsektionen aus der Halle auf den Helling.
   Die daraus resultierende jährliche Einsparung beträgt   35.000 Stunden.

2. Die Einsparung durch den Einsatz eines modernen Brenn-
   schneidautomaten beträgt durch den Entfall von Scha-
   blonen und zeitraubenden Anreißarbeiten durch die
   Nutzung der möglichen hohen Schneidleistung und ge-
   ringen Schneidtoleranzen jährlich   23.300 Stunden.

3. Beim Sektionsbau sind derzeit durchschnittlich 70
   Lohnempfänger beschäftigt, welche ständig im Freien
   arbeiten. Die Leistung bei den Arbeiten im Freien sinkt
   bei Kälte, Schneefall, unter Berücksichtigung der Ne-
   benarbeiten - Freischaufeln der zwischengelagerten Teile und Reinigen derselben - bei starken Regenfällen,
   aber auch durch Hitze bei Arbeiten im Inneren der Schiffs-
   rümpfe im Durchschnitt um 20 % ab.
   Die jährliche Einsparung beträgt ca.   28.000 Stunden.

4. Die im Freien durchzuführenden Transporte von Betriebs-
   mitteln, wie Gas- und Sauerstoffflaschen, Schläuchen,
   Kabeln, Gerüstmaterial, usw. ergeben eine aus der Erfahrung abgeleitete Einsparung pro Jahr von   1.800 Stunden.

5. Durch die im Anbau der Schiffbauhalle untergebrachten
   Hilfswerkstätten für Rohrschlosserei, Tischlerei,
   Elektrowerkstätte, Maschinenbau, entfällt ebenfalls ein
   Teil der Arbeiten im Freien, aber vor allem Wegzeiten
   zwischen den Hellingen und diesseits des Hafen-
   beckens liegenden Werkstätten.
   Die Einsparung hiedurch beträgt jährlich mindestens   8.600 Stunden.

6. Durch die Verlegung der Schiffbaufertigung in die neue
   Halle bei den Hellingen werden in der alten Halle Pro-
   duktionsflächen frei. Aufträge für Nebenproduktionen,
   welche bisher aus Platzmangel nicht angenommen werden
   konnten, können hier ausgeführt werden. Die Arbeiten an
   Lukendeckeln, Schornsteinen, Deckshäusern, Masten, usw.,
   welche aus Platz angel zur Zeit auch im Freien ausgeführt werden müssen, können dann unter Dach gebracht werden,
   wo die entsprechenden maschinellen Einrichtungen vorhanden
   sind. Unter Berücksichtigung der damit verbundenen besseren
   Produktionsbedingungen ergibt dies bei einer Beschäftigten-
   zahl von 15 - 20 Personen.eine jährliche Einsparung von   10.000 Stunden

7. Die Überprüfung der Rentabilität einer Entzunderungsstrecke
   für die Schiffswerft ergab, daß eine auch nicht voll ausge-
   lastete Anlage durch Verminderung der Kosten in der Produktion rentabel ist.
   Die jährliche Einsparung an Arbeitsstunden beträgt   12.800 Stunden

8. Die Wasch- und Umkleideräume sowie die Aufenthaltsräume bei
   den Hellingen sind in einer alten, aus der Kriegszeit
   stammenden Holzbaracke untergebracht und in jeder Beziehung
   unzureichend. Sie können nur einen Teil des auf der Helling-
   seite beschäftigten Personals aufnehmen. Die Mehrzahl muß
   diesseits des Hafenbeckens versorgt werden. Die Schaffung
   von Wasch- und Umkleideräumen im Fertigungsschwerpunkt ist
   daher eine der dringlichsten Aufgaben.
   Es werden dadurch Wegzeiten in der Höhe von   4.200 Stunden
   eingespart.

9. Die verminderte Unfallgefahr bei den Arbeiten in der Halle
   bedingt durch bessere Sichtverhältnisse, Wegfall von Ver-
   eisungen usw., besseren Überblick der Kranführer,bedingt
   eine Verringerung von ca.   1.000 Stunden

                                            Gesamt   124.700 Stunden
                                            ==========================

Diese eingesparten Produktionsarbeitsstunden sind der folgenden Rentabilitäts-
rechnung zu Grunde gelegt.
Die durchschnittlichen Kosten einer Produktionsarbeitsstunde aus Lohn und
Gemeinkosten betragen derzeit S 120,--.

Republik Österreich
Bundesministerium für Verkehr
    Pr.Zl.10.344/1-I/1-72

V o r t r a g

an den Ministerrat

Betr.: Maßnahmen zur wirtschaftlichen
       Neuordnung der Ersten Donau-
       Dampfschiffahrts-Gesellschaft
       (I.DDSG)

Durch das Verstaatlichungsgesetz vom 26.Juli 1946,
BGBl.Nr. 168, ist der Bund Alleinaktionär der DDSG geworden. Die Gesellschaft hat im April 1971 ihr Unternehmenskonzept erstellt, mit dessen Prüfung eine Kommission, bestehend aus Vertretern des Bundesministeriums
für Finanzen und meines Ressorts, beauftragt wurde. Der
Bericht dieser Kommission deckte sich nicht in allen
Punkten mit den im Konzept der DDSG entwickelten Überlegungen. Es wurde daher eine gemischte Kommission, der
Vertreter der beiden Ressorts und der DDSG angehörten,
eingesetzt, die auf Grund des Unternehmenskonzeptes und
des Berichtes der Beamtenkommission ihren endgültigen
Vorschlag über die zu treffenden Maßnahmen erstatten
sollte. Diese gemischte Kommission hat ihre Arbeiten
am 15.Februar 1972 mit einem einvernehmlich erstellten
Bericht abgeschlossen, der die Grundlage für die durch
diesen Ministerratsvortrag zu treffenden Sanierungsmaß-
nahmen bildet.

Die Kommission hat sämtliche im Unternehmenskonzept und
im Bericht der Beamten-Kommission angestellten Überlegungen neuerlich geprüft. Sie ist jedoch vordringlich auf
jene Schwerpunkte eingegangen, die sich durch die besonders verlustträchtigen Betriebszweige (Südost-Langstrek-
kenverkehr, Fahrgastschiffahrt) und die Notwendigkeit

der Zuführung finanzieller Mittel an die Gesellschaft
(Rationalisierungsinvestitionen) dargeboten haben. Sie
hat ihren Beratungen zur Behandlung technischer Fragen
Experten des Germanischen Lloyd, der Schiffsbautechni-
schen Versuchsanstalt und der Obersten Schiffahrtsbehörde
beigezogen.

Die Kommission erstattete in der Hauptsache folgende
Vorschläge:

Einschränkung des besonders kostenintensiven und un-
paarigen Südost-Langstreckenverkehrs Linz - Izmail - Linz
auf einen Jahresumfang von rd. 160.000 to in der Berg-
richtung. Im Jahre 1971 waren in dieser Relation rd.
240.000 to befördert worden. Der Talverkehr nach Izmail,
der im Jahre 1971 rd. 52.000 to erreichte, würde durch
die Restriktion des Bergverkehrs keine Schmälerung erfahren. Dieses optimale Verhältnis kann je nach der Menge
der jeweiligen Talfracht variieren.
Einschränkung der Fahrgastschiffahrt auf die am wenigsten
defizitären Linien und auf Sonderfahrten.

Eheste Umstellung der gesamten für den Trocken-Fracht-
verkehr erforderlichen Flotte auf Motorgüterschiffe des
Europatyps. Im verbleibenden Südost-Langstreckenverkehr
sollten Motorgüterschiffe zusammen mit unbemannten Kähnen
auch in Form sogenannter Schubkoppelverbände und Schub-
schiffverbände Verwendung finden.

Vorerst keine weiteren Investitionen auf den Gebieten
Fahrgastschiffahrt, Tankschiffahrt und Spedition.

Sofortige Einführung eines leistungsorientierten Entloh-
nungssystems, weitere Rationalisierung des Personalein-
satzes auf den Motorgüterschiffen.

Abdeckung des trotz Einschränkung verbleibenden Defizits
im Fahrgastverkehr, der vornehmlich dem Fremdenverkehr
der Bundesländer Wien, Niederösterreich und hier vor
allem dem Fremdenverkehr mehrerer Ufergemeinden dient,
durch diese Gebietskörperschaften und den Bund, wobei
zu beachten ist, daß Verhandlungen hierüber mit den möglichen Partnern erst geführt werden müßten. Als Variante
wäre die Gründung einer Gesellschaft in Betracht zu
ziehen, an der der Bund und die interessierten Gebietskörperschaften beteiligt sind und der die Personenschiffe
der DDSG zu übereignen wären. Der DDSG wäre die Betriebs-
führung auf Rechnung der neugeschaffenen Gesellschaft
zu übertragen.
Über diese Schwerpunkte hinaus hat die Kommission noch
folgende Fragen behandelt:
Abstoßen der Beteiligung der DDSG an der Schiffswerft
Korneuburg, Mitbenützung der elektronischen Datenverar-
beitungsanlage der Österreichischen Bundesbahnen, Einbeziehung der DDSG in das Pensionsinstitut der österreichischen Privatbahnen, verstärkte Kooperation mit
anderen Schiffahrtsgesellschaften auf dem Sektor der
Agentien bei gegebener Reziprozität, verstärkte Akqui-
sitionstätigkeit, Personalreduzierung nicht nur im
Schiffsdienst, sondern auch in der gesamten Verwaltung
und Auflassung der Umschlagsanlage in Wien-Zwischen=
brücken im Zusammenhang mit dem Bau des Hochwasserschutz-
dammes durch die Stadt Wien.
Die Durchführung dieses Programmes würde finanzielle
Leistungen des Bundes in Höhe von insgesamt rund
700 Millionen Schilling erfordern, die nach Maßgabe
der budgetären Möglichkeiten bereitzustellen wären.

Der genannte Betrag enthält:

Die Zuführung von Investitionsmittel
für den Frachtverkehr in Höhe von   S   350,o   Mio

die Übernahme der mit Bundeshaftung
aufgenommenen Kredite samt Zinsen
durch den Bund in Höhe von   S .. 231,46   "

die Abdeckung der aus einem eingeschränkten Fahrgastverkehr zu erwar-
tenden kassenmäßigen Abgänge von   S   47,06   "

eine Subvention für die Altpensionisten
der DDSG von   S   22,50   "

und eine Liquiditätsstütze für die Jahre
1971 und 1972 von   S   50,0   "

Die Kommission empfahl weiters, daß der Bund seine Forderungen, die sich Ende 1971 auf 347,25 Millionen Schilling
beliefen, abbuchen soll. Nach Ausgleich des bilanzmäßigen
Verlustes, der sich einschließlich der Verlustvorträge der
letzten Jahre Ende 1971 voraussichtlich auf 198,8 Mio S
belaufen wird, ergibt sich dadurch für die Gesellschaft
zusammen mit dem außerordentlichen Ertrag durch die Übernahme der Haftungskredite durch den Bund eine Gesamtrück-
lage von rd. 331,27 Mio S. Die Kommission nimmt an, daß
damit die Verluste der Geschäftsjahre 1972 bis 1978 bilanz-
mäßig ausgeglichen werden können.

Die vorgesehene Mittelzufuhr von 350 Mio S soll es ge-
statten, den personalintensiven Schleppbetrieb mit Trocken-
gütern völlig zu beseitigen und gleichzeitig auf die künftige Benützung des Rhein-Main-Donau-Kanals Bedacht zu nehmen.
Das Investitionsprogramm zielt auf eine völlige Umstellung
auf Motorgüterschiffe (Europa-Kähne) im Verkehr auf der
oberen Donaustrecke und auf eine weitgehende Umstellung

auf Schub-Koppel-Verbände im Südost-Langstreckenverkehr,
zu denen mit Rücksicht auf das eine bereits in Betrieb
stehende Schubschiff "Linz" je nach der Entwicklung allenfalls auch noch ein weiterer Schubschiffverband treten
könnte. Auf möglichste Sparsamkeit durch Heranziehung
geeigneter Güterkähne für den Umbau auf Schubleichter
ist in dem Investitionsprogramm Bedacht genommen worden.
Eine Variierung des sachlichen Inhaltes des Investitions-
programmes wird sich je nach der Entwicklung nicht vermeiden lassen, wobei aber der finanzielle Rahmen unter
Beachtung der von der Gesellschaft nicht beeinflußbaren
Preisentwicklung einzuhalten sein wird. Nach Ansicht der
Kommission erscheint es notwendig, in der zukünftigen
Regelung, die für die Abbuchung der Bundesforderungen
und die Übernahme der Haftungskredite durch den Bund notwendig sein wird, auch die besonders ins Gewicht fallen-
den finanziellen Leistungen an die Gesellschaft für die
Umflottung bis zum Ende des Planungszeitraumes zu bestimmen.
Der Gesellschaft würde dadurch eine langfristige Auftrags-
erteilung und damit die Erzielung preislicher Vorteile
ermöglicht.

Die Kommission wies in ihrem Bericht abschließend darauf
hin, daß eine Lösung des Problems der DDSG im Sinne einer
restlosen Beseitigung der zum überwiegenden Teil struktu-
rell bedingten Verlustgebarung auch durch die in diesem
Bericht dargestellten Maßnahmen unter den gegebenen Umständen nicht möglich ist. Die aufgezeigten Möglichkeiten
könnten aber nach Ansicht der Kommission wesentlich dazu
beitragen, daß einem weiteren Anschwellen der Verluste der
Gesellschaft entgegengewirkt und die Möglichkeit gewahrt
wird, den Anschluß an eine günstige, wenn auch mit ver-
schärften Konkurrenzverhältnissen verbundene, Entwicklung
nach Öffnung der Rhein-Main-Donau-Großschiffahrtsstraße
zu finden.

Auf der Grundlage all dieser Überlegungen und mit dem
Ziele einer wirtschaftlichen Neuordnung der DDSG stelle
ich im Einvernehmen mit dem Bundesminister für Finanzen
den

A n t r a g ,

die Bundesregierung wolle diesen Bericht zur Kenntnis
nehmen und der Verwirklichung der dargestellten Maßnahmen
nach Maßgabe der jeweils gegebenen budgetären Möglichkeiten
zustimmen.

Wien, am 9. März 1972
Der Bundesminister:
F r ü h b a u e r
e.h.

Besuch bei Herrn Bundeskanzler Dr.Kreisky
am 14.4.1972

Stellungnahme des sozialistischen Werftvorstandes zur geplanten Werftfusion

1. Wenn ich zuerst die positiven Seiten beleuchte, möchte ich darauf hinweisen, daß eine Integration der Werften sicherlich begrüßenswert ist. Es kommt aber darauf an, wie diese Konzentration erfolgt.

2. Eine Herauslösung aus dem Verband der DDSG ist unbedingt notwendig, da die Werft Korneuburg von Ihrer Mutter keinerlei Vorteile gehabt hat, sondern stets die Gebende gewesen ist, wodurch sie selbst in Schwierigkeiten gekommen ist.

   a) Die Werft hat zu Selbstkosten an die DDSG verkaufen müssen, sie hat alle Garantien, Nacharbeiten, Zinsbelastungen bei sämtlichen DDSG-Aufträgen tragen müssen, so daß stets Verluste entstanden sind

   b) Die DDSG hat alle Mittel, die sie von Seiten des Staates unter Hinweis auf die Werft beanspruchte, für sich selbst behalten

   c) Die DDSG hat der Werft schließlich auch Konkurrenz gemacht in dem sie eigene Werkstätten errichtete und alle kleineren Reparaturen selbst durchführte (Schwimmende Werkstätte)

   d) Die DDSG hat in den großen Notzeiten der Werft, als keinerlei Aufträge vorhanden waren, ihre Aufträge an die Schiffswerft Linz vergeben, weil zur Schiffswerft Linz bereits aus der Nachkriegszeit Kontakte bestanden, während die Werft Korneuburg noch immer den Hauch eines USIA-Betriebes hatte. Es wird noch bemerkt, daß die Preise, die in Linz erzielt wurden, bedeutend höher als in Korneuburg lagen.

   e) Die DDSG hat die Anlagen der Werft Korneuburg ausgenützt ohne einen Groschen zu bezahlen; Einstellen der Schiffe ohne Lagerstand zu bezahlen, Unterhaltung einer Schiffsjungenschule ohne Liegegeld zu entrichten.

Man kann also sagen, daß die Werft Kornouburg von der DDSG
nicht entsprechend behandelt wurde, was sie letzten Endes
in gewisse Schwierigkeiten führte. Es wird daher die Herauslösung aus dem Verband der DDSG begrüßt, damit ein echter
kommerzieller Verkehr zwischen den beiden Unternehmungen zustande kommen kann.

3. Die negativen Aspekte, die sich aus den Integrationsbestre-
bungen ergeben, möchte ich wie folgt anführen:

a) In Pressemeldungen, Berichten und Gesprächen, die seit
Jahren mit der ÖIAG erfolgten, wurde vielfach erwähnt,
daß eine Aufnahme der Werft Korneuburg in die ÖIAG nur
dann möglich ist, wenn sie über die Schiffswerft Linz,
die als direkt verstaatlichtes Unternehmen gilt, erfolgt,
d.h. daß Linz als Mutergesellschaft fungieren soll und
die Werft Korneuburg als GmbH aufgenommen wird. Es wäre
dies ein Mutter-Tochter-Verhältnis, wie wir es erlebt
haben. Obwohl im Vorstand und Aufsichtsrat Personengleich-
heit besteht, könnten unter Umständen Verhältnisse eintreten, die die Werft Korneuburg ins Hintertreffen führen.

b) Wie in allen Dingen des Lebens spielt das Geld eine weitere Rolle.　　　　　　　　　・　in den letzten
Linz hat eine Aufstockung des Grundkapitals xxx 1o Jahren
von 25 auf 5o Mio S erreicht. Korneuburg, obwohl dieser
Betrieb einen eineinhalbfachen Umsatz von Linz hat und
auf dem Sektor des Schiffbaues bedeutend größere Aufträge
ausführt, hat ein Grundkapital von 25 Mio S. Durch eine
Unterordnung bei der Werft Linz und den finanziellen Möglichkeiten glaube ich kaum, daß eine Aufstockung von 25
Mio S auf 5o Mio S erreicht wird. Erwähnen möchte ich noch,
daß der niederösterreichische Landtag in seiner Sitzung
am 9.11.1967 beschlossen hat, die Erhöhung des Aktien-
kapitals der Schiffswerft Korneuburg zu befürworten und
bei der Bundesregierung vorstellig zu werden. Dieser Akt
liegt im Finanzministerium und wird nicht behandelt.
Wenn wir nicht in naher Zukunft eine Unterstützung erhalten, wird unser Unternehmen, derzeit noch mit positiven
Bilanzen, in Schwierigkeiten geraten, wobei mit einem
Überschuldungsfaktor zu rechnen ist.

d) Wie schon angedeutet, ist die Produktion in den beiden
Werften ganz verschieden. Während Korneuburg fast ausschließlich auf den Schiffbau konzentriert ist und die
Nebenproduktion (Segelboote, Seilbahngondeln) 5-8 % aus-
macht, ist die Schiffswerft Linz mehr ein Maschinenbau-
betrieb als ein Werftbetrieb. Die Nebenproduktion macht
7o % aus. Es wird versucht, dieses Verhältnis zu begün-
stigen. Durch die Fertigstellung des Rhein-Main-Donau-
Kanals wird sich der Schiffbau ausweiten.
Man kann nicht von gleichartig gelagerten Betrieben sprechen und eine horizontale Konzentration ist nicht vorhanden.

e) Derzeit besteht im Vorstand und Aufsichtsrat eine einheitliche Leitung und dadurch ist eine Kooperation zwangsläu-
fig gegeben. Wir haben einen einheitlichen Einkauf, Verkauf, in den Konstruktionsbüros wird nicht parallel gearbeitet, sondern jeweils nach Fertigungsmöglichkeiten, bei
der Auftragsvergabe an die Werften wird Kapazität und Ko-
stengestaltung berücksichtigt. Aus diesem Grunde ist schon
eine richtige Zweckmäßigkeit gegeben. Eine vollständige
Fusion sollte man erst in einem höheren Entwicklungssta-
dium erwägen.

Wenn ich kurz zusammenfassen darf, wird von der Unternehmens-
leitung folgendes als notwendig erachtet:

1. Herauslösung aus dem Verband der DDSG

2. Direkte Unterstellung der ÖIAG, gleichzeitig verbunden
   mit einer Kapitalaufstockung der Schiffswerft Korneuburg

3. Engere Konzentration an die Schiffswerft Linz durch
   Schaffung einer Organschaft beider Unternehmungen, vor
   allem in umsatzsteuerlicher Hinsicht

4. Anstreben einer weiteren Konzentration im Hinblick auf
   eine größere Lösung, d.h. Zusammenschlüsse aller verstaatlichten Unternehmungen der Finalindustrie, aber
   keine Unterordnung der Werft Korneuburg unter Linz und
   ebenfalls keine Unterordnung Linz in Korneuburg, sondern
   gleichberechtigte Partnerschaft im Rahmen der verstaatlichten Industrie, damit Existenzsicherheit beider Unternehmungen für die Zukunft.

Es wird noch erwähnt, daß im Falle einer Verschmelzung
verschiedene Auftraggeber, die den jeweiligen Betrieb
vorziehen, ausbleiben. z.B. besagen die Protokolle der
sowjetischen Auftraggeber, daß das in Auftrag gegebene
Objekt nur in Korneuburg ausgeführt werden darf.

Die DDSG hat soviele Aufträge an Linz vergeben, daß das
Finanzministerium die bestehende Organschaft zwischen Korneuburg und Linz aufgelöst hat. Das Finanzministerium hat
nachgewiesen, daß die Organschaft effektiv nur auf dem Papier steht. Korneuburg und DDSG sind daher umsatzsteuer-
pflichtig geworden.

Erschwerend ist für die Werft Korneuburg, daß die DDSG im
Sanierungskonzept verschiedene Investitonen betragsmäßig
für Korneuburg berücksichtigt hat. Bei einer Herauslösung
aus der DDSG werden diese angesprochenen Beträge - rund
8o Mio S - in der Luft hängen.

SCHIFFSWERFT KORNEUBURG AKTIENGESELLSCHAFT

Aktenvermerk vom 17.3.1972   Verteiler: 12/13,18,42,72,29

Verfasser: 72/dr.k./si

Abteilung:

Betr: Besprechung über die Loslösung der Schiffswerft Korneuburg von der DDSG.

Anwesend waren: Aufsichtsratpräsident Wondrak
Vorstandsdirektor Dkfm. Schwartz
Prokurist Dr. Krivachy
Nationalrat Pfeifer
Landtagsabgeordneter Scheidl
Landtagsabgeordneter, Bürgermeister Blabolil
Arbeiterkammersekretär Sumaric
Betriebsratsobmann Koth
Betriebsratsobmann Absolon
Betriebsräte Schenkirsch, Mühl und Baumann

Nach eingehender Erörterung des Problemes zu dem fast alle Anwesenden das Wort ergriffen, kristallisierte sich folgender Standpunkt heraus.

1.) Die Loslösung der Schiffswerft Korneuburg von der DDSG wird grundsätzlich begrüßt und die Überführung der Besitzanteile in die ÖIAG für richtig befunden. Bezüglich der Art und Weise, sollen Verhandlungen geführt werden, wobei eine direkte Übernahme durch die ÖIAG am zweckmäßigsten erscheint.

2.) Eine Cooperation mit der Schiffswerft Linz wird ebenfalls begrüßt und eine Personalunion im Aufsichtsrat und Vorstand für zweckdienlich gehalten.

3.) Eine Fusion der beiden Werften, d.h. eine Verschmelzung der rechtlichen Persönlichkeit wird jedoch abgelehnt.

4.) Gegen die Fusion ist das Argument ins Treffen zu führen, daß die sowjetischen Aufträge ausdrücklich auf die Werft Korneuburg ausgerichtet sind und im Falle einer Fusion und der damit zusammenhängenden Änderung des Firmennamens gefährdet erscheinen. Angesichts der Tatsache, daß die Sowjetunion, der mit Abstand größte Auftraggeber der Schiffswerft Korneuburg ist, ist diesem Umstand besondere Aufmerksamkeit zu schenken.

./.

5.) Als nächster Schritt ist eine Vorsprache vom Aufsichtsratpräsident
Wondrak und Landtagsabgeordneten Scheidl bei Herrn Landeshauptmannstellvertreter Zettl vorgesehen (Donnerstag, den 23.3.1972 vormittag
um 10,00 Uhr) wobei möglicherweise auch einige Herrn des Betriebsrates und Herr Vorstandsdirektor Schwartz mitfahren werden. Als weiterer
Schritt ist eine Vorsprache bei Herrn Staatssekretär Veselsky vorgesehen, wobei Nat.onalrat Pfeifer sich bereit erklärt hat, dieselbe zu
organisieren.

6.) Schließlich wird noch angeführt, daß nach Fertigstellung des Rhein-
Main-Donaukanals eine gewaltige Steigung des Schiffbaues in Mitteleuropa zu erwarten ist und daß daher beide österreichischen Werften
in den nächsten Jahrzenten eine Beschäftigung zu erwarten haben.

ppa. Krivachy

gez: Schwartz

Bundeskanzleramt
   Sektion IV
   Verstaatlichte
   Unternehmungen

Zl. 77.744/9-5/72

Ausgliederung der Schiffswerft
Korneuburg AG. aus der DDSG.

Vortrag an den Ministerrat
===========================

        Die langjährigen Bemühungen, die beiden öster-
reichischen verstaatlichten Werften Linz und Korneuburg
gemäß den wirtschaftlichen Grundsätzen in einer zweckent-
sprechenden Form zu vereinigen, sind bisher ohne Erfolg
geblieben.

        Für die beiden Unternehmungen wurde im Jahre 1959,
als die Schiffswerft Korneuburg, die bis dahin ein Betrieb
der Ersten Donau-Dampfschiffahrts-Gesellschaft gewesen ist,
in eine selbständige Tochtergesellschaft der DDSG umgewandelt wurde, lediglich ein personengleicher Vorstand und
nahezu personengleicher Aufsichtsrat bestellt. Zu weiteren
Konzentrationsmaßnahmen kam es in der Folge nicht. Der
frühere Bundesminister für Verkehr und verstaatlichte Unternehmungen, Dipl.Ing. Dr.Weiß, hat in Beantwortung einer
parlamentarischen Anfrage im Jahre 1967 in diesem Zusammenhang erklärt, daß die seit der Errichtung der SWK-AG. erfolgte Entwicklung gezeigt hat, daß die Fusion der beiden
Werften zu einer Firma wirtschaftlich geboten erscheint.
Vorher hatte der damalige Bundesminister für Verkehr und
verstaatlichte Unternehmungen bereits die für die SWL-AG.
zuständige frühere Österreichische Industrieverwaltungs-
Gesellschaft m.b.H. und auch die DDSG als Muttergesell-
schaft der SWK-AG. eingeladen,die Frage der Fusion der
beiden Gesellschaften zu überprüfen. Auch der Rechnungshof
hatte anläßlich seiner Einschau bei den beiden Werften
im Jahre 1965 ihre Zusammenfassung empfohlen. Anläßlich der
Beschlußfassung über die ÖIG-Gesetz-Novelle 1969 hat
schließlich auch der Nationalratsausschuß für die verstaatlichten Betriebe die Frage der Zusammenlegung der beiden

Werften erörtert und einhellig die Auffassung vertreten,
daß die Durchführung dieser Maßnahme vom damals zuständigen Bundesministerium für Verkehr und verstaatlichte Unternehmungen geprüft werden soll (Bericht des Ausschusses für
verstaatlichte Betriebe, 1399 der Beilagen zu den Steno-
graphischen Protokollen des Nationalrates, IX.GP.).

Im Zusammenhang mit den angestrebten Sanierungs-
maßnahmen für die DDSG hat die Bundesregierung nun beschlossen, die SWK-AG. aus diesem Unternehmen auszuglie-
dern. Der Herr Bundesminister für Verkehr hat als Vertreter
des Alleinaktionärs Bund der DDSG das Unternehmen von diesem
Beschluß bereits benachrichtigt. Desgleichen wurde auch
vom BKA die ÖIAG, in deren Eigentum die Schiffswerft
Korneuburg AG. übergeführt werden soll, ersucht, die hiefür
erforderlichen gesellschaftsrechtlichen Maßnahmen zu treffen.
Es ist daran gedacht, daß die ÖIAG 90% der Anteile der
SWK-AG. und die SWL-AG. 10% der Anteilsrechte der Korneuburger Werft übernimmt, wofür die ÖIAG einen Kaufpreis zu
entrichten hat. Sodann soll seitens der ÖIAG die Verschmelzung der Werften Korneuburg und Linz durch Neubildung
erfolgen, wobei gegen Gewährung von Aktien der neuen Gesellschaft das Vermögen der SWL-AG. und SWK-AG. als Ganzes auf
eine vereinigte österreichische Werften-AG. übergehen
soll. Die in formaler Hinsicht notwendigen Beschlüsse werden von den zuständigen Gesellschaftsorganen zu fassen
sein. Nach diesem Vorgang würde eine Grunderwerbsteuer
nicht anfallen und für die Fusion der beiden Werften die
Begünstigungen nach dem Strukturverbesserungsgesetz zur
Anwendung kommen.

Ich stelle den

A n t r a g ,

die Bundesregierung wolle den vorstehenden Bericht zur
Kenntnis nehmen.

6. Juni 1972
Der Bundeskanzler:
Kreisky

Schiffswerft Korneuburg
12/mü

A k t e n v e r m e r k
==========================

Betrifft: Diskussion über Entwurf eines Gesetzes über
      a) Buntmetall-Lösung
      b) Zusammenführung der Schiffswerften Linz
         und Korneuburg

Ort der Sitzung: Kantgasse 1,
                  Bundeskanzleramt, Sektion IV

Datum: 19.7.1973, 1o Uhr

Anwesend: Staatssekretär Veselsky
         Präsident Benya
         Generaldirektor Koller, Vöest
         Generaldirektor Wimberger, Ranshofen
         Direktor Kettner, Montanwerk Brixlegg
         Sektionschef Dr.Gatscha) ÖIAG
         Direktor Grünwald   )
         Direktor Schwartz   Schiffswerften

         Vertreter des Sozialministeriums
         Prof.Dr.Kastner (Rechtskonsulent)

         Dipl.Ing.Streicher   ÖIAG

Zur Diskussion stand der Entwurf eines Bundesgesetzes zur
weiteren branchenweisen Zusammenführung verstaatlichter Industrieunternehmen und Änderung des ÖIG-Gesetzes.

Artiekl 1) Zusammenfassung von Unternehmungen der verstaat-
          lichten Nichteisen-Metallindustrie
          (betrifft nicht das Werftenproblem, daher soll auf
          die stattgefundene Debatte nicht näher eingegangen
          werden).

Artikel 2) Bildung der "Österreichischen Schiffswerften
          Aktiengesellschaft Linz-Korneuburg und
          Übertragung der G.Rumpel Aktiengesellschaft

Im wesentlichen stützt sich dieser Entwurf auf den seinerzeitigen
Entwurf des Bundeskanzleramtes und auf die Vereinbarungen, die
mit Herrn HK Dr.Kreisky im Beisein der Betriebsräte beider Werften, des Vorstandes, sowie Vertreter der Gewerkschaften der Arbeiter und Angestellten, Staatssekretär Veselsky, Sektionschef
Dr.Gatscha und Dr.Grünwald besprochen wurden.

In der nun erfolgten Diskussion wurde vorerst die Firma G.
Rumpel AG behandelt, die von der Vöest aufgenommen wird und
als Firma erlischt.

Direktor Feichtinger machte den Einwand, daß man die Rumpel
A.G. als eigene Gesellschaft belassen solle, da sie die einzige verstaatlichte Rohrbaugesellschaft sei und einen guten Namen
in der österreichischen Wirtschaft auf dem Sektor des Rohrbaues
habe. Gen. Direktor Koller meint, daß dies keine richtige Argumenta-
tion sei, sondern eine persönliche Meinung. Er sei dafür, daß
diese Gesellschaft von der Vöest zur Gänze übernommen und in
den Rahmen des schon bestehenden Vöest-Rohrbaues aufgenommen
werden soll.

Bezüglich der Schiffswerften gab es nur Debatten hinsichtlich
des Gesetzes und der Gesellschaftsform. Zum Sitz "Wien" wurde
von Herrn Gen.Dir.Koller vorgebracht, daß er sich mit dem im
Gesetzes-Entwurf angeführten Sitz "Wien" nicht einverstanden
erklären könne. Man hat das bei verschiedenen anderen Gesellschaften gesehen, auch in finanzieller Hinsicht, daß der Sitz
"Linz" günstiger wäre. Er fragte, wie es überhaupt zu dem Ge-
setzvorschlag Sitz "Wien" gekommen sei.

Herr Direktor Schwartz, der bei diesem Gespräch nicht von dem
Vorgespräch (BK Kreisky) Erwähnung machen konnte, sagte, daß
dies auf die Einigung unter den Bundesländern NÖ und OÖ zurückzuführen sei (tatsächlich hat BK Kreisky Sitz "Wien" vertreten,
wenn dort auch nur ein Briefkasten für die Werften vorhanden
ist. Die Geschäftsführungen sollten sowohl in Linz als auch in
Korneuburg tätig sein.

Nachdem sich auch Präsident Benya in dieser Angelegenheit zu
Wort meldete und die Ansicht vertrat, daß Linz als Sitz geeigneter sei, wurde der Passus Sitz Wien gestrichen, d.h. daß
diese Stelle bei der Aussendung nicht mehr aufscheinen wird.

Weiters wurde von Gen.Dir.Koller der Wunsch geäußert, man möge
aus beiden zu verschmelzenden Gesellschaften Schiffswerft Linz
und Korneuburg AG nicht eine österreichische Schiffswerften AG bilden, sondern eine österreichische Schiffswerften GmbH. Es soll
analog der bestehenden Töchtern der Vöest vorgegangen werden.

Für die Vöest ist es, eventuell auch in finanzieller Hinsicht,
günstiger, wobei er sich nicht genau ausdrückte. Nachdem eine
Wechselrede mit Dir.Schwartz und Sektionschef Dr.Gatscha folgte,
einigte man sich darauf, daß diese Sache bis vor dem 3.9. mit
der Vöest intern besprochen werden sollte. Bei diesem Gespräch
soll die Gesellschaftsform festgelegt werden.

Es sei hier auf eine Menge Umstände hingewiesen, die bei der
zu bildenden Gesellschaft mbH wesentliche Nachteile bringen,
und zwar vor allem, daß die Firma eine sehr abhängige Gesellschaft von der Vöest wäre und ihr Eigenleben aufgeben würde.
Die Hütte Krems z.B. hat keinen Verkaufsapparat und wird mit
Aufträgen beschickt, die von der Vöest kommen. Von Einkaufs-
agenden abgesehen bzw. daß der Aufsichtsrat von den Vöest-Mit-
gliedern, falls überhaupt einer in Frage kommt, beschickt wird.
Weiters wurde besprochen, daß die beiden Gesellschaften Linz
und Korneuburg faktisch kostenlos in den Besitz des Vöest-Alpine-
Konzern übergehen und die Anteilsrechte der ÖIAG nicht erhöht
werden sollten.

Von einer Kapitalaufstockung der Schiffswerft Korneuburg ist
nicht gesprochen worden, obwohl dies ein Punkt bei der Fusions-
bildung ist. Man kann sich vorstellen, daß, wenn der Vöest-
Alpine-Konzern aus anderen Erfordernissen 2 Milliarden S benö-
tigt, wir keine Chancen haben.

Leider ist es zu dem Gespräch mit der Vöest (24.7.) nicht gekommen, da sich Gen.Dir.Koller vor dem genannten Zeitpunkt ....
außer Stande sieht, eine Sitzung zu ermöglichen.

Es ist meines Erachtens nach darauf Bedacht zu nehmen, daß im
Gesetz eindeutig fixiert wird, daß die zu fusionierenden Gesellschaften eine Aktiengesellschaft werden. Über den Sitz ist
bei Unklarheiten nochmals zu sprechen. Es muß noch geachtet
werden, daß nicht eine Hauptversammlung, die letzten Endes vom
Eigentumsvertreter, Vöest, bestellt wird, die nun festgelegten
Beschlüsse umwandelt. Bei der Hauptversammlung werden die Organe
eingesetzt, der Sitz bestimmt, Satzungen etc.festgelegt. Das Gesetz über die Fusion muß so dargestellt werden, daß es den seinerzeitigen Zusagen des Herrn BK Kreisky entspricht.

P. b. b. Erscheinungsort Wien, Verlagspostamt 1030 Wien

BUNDESGESETZBLATT
FÜR DIE REPUBLIK ÖSTERREICH

Jahrgang 1974 — Ausgegeben am 31. Jänner 1974 — 25. Stück

69. Bundesgesetz vom 30. November 1973 zur weiteren branchenweisen Zusammenfassung verstaatlichter Industrieunternehmen und Änderung des ÖIG-Gesetzes

Der Nationalrat hat beschlossen:

ARTIKEL I

Zusammenfassung von Unternehmen der verstaatlichten Nichteisen-Metallindustrie

ARTIKEL II

Bildung der „Österreichische Schiffswerften Aktiengesellschaft LINZ-KORNEUBURG" und Übertragung der G. Rumpel Aktiengesellschaft

§ 3. (1) Die Anteilsrechte der Erste Donau-Dampfschiffahrts-Gesellschaft, Wien, an der Schiffswerft Korneuburg Aktiengesellschaft, Korneuburg, gehen von Gesetzes wegen mit Wirksamkeit vom 31. Dezember 1973 in das Eigentum der Österreichische Industrieverwaltungs-Aktiengesellschaft über.

(2) Als Gegenleistung für diese Eigentumsübertragung hat die Österreichische Industrieverwaltungs-Aktiengesellschaft an die Erste Donau-Dampfschiffahrts-Gesellschaft 37,000.000 S zu zahlen; davon sind 22,000.000 S am 31. Dezember 1973 fällig. In den Jahren 1975, 1976 und 1977 sind bis spätestens 30. Juni je 5,000.000 S zu zahlen.

§ 4. (1) Die Anteilsrechte der Österreichische Industrieverwaltungs-Aktiengesellschaft an

a) der Schiffswerft Korneuburg Aktiengesellschaft, Korneuburg,

b) der Schiffswerft Linz Aktiengesellschaft, Linz,

c) G. Rumpel Aktiengesellschaft, Wien,

gehen von Gesetzes wegen mit Wirksamkeit vom 1. Jänner 1974 als Sacheinlagen in das Eigentum der Vereinigte Österreichische Eisen- und Stahlwerke — Alpine Montan Aktiengesellschaft, Wien, über.

(2) Diese Sacheinlagen sind bei der Vereinigte Österreichische Eisen- und Stahlwerke — Alpine Montan Aktiengesellschaft mit den Buchwerten für die Anteilsrechte der in Abs. 1 lit. a, b und c genannten Gesellschaften des Jahresabschlusses zum 31. Dezember 1973 der Österreichische Industrieverwaltungs-Aktiengesellschaft zu bewerten.

§ 5. Die „G. Rumpel Aktiengesellschaft" wird in eine Gesellschaft mit beschränkter Haftung mit dem Firmenwortlaut „G. Rumpel m. b. H." mit dem Sitz in Wien umgewandelt. Mit der Umwandlung erhält die Vereinigte Österreichische Eisen- und Stahlwerke — Alpine Montan Aktiengesellschaft mit den aus der derzeitigen Grundkapital von 12,000.000 S entsprechende Stammeinlage. Ein Umwandlungsbeschluß, die Umwandlungsbilanz und die Gründungsprüfung entfallen.

§ 6. (1) Die Schiffswerft Korneuburg Aktiengesellschaft, Korneuburg, und die Schiffswerft Linz Aktiengesellschaft, Linz, werden mit Wirksamkeit vom 1. Jänner 1974 unter Ausschluß der Abwicklung durch Bildung der neuen Gesellschaft „Österreichische Schiffswerften Aktiengesellschaft LINZ-KORNEUBURG", auf die das Vermögen einschließlich der Schulden dieser Gesellschaften gegen Gewährung von Aktien der neuen Gesellschaft an die Vereinigte Österreichische Eisen- und Stahlwerke — Alpine Montan Aktiengesellschaft übergeht, verschmolzen (§ 233 des Aktiengesetzes 1965).

(2) Verschmelzungsbeschlüsse der Hauptversammlungen der sich vereinigenden Gesellschaften sind nicht erforderlich; ebenso entfällt ein Verschmelzungsvertrag. Ein Treuhänder gemäß § 226 Abs. 2 des Aktiengesetzes 1965 ist nicht zu bestellen.

(3) Die Hauptversammlungen der sich vereinigenden Gesellschaften haben die Satzung einschließlich des Sitzes der neuen Gesellschaft zu beschließen und den Aufsichtsrat dieser Gesellschaft unter Berücksichtigung der Vorschrift des § 7 Abs. 1 zu bestellen; der Aufsichtsrat hat den Vorstand zu bestellen.

(4) Als Schlußbilanzen gelten die Bilanzen der sich vereinigenden Gesellschaften zum 31. Dezember 1973; das Grundkapital der neuen Gesellschaft wird aus den Grundkapitalen der sich vereinigenden Gesellschaften und die gesetzliche Rücklage der neuen Gesellschaft aus den gesetzlichen Rücklagen der sich vereinigenden Gesellschaften, vermehrt um den Forderungsverzicht des Bundes gemäß § 8, gebildet.

(5) Der Vorstand der neuen Gesellschaft hat diese zur Eintragung in das Handelsregister unter Vorlage der Beschlüsse der Hauptversammlungen (Abs. 3) anzumelden. Die Schlußbilanzen gemäß Abs. 4 sind nach der Eintragung bis spätestens 30. September 1974 nachzureichen. Der Vorstand der neuen Gesellschaft hat auf Grund dieses Bundesgesetzes die im Zusammenhang mit der Verschmelzung erforderlichen Eintragungen in den öffentlichen Büchern und insbesondere die Eintragung der Verschmelzung zu beantragen.

§ 7. (1) Der Aufsichtsrat der Österreichische Schiffswerften Aktiengesellschaft LINZ-KORNEUBURG setzt sich zu zwei Dritteln aus von der Hauptversammlung gewählten Mitgliedern und zu einem Drittel aus Dienstnehmervertretern zusammen.

(2) Die Dienstnehmervertreter werden vom Zentralbetriebsrat der Österreichische Schiffswerften Aktiengesellschaft LINZ-KORNEUBURG — bis zu dessen Errichtung von den Betriebsräten der sich vereinigenden Gesellschaften — entsendet.

(3) Soweit in Abs. 1 und 2 nicht geregelt, gilt § 2 für den Aufsichtsrat und die Dienstnehmervertreter.

§ 8. (1) Die Forderung des Bundes aus Darlehen, die der Schiffswerft Korneuburg Aktiengesellschaft aus dem seinerzeitigen Investitionsfonds für verstaatlichte Unternehmungen gewährt wurden, ist im aushaftenden Gesamtbetrag von 15,000.000 S mit 1. Jänner 1974 erloschen.

(2) Die unmittelbar nach Abs. 1 veranlaßten Vorgänge sind von der Gesellschaftssteuer befreit.

ARTIKEL III

Änderung zum ÖIG-Gesetz

§ 9. (1) Das ÖIG-Gesetz, BGBl. Nr. 23/1967, in der Fassung der ÖIG-Gesetz-Novelle 1969, BGBl. Nr. 47/1970, und der ÖIG-Gesetz-Novelle 1973, BGBl. Nr. 110, wird wie folgt geändert:

1. Im § 3 Abs. 1 zweiter Satz werden nach dem Wort „Gesellschaften" die Worte „oder deren Konzernunternehmen" eingefügt.

2. § 7 Abs. 2 lit. d hat zu lauten:

„d) die Wahl und Abberufung von Mitgliedern des Aufsichtsrates der in der Anlage angeführten Gesellschaften, mit Ausnahme der ‚Vereinigte Österreichische Eisen- und Stahlwerke — Alpine Montan Aktiengesellschaft' und der ‚Vereinigte Metallwerke Ranshofen-Berndorf Aktiengesellschaft'."

3. In der Anlage der Fassung des § 5 Abs. 1 des Bundesgesetzes vom 15. Feber 1973 zur Zusammenfassung der Unternehmungen der verstaatlichten Eisen- und Stahlindustrie, BGBl. Nr. 109, entfallen ab 1. Jänner 1974 die Worte „Vereinigte Wiener Metallwerke Aktiengesellschaft, Wien", „Montanwerke Brixlegg Gesellschaft m. b. H., Brixlegg", „Schiffswerft Linz Aktiengesellschaft, Linz" und „G. Rumpel Aktiengesellschaft, Wien" und tritt an Stelle „Österreichische Stickstoffwerke Aktiengesellschaft, Linz" der neue Firmenwortlaut „Chemie Linz Aktiengesellschaft, Linz".

(2) Für den Anwendungsbereich des Bundesverfassungsgesetzes vom 22. Oktober 1969, BGBl. Nr. 46/1970, wird die Anlage des ÖIG-Gesetzes, BGBl. Nr. 23/1967, nicht berührt.

ARTIKEL IV

Vollziehung

Jonas

Kreisky   Häuser   Kirchschläger   Moser
Androsch   Leodolter   Staribacher   Rösch
Broda   Lütgendorf   Weihs   Sinowatz
Lanc   Firnberg

163

600-t-Schiffsaufzug, 1937

Gesamtansicht (Zwischenkriegszeit)

Johann Niederhametner
(1899 — 1984)

Die Linzer Werft

Die Linzer Werft unter
Stabilimento Tecnico Triestino
(1909—1919)

Mit dem Eintritt in die Lehre hatte für mich ein neuer Lebensabschnitt begonnen. Am 21. Juli 1913 ging ich um 5.30 Uhr früh von meinem Elternhaus in Urfahr, Heilham 8 über die Eisenbahnbrücke, entlang der Bahnschienen und Hafenstraße zur Schiffswerft. Beim Portier Aigner meldete ich meinen Eintritt als neuer Lehrling. Ich bekam schon bei Portier Aigner Weisung, wie ich mich verhalten muß. Er erklärte mir den Vorgang mit den Markenkästen und gab mir auch gleich meine Blechmarke mit der Nummer 2152. Markenkästen sind beim Portier und in den Werkstätten. Beim Kommen wird die Marke mitgenommen und in den Werkstättenkasten gehängt und abends beim Gehen gibt man die Marke wieder in den Kasten beim Portier. Auch gab mir der Portier bekannt, daß jeden Tag, mit Ausnahme Sonntag, von 6 Uhr früh bis 6 Uhr abends gearbeitet wird. Während der Portier dem Betriebsbüro meinen Eintritt meldete, begab ich mich in das Betriebsbüro und stellte mich dem Betriebsleiter, Herrn Ing. Hammerl, vor und dankte gleichzeitig für meine Aufnahme als Schlosserlehrling. Nach erfolgter formeller Aufnahme und Erstellung des Lehrvertrages wurde ich dem Werkzeugbau übergeben und den Herren Meistern Rotpart und Svskovz zugeteilt. Beide Lehrmeister waren mir in allen Belangen sehr behilflich und hatten mich während der 3 Jahre Lehrzeit fachmännisch zu einem tüchtigen und gewissenhaften Werkzeug- und Maschinenschlosser ausgebildet, wofür ich ihnen heute noch dankbar bin. Während der Lehrzeit absolvierte ich auch die 2jährige Berufs-Fortbildungsschule an der k.u.k. Staatsgewerbeschule in Linz, Goethestraße mit Auszeichnung. Der Unterricht war jeden Mittwoch Nachmittag von 13.00 bis 18.00 Uhr abends und am Sonntag von 7.00 Uhr bis 12.00 Uhr mittags. Auf Grund meines guten Lehrabschlußzeugnisses mußte ich im Betriebsbüro Zeichnungen für Fräs-, Dreh- und Bohrvorrichtungen machen zur Produktion. Auch wurde ich mit der Betriebs-Organisation vertraut gemacht. Auch mußte ich im technischen Büro Maschinenbau Gewindetabellen aller Arten anfertigen. Vor Ende der Lehrzeit arbeitete ich auf Werkzeugmaschinen und in der Schmiede, wo ich von Meister Piskorz im Härten und Einsetzen unterrichtet wurde. Die Arbeitsgebiete, vor welche ich gestellt wurde, waren äußerst vielfältig und lehrreich. Sie waren für meine weitere berufliche Laufbahn von großem Vorteil. Nach Abschluß der 3jährigen Lehrzeit wurde ich von der Firma „Stabilimento Tecnico Triestino" als Maschinenschlosser mittels Lehrzeugnis freigesprochen.

Es folgen nähere Aufzeichnungen über Erlebnisse, welche sich in meiner Lehrzeit noch zugetragen haben, die ich selbst erlebt und notiert habe. Wie schon anfangs erwähnt, führte mein Weg zur Werft (eine halbe Stunde) über die Eisenbahnbrücke, entlang der Bahnschienen zur Hafenstraße. Damals waren noch wilde Auen. Die Hafenstraße war schmal, es gab ja zum größten Teil nur Pferdefuhrwerke. Oberhalb der Eisenbahnbrücke am rechten Donauufer (Kai), später Fabrikstraße genannt, war das Gasthaus zur Straßerau (Straßerinsel), später entstand das Parkbad, linker Hand war die Zigarrenfabrik (Tabakfabrik) und anschließend der Schlachthof, alte Ausführung ohne Halle. In der Mitte ist das Gasthaus zum Schlachthof (Steinesberger) in der Holzstraße. Am Eingang zur Holzstraße ist das Gasthaus zur Schiffbrücke (Köstler). Gegenüber war lauter Augebiet. Nun weiter zur Schiffswerft entlang der Hafenstraße. Beim Bahngeleise ist das Gasthaus Sattlegger mit Gastgarten. Linker Hand im Augebiet arbeiten Steinhauer, welche größere Steine vom Steinbruch auf Splitterschotter zerschlagen müssen. Das geschieht auf einer Art von Hackstöcken mit Einringen und Aufsatz, da wurden die kindskopfgroßen Steine mit Stahlfäustel auf Splitterschotter zerkleinert, da man noch keine Steinbrechmaschine hatte. Nun weiter an der Hafenstraße. Nach dem Gasthaus Sattlegger befindet sich eine kleine Greißlerei mit Tabaktrafik (Hartinger) und 100 Meter weiter sind 2 Sägewerke: Linzer Dampfsäge und Sägewerk (Winter).

Ca. 500 Meter weiter an der Hafenstraße beginnt schon der Grundbesitz der Schiffswerft Linz. Von den Schiffswerftunternehmen (Stabilimento Tecnico Triestino) sind an der Hafenstraße in Bau: eine Werkskantine, eine Wohnkolonie mit 10 Häusern für Meister, 4 große Wohngebäude für Arbeiter und ein Konsumgebäude, in Linz beim Volksgarten ein großes Wohnhaus für leitende Beamte des Werkes wie Prokuristen und Ingenieure. Im Werksgelände selbst ist in Bau: ein neues Verwaltungsgebäude, ein Magazin, große Halle für Motorenerzeugung und eine zentrale Heizungsanlage.

Das waren nun meine Beobachtungen am Weg zur Werft. Nach Einlangen in der Fabrik meldete ich mich beim Portier als neuer Schlosserlehrling im Maschinenbau. Ich wurde vom Portier unterrichtet, dann schickte mich dieser in das Betriebsbüro zur weiteren Erledigung. Im Betriebsbüro erhielt ich auch den Lehrvertrag und ein Arbeitsbuch, welches von der Polizei gestempelt war. In der Werkstätte angelangt, meldete ich mich bei Herrn Meister Rotpart, welcher mir den Platz zeigte, wo ich arbeiten mußte. Auch bekam ich meinen Schraubstock auf der Feilbank montiert und die dazugehörige Feilbanklade; dann mußte ich mir an der Werkzeugausgabe die Feilen und das Handwerkzeug holen und in der Feilbanklade einordnen. Ich bekam auch 12 Werkzeugmarken mit Nr. 2152 (dieselbe Nummer wie bei den Markenkästen) und ein Werkzeugbuch für das Werkzeug in der Schublade. Kommt ein neues Werkzeug dazu, so muß es im Werkzeugbuch nachgetragen werden. Das Werkzeug muß immer sauber gereinigt in der Lade sein. Anschließend hat mich Meister Rotpart zu Herrn Piskorz geführt. Herr Piskorz zeigte mir das richtige Feilen und die Haltung dabei. Ich mußte ein Stahlblech auf allen 4 Seiten genau nach Maß im Winkel feilen. Weiters mußte ich nach Zeichnung Anriß- und Bohrarbeiten machen. Meister Piskorz zeigte mir, wie Spiralbohrer und Fräser geschliffen werden. Es müssen die Grade für verschiedene Gewindearten genau geschliffen werden. Einige Tage mußte ich in der Werkzeugausgabe alle Werkzeuge und deren Verwendung kennenlernen. In der Werkzeugschmiede mußte ich Werkzeug schmieden, härten und für die Ausgabe schleifen. Herr Piskorz zeigte mir auch, wie man Fräser im Einsatz-Härteofen behandelt und dann härtet. Einige Zeit hatte ich auf der Drehbank gearbeitet, auf Flachgewindespindeln und anderen Gewindearten. Auf der Schleifmaschine mußte ich Spiralbohrer und Reibahlen schleifen. Meister Piskorz zeigte mir das Hinterschleifen von Fräser, Gewindebohrer und Reibahlen nach Grade. Später mußte ich auch Nockenschablonen ausfeilen, auf Hundertstel genau, dazu kam auch eine Gegenschablone zur Kontrolle. Um die Genauigkeit zu erlangen, muß man mit feinem Karborundum feilen. Das sind die genauesten Arbeiten. Ich mußte auch Tuschierarbeiten bei Tuschierplatten machen, Anschlag und Kontrollwinkel. Diese Arbeiten werden mit Mikrometer und Fühllehren geprüft. Einige Zeit mußte ich für die Werkzeugausgabe arbeiten und zwar machte ich Flach- und Anschlagwinkel, Spitz-, Greif- und Bohrzirkel, freie Tiefenlehren, Reißnadeln, Parallelreißer, Prismen und Aufspannwinkel. Für die Produktion hatte ich große Bohrschablonen anreißen müssen, genau nach Zeichnung zum Bohren der Motorgehäuse. Die Lager wurden größer gebohrt, da ja gehärtete Bohrbüchsen in die großen Löcher kommen. Ich wurde auch von der Groben- und Schmutzarbeit nicht verschont. Bei Reparatur von Werkzeug und Produktionsmaschinen mußte ich bei der Demontage mithelfen. Ich wurde einem alten, erfahrenen Werkzeugschlosser zugeteilt. Die demontierten Maschinenteile mußte ich von Schmutz und Fett reinigen und teils zur Reparatur und dann zum Zusammenbau der Maschine vorbereiten. Bei diesem Arbeitsgebiet kann man viel lernen und praktizieren. Ich machte mir abends zu Hause Zeichnungen über die verschiedenen Maschinentypen und über Arbeitsleistung. Ich war sehr gerne bei diesem erfahrenen Werkzeugschlosser, der mir sehr viel beigebracht hat und mich über kritische Dinge beim Zusammenbau aufmerksam machte.

Der Werkzeugbau ist meines Erachtens die beste Lehrwerkstätte, im Falle der Betrieb keine Lehrwerkstätte hat. In groben Umrissen schilderte ich meine Tätigkeit im Werkzeugbau, wofür ich heute noch Meister Rotpart und Piskorz dankbar bin, daß sie mich allen groben sowie feinen und genauen Arbeiten unterworfen haben, was mir in der Annahme einer späteren Meisterprüfung von großem Vorteil war. So absolvierte ich meine dreijährige Lehrzeit im Werkzeugbau mit manueller Arbeit und im Betriebsbüro und technischen Büro mit geistiger Tätigkeit.

Nun gibt es auch politisch verschiedenes zu erzählen:
Als am 28. Juli 1914 der österreichisch-ungarische Thronfolger Franz Ferdinand in Sarajewo ermordet wurde, gab es im Betrieb Unruhe und Gespräche. Nach dem Ultimatum an Serbien wurde die Kriegserklärung am 28. Juli 1914 manifestiert. Österreich stand ja Jahre zurück im Zeichen politisch-militärischer Hochspannung, die 1908 bei der Angliederung Bosniens fühlbar wurde und im Ersten Weltkrieg gipfelte. Nach der Kundmachung der Kriegserklärung änderte sich auch im Betrieb viel. Als erstes mußten sofort junge Männer zur Front einrücken, welche aber im Betrieb groß abgingen. Es entstanden in der Produktion große Lücken. 1915 mußte sich der Betrieb auf Kriegsrüstung umstellen. Es wurde Tag und Nacht gearbeitet. In der mechanischen Werkstätte wurden Granaten und Schrapnell mit 10,5 Zentimeter mit eingepreßtem Kupferring erzeugt, aber ohne Füllung, welche erst im Arsenal dazukam. Im Motorenbau wurden Schiffsdieselmotoren für U-Boote zusammengebaut und erprobt; ebenso Benzinmotoren für Schnellboote; der Schiffbau erzeugte Donaumonitore, Panzer-und U-Boote, Schnellboote und Frachtkähne etc. für die k.u.k. Donauflottille. Der Betrieb stand während des Krieges unter militärischer Leitung des Marinekapitän Höchsmann. Der Großteil der Belegschaft war vom Frontdienst enthoben. Aber schon 1916/17 machten sich die Auswirkungen des Krieges im Betrieb stark bemerkbar. Die eintreffenden Todes-, Verwundeten- und Vermißtenmeldungen, eine Fülle von Lazaretten und Kriegsgefangenenlager machten die Stimmung der Belegschaft kritisch. Auch trug die Mobilisierung der letzten menschlichen Reserven der Jahrgänge 1899 und 1900 bei (Alter 17 Jahre). Ebenso war die Industriebevölkerung durch die strenge Lebensmittel-Rationierung und Mangel an Bedarfsgütern schon an der Grenze ihrer Leistungs- und Geduldsfähigkeit angelangt. Es bahnten sich schon teilweise Aufmärsche und Streiks an.

Ich hatte in der Mittagspause am Schiffbau viele Aufzeichnungen gemacht über in Bau befindliche Schiffe und fertige Schiffe. Ebenso hatte ich mir die Stapelläufe notiert. Auch in den Schiffbauwerkstätten machte ich mir über Vorrichtungen und Maßnahmen zur Blechbearbeitung Notizen. Zu dieser Zeit wurde noch alles genietet. Dazu gab es die Nieterpartien — jede Partie hatte drei Mann und einen Nietenwärmer, der die Nieten auf einer Freischmiede in einem gelochten Blech rot warm machte und die glühende Niete mit einer Nietenzange an den nächsten Mann zur Nietung weitergab. Die Nieten wurden von Hand geschlagen; damals gab es noch keine Lufthämmer. Die Schiffbaubleche wurden auch nach Holzschablonen in ihre Form gehämmert. Die Arbeitsweisen waren noch primitiv.

Aufgaben der Lehrlinge: Grüßen der Meister und Gesellen, morgens und abends. Vormittags mußte der Lehrling zur Pausenzeit für die Leute seiner Abteilung die Jause von einer Hütte im Hof holen. Da hieß es laufen und achten, daß er zu Geld kommt. In der Mittagszeit bekommt zuerst die Arbeiterschaft die Eßmarken in der Kantine, zum Schluß erst der Lehrling. Die Tonart zu den Lehrlingen war oft rauh. Besonders bei den Leuten, die im Freien arbeiteten. Es gab auch des öfteren Ohrfeigen. Das Beschweren eines Lehrlings nutzte nichts. Es gab ja zu dieser Zeit keinen Betriebsrat, sondern nur Vertrauensmänner in jeder Abteilung. Wir hatten ja soviele Nationen wie Italiener, Tschechen, Ungarn, Deutsche etc., vertreten alle mit ihrer Sprache. Gar so leicht hatte es der Lehrling nicht. Bei Arbeitsschluß mußte der Lehrling in seiner Abteilung die Feilbänke reinigen, Abfälle sammeln in einem Bunker, alle Werkzeuge reinigen, der Fußboden mußte gekehrt werden. Die ausgeborgten Werkzeuge mußten sauber gereinigt in der Ausgabe abgegeben werden und die Werkzeugmarken den Gesellen gebracht werden. Nach Arbeitsschluß gingen die Arbeiter in den Waschraum waschen. Der Lehrling konnte erst waschen gehen, wenn in seiner Abteilung alles sauber in Ordnung war (Kontrolle durch den Meister).

Wir Lehrlinge waren auch bei der Sozialistischen Partei und Gewerkschaft organisiert; wir mußten auch oft nach Arbeitsschluß beim Sekretariat auf der Spittelwiese bei Schreibarbeiten und Zustellarbeiten mithelfen; alles ehrenamtlich ohne Bezahlung (kein Vergleich mit heute). Die Arbeitszeit im Betrieb war damals jeden Tag (Montag bis Freitag) von 6 Uhr früh bis 6 Uhr abends mit einer Viertelstunde Pausenzeit am Vormittag und eineinhalb Stunden Mittagszeit. Am Samstag teilweise bis 12 Uhr mittags ohne Pausenzeit, bei Vieharbeit bis 6 Uhr abends, wie gewöhnlich. Wir Lehrlinge mußten am Mittwoch und Sonntag in die Berufsschule gehen; Mittwoch von 1 Uhr mittags bis 6 Uhr abends, am Sonntag von 7 Uhr früh bis 12 Uhr mittags; 2 Jahre hindurch in der k.u.k. Staatsgewerbeschule Linz Goethestraße. Wir Lehrlinge bekamen auch schon einen Lohn: im ersten Jahr 2 Kronen 50 Kreuzer, im zweiten Jahr 4 Kronen 50 Kreuzer und im dritten Jahr 6 bis 8 Kronen. Wir waren im Betrieb damals ca. 900 Leute und 20 Lehrlinge. Im Betrieb gab es auch viel Streitigkeiten mit der Betriebsleitung und den Meistern wegen Lohn und Arbeitszeiten. Auch wurden viele Versammlungen abgehalten.

Wir Lehrlinge kletterten in der Mittagszeit auf die Maulbeerbäume und füllten uns die Mägen mit süßen Maulbeeren. Auf den Bäumen züchteten die Seidenraupen. Die Bäume — ca. 6 Stück — waren außerhalb der Werft in wilder Au. Ich benutzte auch die Mittags-Freizeit mit verschiedenen Aufzeichnungen über Arbeitsmethoden, manuell und maschinell am Schiffbau und Motorenbau, was für mich sehr interessant war. Ich machte auch Abendkurse für Mathematik an der k.u.k. Staatsgewerbeschule. Im Betrieb gab es zu dieser Zeit bei den Arbeitsmaschinen noch keine Einzelantriebe mit Elektromotor, sondern einen Hauptantrieb und von diesem Vorgelege und Transmissionen zu den Arbeitsmaschinen; das war auch ein Teil meiner Tätigkeit mit dem Werkzeugschlosser. Für das Drehen der Granaten und Schrapnell wurden auch Frauen beschäftigt. Es gingen ca. 2 Waggons alle Woche mit fertig geschliffenen Geschoßen hinaus zum Füllen im Arsenal. Allgemein gesagt war es eine bewegte Zeit mit neuen Geschehnissen und Aufregungen, sei es im Betrieb oder an den Fronten. Es wurde alles besprochen und an den Versammlungen mitgeteilt. Von Jahr zu Jahr wurde es kritischer im Betrieb, auch der Hunger machte sich bemerkbar. Noch verschiedene Notizen in meiner Lehrzeit: In dieser Zeit gab es noch keinen Achtstundentag, auch keinen Urlaub und keine Pension. Auch der Lehrling hatte keinen Urlaub.

Nach Absolvierung der dreijährigen Lehrzeit war mein beruflicher Fortgang im Maschinen- und Motorenbau. Bevor ich beginne, meine Tätigkeit zu beschreiben, möchte ich unser Unternehmen „Stabilimento Tecnico Triestino in Triest" für ihre großen Leistungen und Pionierarbeiten näher beschreiben.
Die Linzer Werft wurde 1909 bis 1919 ein Teilbetrieb von „Stabilimento Tecnico Triestino" (auf deutsch: Triester Technische Anstalt). Genannte Anstalt übernahm am 25. Februar 1909 von der „Allgemeinen Österreichischen Baugesellschaft in Wien" die Schiffswerft Linz. Mit dem Anschluß an das größte Schiffbauunternehmen der alten Monarchie setzt der dritte Abschnitt in der Geschichte der Linzer Werft ein. Er steht ganz im Zeichen der politisch-militärischen Hochspannung, die 1908 bei der Angliederung Bosniens sichtbar wurde und im Ersten Weltkrieg gipfelt. Dem Weitblick des damals geschäftsführenden Verwaltungsrates des Triester Unternehmens, Rudolf Kleinpeter, ist es zu danken, daß es zum Ankauf kam. Er erkannte die großen Entwicklungsmöglichkeiten des Donauverkehrs und sah in Linz die Gelegenheit, Hilfsbetriebe für die Triester Anlage zu schaffen, die wegen des dort herrschenden Platzmangels und der ungünstigen Arbeiterverhältnisse besser im Hinterlande unterzubringen waren. Verständnisvoll von dem Präsidenten der Gesellschaft Arthur Krupp, dem Besitzer der bekannten Berndorfer Metallwarenfabrik, unterstützt, schritt er zuerst an die Abrundung des Grundbesitzes durch Erwerb der umliegenden Gründe, die zum großen Teile auf die Höhe des alten Fabriksgeländes aufgeschüttet wurden. Auf den so gewonnenen Flächen entstanden in den Jahren 1911—1913 eine Fabrik für die Erzeugung von Verbrennungskraftmaschinen, ein neues Verwaltungsgebäude, ein Magazin und eine zentrale Heizungsanlage, eine Wohnkolonie von 10 Einfamilienhäusern für Meister und vier große Wohngebäude für Arbeiter, eine Werkskantine und ein Konsum-

gebäude. In der Stadt, in bester Lage beim Volksgarten, wurde ein großes Wohnhaus erbaut für leitende Beamte, Prokuristen und Ingenieure des Werkes. In den Jahren 1917/1918 kam eine Stahlgießerei und Graugießerei, jene für den Triester Bedarf, diese als Hilfsbetrieb der Maschinenfabrik, dazu. Die Werftanlagen wurden ebenfalls ausgebaut und mit neuen Maschinen ausgestattet, der ganze Betrieb an das Überlandnetz angeschlossen und druchgehend elektrifiziert. Die Mehrzahl der Aufträge stammte nun aus dem Inland, ein gutes Drittel von der Kriegsmarine.

Die neue Grenzziehung nach Kriegsende 1918 führte zum Verkauf des „Stabilimento Tecnico Triestino in Triest" an eine italienische Gruppe. Die Linzer Anlagen wurden von diesem Verkauf ausgenommen und mit 19. April 1919 als „Schiffswerft Linz AG" unter Führung der „Österreichischen Creditanstalt für Handel und Gewerbe in Wien" in eine selbständige Aktiengesellschaft übernommen. In den 10 Jahren ihrer Zugehörigkeit zum Triester Werk lieferte die Linzer Werft insgesamt 173 Bauten: 75 Frachtkähne, 6 Motorboote, 3 U-Boote, 1 Panzerkanonenboot, 30 Brückenschiffe, 5 Fahrgastdampfer, 3 Motorschnellboote, 1 Tankboot, 11 Schraubendampfer, 1 Radschleppdampfer, 3 Schotterplätten, 1 Schwimmkran, 11 Motorschlepper, 5 Monitore, 2 Baggerschuten, 1 Strombad, 13 Militärfahrzeuge und 1 Abreißvorrichtung.
In der Schiffswerft unter „Stabilimento Tecnico Triestino" wurden auch noch erzeugt: Dampfmaschinen, liegend und stehende Ausführung, Dampfsteuermaschinen, Dampfpumpen, Stromaggregate mit Dampfmaschinen und Benzinmotoren (10—60 PS), Benzinmotoren für Boote (10—60 PS), Stromaggregate mit Dieselmotoren (40—120 PS), 2 Stück Dieselmotoren (150 PS, Konstruktion Ing. Strobl), 2 Stück Öldynamodiesel (150 PS, 2 Zylinder, Konstruktion Meister Suchy), 2 Stück 3-Zylinder-Dieselmotoren mit Kreuzkopfführung stehend (120 PS, Konstrukteur Baron Sochor), 4 Stück große Schiffsdieselmotoren MAN für U-Boote der Kriegsmarine (ca. 500 PS), die Teile wurden von MAN angeliefert und hier zusammengebaut und erprobt von Meister Schreml-Buneder und Oberndorfer von MAN. Abnahme von Marine-Ing. Gareis. Weiters wurden 2 Stück 6-Zylinder schwere Dieselmotoren MAN für U-Boote (1200 PS) zum Teil fertiggestellt und nach dem Krieg von den Siegerstaaten verschrottet.
In diesem Zeitabschnitt wurde zu bauen begonnen: Schiffsaufzüge, Turmdrehkran und eine Schiffbauhalle und wurden nach dem Krieg fertiggestellt.
In der Stahl- und Graugießerei wurden erzeugt: Abgüsse aller Art für Triest, für unseren Motorenbau und für fremde Firmen. Auch wurden alle Modelle von unserer Modelltischlerei selbst angefertigt. In der Modelltischlerei haben eine Gruppe von Ingenieuren und Professionisten Modelle von Kriegsschiffen für Museen in Triest angefertigt.

Ab 19. April 1919 ist der neue Besitzer der Schiffswerft Linz AG die Creditanstalt für Handel und Gewerbe in Wien. In der Zeit von „Stabilimento Tecnico Triestino" waren 800 bis 1.200 Leute beschäftigt.

Direktion: Generaldirektor Rudolf Kleinpeter, Prok. Heinisch, Dir. Musol, Dir. Kuhlmann, Dir. Walter Overhoff, Prok. Piffl und Angleitner (und Wiener Zentrale).

Technisches Büro: Obering. Max Hinz, Ing. Reitzner, Pupp, Ruf, Namorsch, Bös, Gregorat, Redlich, Ing. Rubasta, Kohlhauser, Intzer, Strobl, Zeman, Aman, Bochanek, Weber, Strobl, Schönböck, Zvitkovic.

Betriebsleiter: Doria, Klöpner, Hehenberger, Augl, Bauer, Kaier, Hammerl, Felsenstein, Zavieschitzki, Steiner, Karhan, Streletz, Schatzdorfer.

Meister: Brunner, Essl, Haselgruber, Kaltenböck, Trimbacher, Ratge, Bauman, Danninger, Fuchs, Lackner, Ganglberger, Kirnberger, Tomschi, Peterseil, Winter, Geier, Kleinböck, Rotpart, Piskorz, Paril, Prazak, Suchy, Pela, Dannesbichler, Weche, Pribyl, Strelitz, Kuchinger (Italiener Lekari).

Nach der umschriebenen Pionierarbeit von „Stabilimento Tecnico Triestino" in der Schiffswerft Linz in der Zeit von 1909—1919, wo ich auch gegenwärtig beschäftigt bin, setzte ich meine Tätigkeit als Schlossergeselle im Maschinenbau fort. Ich arbeitete dort selbst auf Dampfmaschinen aller Typen im Detail und Montage, lernte auch das Einstellen der Schieber, was ja von großer Wichtigkeit ist bei Dampfmaschinen. Nach der Montage erfolgte die Erprobung (provisorisch mit Preßluft in der Halle). Nach der Inbetriebnahme der Stahl- und Graugießerei begann das Unternehmen mit der Erzeugung von Benzinmotoren, Glühkopfmotoren und Dieselmotoren verschiedener Typen und Ausführungen für Stabil- und Schiffsbetrieb. Ich hatte auch Gelegenheit, auf diesem Gebiet Erfahrungen zu sammeln und meldete mich zum Motorenbau. Einige Zeit mußte ich im Detail arbeiten, dann kam ich zur Montage und Erprobung. Bei der Erprobung am Prüffeld wurde ich von Ing. Strobl und Ing. Weber gut unterrichtet. Ich mußte bei den Dauerläufen die stündliche Ablesung in das Protokoll eintragen, wie Temperaturen, Verbrauch von Öl und Brennstoff etc. Auch lehrte mich Ing. Strobl das Indizieren mit dem Indikator bei Zweitakt- und Viertaktmotoren und das Auswerten der erhaltenen Diagramme (dazu: Ausdehnung, Verdichtung, Verbrauch, Temperatur, Hub, Einspritzung, Auspuff, PS). So endete meine manuelle Tätigkeit als Maschinenschlosser am Maschinen- und Motorenbau sowie Prüfstand. Im Zusammenhang mit meiner Absicht, später die staatliche Meisterprüfung abzulegen, meldete ich mich zur Reißplatte und arbeitete dort als Anreißer und Kontrollor bis 1922. Von 1922 bis 1926 wurde ich von der Direktion mit der Arbeitsvorbereitung beauftragt (Errechnung von Material und Arbeitszeit der Operationsfolgen von Werkstücken sowie Führung der Kalkulationskartei). Ich hatte eine eigene Kanzlei und arbeitete selbständig als technischer Beamter.

Die Auswirkungen des Krieges 1914—1918
in den Betrieben

In den Werkstätten machten sich die Auswirkungen des Krieges stark bemerkbar. Es bahnten sich teilweise schon Streiks an. Auch an den Fronten trat schon deutlich die Kriegsmüdigkeit auf. Es begannen Zerwürfnisse und Meutereien. Der Zusammenbruch des kaiserlichen Rußland Ende 1917 zeigte auch schon die Kriegsmüdigkeit. In Deutschland war es die Forderung Hindenburgs und Ludendorffs vom 29. September 1918 an den Reichskanzler Graf Hertling, sofort Waffenstillstands-Verhandlungen anzubahnen, die dann zur Abdankung des Kaisers und zur Ausrufung der Republik am 9. November 1918 führten. Der Zerfall der österreichischen Armee in den letzten Oktobertagen führte zu den Waffenstillstands-Verhandlungen und zum Chaos auf militärischem und wirtschaftlichem Gebiet. Auch in Wien war der Rücktritt der Regierung und Kaiser Karl sprach den Verzicht auf die Regierungsgeschäfte am 11. November 1918 aus. Am folgenden 12. November wurde vom neuen Staatsrat die Republik Deutsch-Österreich ausgerufen.

Überall begannen schreckliche Zustände. Auch in Linz begannen am 30. Oktober 1918 schon chaotische Wochen, die durch den Marsch der Arbeiter der Schiffswerft mit roten Fahnen und Revolutionsrufen durch die ganze Stadt eingeleitet wurden. Am 1. November 1918 fand eine verfrühte Republik-Kundgebung der politischen Parteien statt. Die Republik wurde aber erst am 12. November 1918 offiziell ausgerufen. Ein schrecklicher Zustand und Chaos war es, als das Militär von den Kriegsschauplätzen heim kam und die Strafgefangenen freigelassen wurden. Auch die Kriegsgefangenenlager wurden geöffnet, gestürmt und angezunden. Das war mit den verschiedenen Nationen ein schreckliches Erlebnis. Nun setzten auch schon die Plünderungen ein. Auf allen Straßen und Gassen wurde geplündert und geschossen. Geschäfte, die Schloßkaserne, Offizierskasino, Klöster und Maierhöfe, Bischofshof, Lebensmittellager, Bahnhof, Turm 25 und Waggons wurden gestürmt und restlos geplündert. Es gab auch Tote und Verletzte. Blutige Aufstände und Unruhen gab es durch die trostlose wirtschaftliche Lage. Der Versuch der damaligen kommunistischen Anhänger, die politische Macht an sich zu reißen, wurde mit Brachialgewalt niedergeschlagen. Zur Wiederherstellung von Ruhe und Ordnung wurde zweimal das Standrecht verhängt.

All diese kritischen Situations-Ereignisse und Chaos führten nun zur Errichtung der Soldaten- und Arbeiterräte. Trotz der starken Rätegruppe kam das demokratische Leben spät in Gang. Vor den Arbeiterräten bildeten sich die

Soldatenräte, wo auch Richard Strasser ein Machtwort zu reden hatte. Die Bildung der Arbeiterräte wurde von den Soldatenräten beantragt. Die Soldatenräte übernahmen die Kaderfunktionen der aufzustellenden Volkswehr. Die Bedeutung der Soldatenräte erlosch mit der Volkswehr. Arbeiter- und Soldatenräte sowie auch die Volkswehr arbeiteten zusammen bei der Aufbringung von Lebensmitteln, bei Hausdurchsuchungen, bei der Besetzung ganzer Landesteile und der Durchsuchung einzelner Gehöfte, bei den Zugskontrollen, den Kontrollen der Rucksäcke und der Hamsterer. Mit Ende Februar 1920 endete die Tätigkeit des Soldatenrates.

Durch die Abhängigkeit von Importen wurden die Ernährungsprobleme mit einbrechendem Winter von Tag zu Tag immer schwieriger. Es gab Kritiken an der Verwaltung, welche Staatskanzler Dr. Karl Renner beseitigte. Am 25. November 1918 wurde ein rascher Abtransport der Gefangenen mit Bahn und Schiff durchgeführt, durch die Plünderungen der Pulvertürme kamen sehr viele Waffen und Munition an das Volk. Auch die Schiffswerft war beteiligt. Es war unkontrolliert aufbewahrt worden. Es wurden Sicherheitsvorkehrungen eingeleitet, sodaß kein bürgerkriegähnlicher Zustand wach wurde. Die Unsicherheit bestand keineswegs wegen der Sicherheit im Land, sondern an der österreichisch-böhmischen Grenze (bzw. an der neuen tschechischen Grenze). Auch ein politischer Unsicherheitsfaktor wirkte in Österreich noch durch fast drei Jahre.

Die politische Arbeitsgemeinschaft von Christlichsozialen, Großdeutschen und Sozialdemokraten blieb die Basis für die Jahre des Wiederaufbaues. Die Aufgabe war: 1. Der Aufbau der landwirtschaftlichen Produktion, die auf die Hälfte herabgesunken war. 2. Die Überführung der Kriegsindustrie in eine Friedensproduktion, und 3. Eine forcierte Elektrifizierung und Ausbau der Wasserkraft. In dieser politischen Arbeitsgemeinschaft gab es oft heftige Auseinandersetzungen; ebenso beim Arbeiterrat zwischen Strasser und Bernaschek. Die Führungskrise des Linzer Arbeiterrates blieb weiter bestehen, wenn auch das Führungsduo Strasser/Bernaschek aus dem selben Betrieb der Linzer Schiffswerft hervorgegangen war und in seiner Einstellung kaum differenziert war. Es traten auch immer die blutigen Ausschreitungen vom Jänner und Februar 1919 bei Streitigkeiten in den Vordergrund, verbunden mit dem Standrecht im Raume Linz.

Bei der 1.-Mai-Feier 1919 der Republik am Linzer Hauptplatz sprachen Weiser, Meinhart, Strasser und Rolischek.

Im kaufmännischen Vereinshaus sprachen Gruber, Dametz und Weiser.

Am 1. Mai 1920 am Linzer Hauptplatz sprachen Landeshauptmannstellvertreter Gruber und der Linzer Bürgermeister Dametz.

Provisorische Landesregierung (2. November 1918 bis 17. November 1918): Landeshauptmann Johann Nepomuk Hauser (Christlich-Soziale), Landeshauptmannstellvertreter Josef Gruber (Sozialdemokraten), Landeshauptmannstellvertreter Franz Langoth (Deutsch-Nationale), Landeshauptmannstellvertreter Dr. jur. Max Mayr (Christlich-Soziale).

Oberösterreichischer Landtag (23. Juni 1918 bis 18. Mai 1918): Johann Nepomuk Hauser, Josef Gruber, Franz Langoth, Dr. Josef Schlegel.

Knappheit an kleinen Zahlungsmitteln (5, 10, 20 und 50 Kronen). Ab 9. November 1918 wurden Landeskassenscheine gedruckt und ausgegeben. Die Kassenscheine wurden am 31. März 1920 verlängert, Einlösungstermin 3. November 1921. Ende 1919 großer Mangel an Kleingeld (Heller). Am 13. April 1920 wurde Landes-Notgeld gedruckt (10, 20, 50 und 80 Heller). Inzwischen wurden von den Unternehmungen zum Teil künstlerisch wertvoll gestaltete selbst geschaffen.

Einzelne Betriebe wie z. B. Schiffswerft, Gaswerk, Tabakfabrik, Bäckereien, Lederfabriken, Sägewerk und dergleichen hatten ihre eigenen Notgelder entworfen. Die Unternehmer hafteten selbst für ihre Notgelder.

Schiffswerft Linz AG und
Climax Motorenwerke & Schiffswerft Linz AG
(1919—1932)

Durch die neue Grenzziehung nach dem Weltkrieg 1918 hatte „Stabilimento Tecnico Triestino" den Betrieb Schiffswerft am 19. April 1919 an die „Österreichische Creditanstalt für Handel und Gewerbe in Wien" verkauft. Die Werft führt nun den Namen „Schiffswerft Linz AG" (1919 bis 1932).

Nach dem Zusammenbruch der Monarchie 1918 machte sich auch im Betrieb eine Revolution bemerkbar. Sämtliche Ausländer wie Triestiner, Tschechen, Ungarn und Deutsche kehrten wieder in ihre Heimat zurück. Der Kassier hatte oft kein Geld zur Auszahlung. Es dauerte eine geraume Zeit, bis man an die Arbeit heranging. Die Werftarbeiter, welche von den Fronten zurückkamen, nahmen die Arbeit im Betrieb wieder auf. Bevor das Unternehmen eine neue Produktion begann, mußte zuerst der Betrieb von der Kriegsindustrie auf eine Friedensproduktion umgestellt werden. Die Restgegenstände von der Kriegszeit wurden alle verschrottet. Bis die neue Produktion der Glühkopfmotoren lief, mußten Zeichnungen, Modelle und Abgüsse gemacht werden. In der Zwischenzeit behalf man sich mit anderen Arbeiten. Es wurden Militärlastwagen komplett überholt. Ebenso wurden defekte Schiffe und Boote instandgesetzt und erprobt. Der Schiffbau erzeugte Hochspannungsmasten, Eisenkonstruktionsteile, Kessel und Behälter. Es wurden Arbeiten durchgeführt für Sägewerke, Landwirtschaft, Mühlen, Papierfabriken, Bierbrauereien, Chemiewerke, Seilbahnen, Bundesbahnen, Gaswerke und dergleichen. Auch die Werkzeug- und Produktionsmaschinen im eigenen Werk wurden komplett überholt. Halbfertige Motoren wurden zum Verkauf komplettiert und erprobt. Und so hatte der Betrieb die ersten Nachkriegsmonate mit oben angeführten Arbeiten überwunden. Mit der Inflation 1920—1922 setzte eine Scheinblüte ein, die den Erzeugnissen des Unternehmens zunächst großen und flotten Absatz sicherte. Die Fabriken und auch Kleingewerbebetriebe konnten ihren Bedarf an Produktionsmaschinen ergänzen und Einrichtungen sowie Werkzeuge neu schaffen. Zu dieser Zeit hatten alle Unternehmen Aufträge. Die Stahlgießerei und Graugießerei lieferte den ebenfalls in Hochbetrieb stehenden anderen Großgewerben den nötigen Stahl- und Grauguß. Für die Linzer Bundesbahnwerkstätte hatten wir zwei Hallenkräne mit Laufkatzen (je 50 Tonnen Tragfähigkeit) gebaut und montiert. Der Maschinenbau erzeugte in amerikanischer Lizenz Bagger (Byers Bear Cat) und Elevating, Raupenwagen, Raupenschlepper und Rad-Scraper. Auch die Montagearbeiten und Erprobung der Geräte wurden von der Werft durchgeführt. Ein 900-PS 6-Zylinder-Dieselmotor, wurde für die Spinnerei Kleinmünchen von der Werft montiert.

Nun begann die Produktion der Glühkopf- und Dieselmotoren. Die erzeugten Glühkopfmotoren fanden reißenden Absatz, vornehmlich im Ausland. Die Glühkopfmotoren wurden in verschiedenen Typen für Stabil- und Schiffsbetrieb gebaut, mit einer Leistung von 6 bis 400 PS (1—6 Zylinder). Es wurden auch Dynamoaggregate sowie Pumpenaggregate erzeugt. Der 6-PS-Motor fand Verwendung für Dreschmaschinen. Auch lieferte die Werft Glühkopfmotoren für Mühlen und Sägewerke. Die Linzer Werft baute auch die Seilbahnen auf die Schmittenhöhe und Patscherkofel mit Glühkopfmotoren. Die Comos bestellte zwei Motorschlepper mit Glühkopfmotoren. Die Glühkopfmotoren wurden auch mit Wendegetriebe oder Umsteuerung gebaut. Die Schiffbauabteilung gewann in neugegründeten Schiffahrtsunternehmungen willige Abnehmer. In diesem Betriebsabschnitt wurden auch die bereits im Kriege begonnenen Bauführungen beendete und zwar eine neue Schiffbauhalle, ein Turmdrehkran für die Hellinge und ein Schiffsaufzug.

Nach der Festigung der Währung (1923/24) zeigte es sich aber bald, daß es sich aber nur um eine Scheinblüte gehandelt hatte. Die erste Abteilung, die darunter zu leiden hatte, war die Stahlgießerei, der stark rückläufige Inlandsmarkt führte zu einer bedeutenden Schrumpfung des Absatzes, welcher trotz bestehender Preisvereinbarungen, die zu klein gewordene Erzeugung mehr und mehr verlustbringend machte. So mußte 1924 die Abteilung Stahlgießerei geschlossen werden. Die Motorenfabrik mußte sich, den Anforderungen des

Marktes entsprechend, auf die Erzeugung von hochwertigen Dieselmotoren umstellen und stand der übermächtigen deutschen Erzeugung auf dem Auslandsmarkt gegenüber. Noch einmal wurde versucht, durch Neugestaltung die Erzeugungskosten herabzusetzen und den Absatz durch die Vereinigung (Fusionierung 1926) mit den Marswerken in Liesing zu heben. Die Firma wurde hiebei in „Climax Motorenwerke und Schiffswerft Linz" geändert. Nur die Schiffbauabteilung hatte bis zum Jahre 1932 durchschnittlich gute Beschäftigung, welche sie zuerst der „Rhein-Donau Expreß Schiffahrts-Gesellschaft", vor allem aber der „Continentalen Motorschiffahrts Aktiengesellschaft", die sich trotz allen Widerständen kraftvoll und stetig weiterentwickelte, zu danken hatte. Der überwiegende Teil der Flotte dieser Gesellschaft ist in Linz entstanden. In enger Zusammenarbeit mit ihr konnte die Linzer Werft im Bau von Motorschiffen eine führende Stellung erlangen. An zweiter Stelle war das Strombauamt ein bedeutender Auftraggeber. Die Werft allein aber konnte die hohen Unkosten des Verwaltungsapparates und der Auslandsverkaufsorganisationen für Motoren nicht wettmachen, sodaß die Verluste und die Verschuldung des Unternehmens ständig zunahmen.

Als dann im Jahre 1931 die Großaktionärin „Österreichische Creditanstalt für Handel und Gewerbe in Wien" zusammenbrach, schien auch das Schicksal der Werft besiegelt. Im Zuge der Sanierung der Bank wurde jedoch auch an die der Werft geschritten, durch Zuführung neuer Mittel, durch härteste Sparmaßnahmen, weitgehender Abbau der Belegschaft, was gerade in jener schwersten Zeit viele treue Mitarbeiter sehr hart traf, und Abverkauf wertvollen Realbesitzes, wurde versucht, dem Unternehmen neues Leben einzuhauchen. Der Schwerpunkt der Tätigkeit sollte neuerlich auf den zuletzt erfolglosen Motorenbau und seine Rationalisierung verlegt werden, doch blieben alle Bemühungen erfolglos. Solche Lage führte 1936 zu dem Entschluß, die Aktiengesellschaft still zu liquidieren. 1932 war die Bedarfslage im Donauschiffbau so, daß Neubauaufträge auf lange Sicht nicht zu erwarten waren, daraus erwuchs zunächst der Entschluß, die Werftabteilung (Schiffbau) stillzulegen. Von 1919 bis 1932 wurden von der Schiffswerft Linz AG und den Climax Motorenwerken 115 Bauten erzeugt und geliefert: 13 Motorboote, 7 Motortankschiffe, 1 Werkstättenschiff, 43 Frachtkähne, 7 Schraubenfrachtdampfer, 1 Strombad, 16 Tankboote, 6 Bagger, 3 Drahtseilfähren, 2 Schwimmkräne, 8 Motorfrachtschiffe, 6 Schuten und 2 Brückenpontons.

Der Motorschlepper „Cesia", Bau 713, wurde als erster mit einem Glühkopfmotor ausgestattet, 1922 hat Comos 2 Motorgüterschiffe mit Glühkopfmotoren bauen lassen. Die Glühkopfmotoren wurden auch für Schiffbetrieb gebaut mit Wendegetriebe oder Umsteuerung bis 400 PS. Wie schon erwähnt, wurden in dieser Zeit auch Seilbahnen (Schmittenhöhe und Patscherkofel) mit Glühkopfmotoren gebaut. Auch wurden die Montagen durchgeführt, 1927 wurde auch ein Hallenkran mit Laufkatze für Patenstein gebaut und montiert. Wegen Benzinknappheit haben wir Lastwagen auf Holzgasbetrieb eingerichtet, für die Landwirtschaft wurden Futtersilos erzeugt, für die Mineralölindustrie wurden Hochbehälter, Kessel und Tankstellenbehälter gebaut. Es wurden viele Strom und Pumpenaggregate mit Glühkopf und Dieselmotoren erzeugt, Schiffsdieselmotoren bis 6 Zylinder (360—400 PS), auch mit Umsteuerung oder Wendegetriebe. Glühkopf- und Dieselmotoren wurden für Stationär- und Schiffsbetrieb konstruiert, für Stromaggregate mit schwerem Schwungrad.

Die Motoren wurden von 1 Zylinder bis 6 Zylinder (6—500 PS) auch für Motorboote erzeugt. 6-PS-Motoren wurden für die Landwirtschaft für Dreschmaschinen und Futterschneidmaschinen verwendet. 10—60-PS-Motoren wurden für Mühlenbetriebe, Sägewerke und Aggregate aller Art gebaut.

Die Motoren wurden von einer Serie zur anderen immer verbessert im Verbrauch und Leistung. Es wurde auch schon an der Konstruktion des kompressorlosen Dieselmotors gearbeitet. Früher hatte man in Schweden die robusten schwedischen Bolindermotoren gebaut, die Werftglühkopfmotoren waren aber besser konstruiert und hatten reißenden Absatz. Dipl.-Ing. Karl Beschoren, ein tüchtiger Fachmann und Konstrukteur, wurde von seiner Firma von Deutschland nach Linz beordert und hatte auf dem Motorenprüfstand der Werft unseren Glühkopfmotor in allen Gangarten geprüft. Es erfolgte die Erklärung aller Vorteile. Er stellte Fragen aller Art und erhielt auch Antworten darauf, beobachtete die Handregulierung, die Kühlwasser-Einspritzung und die Tätigkeit der Monteure. Ing. Beschoren gab zu, daß der Glühkopfmotor, verbessert in der Konstruktion, einfach zu bedienen ist und auch gut im Verbrauch und in der Leistung ist. Auch in Deutschland und auch in der Werft ging man daran, statt Glühkopfmotoren kompressorlose Dieselmotoren zu bauen. Schon 1924 baute die Werft kompressorlose Dieselmotore und hatte guten Absatz. Es wurden laufend Verbesserungen durchgeführt für Stationär-und Schiffsbetrieb und man hatte keine Anstände. Aber leider konnte die Motorenfabrik der übermächtigen Erzeugung der Deutschen auf dem Auslandsmarkt nicht mehr standhalten. Der Motorenbetrieb konnte die hohen Unkosten des Verwaltungsapparates und der Auslandsverkaufsorganisationen für Motoren nicht wettmachen, sodaß die Verluste und die Verschuldung zur Schließung des Betriebes führten.

Es sei auch bemerkt, daß es in diesen Jahren sehr viele Demonstrationen und Aufstände gab, besonders bei der Stillegung des Werkes. Ein trauriger Anblick war es, als in den Jahren 1926—1932 jede Woche Arbeiter und Angestellte entlassen wurden und beim Tor hinausmarschierten, begleitet mit Flügelhorn „Muß ich denn zum Städtele hinaus". Bei der Liquidierung der Aktiengesellschaft, 1936, waren im Betrieb nur mehr 16 Mann, die den Abverkauf von Maschinen und Wohngebäuden durchführen mußten. Diese 16 Mann hatten auch bereits die Kündigung erhalten, wurden aber zum Schluß von der Betriebsgesellschaft Overhoff & Co. am Schiffbau übernommen.

Einen Wendepunkt im Donauschiffbau bedeutete das Jahr 1930, als auf der Linzer Werft das Motorboot „Climax Bau 771" als erstes ganz geschweißtes Wasserfahrzeug vom Stapel lief. Man kann sagen, ab 1930 ist der Wendepunkt von „Nieten auf Schweißen". Der Schiffbau erzeugte außer Schiffen noch Strombäder, Drahtseilfähren, Pontons, Bagger, Schwimmkräne, Werkstättenschiffe, Pumpenstationen, Seilbahnen, Brückenteile, Hallenkonstruktionen, Kessel, Hochbehälter, Benzin- und Öltanks, Tankstellenbehälter, Silos und Eisenkonstruktionen aller Art sowie auch Kräne und Aufzüge für Baufirmen, Hochspannungsmasten aller Art etc.

Die mechanische Werkstätte im Maschinenbau arbeitete für unsere Motorenerzeugung und außerdem für fremde Firmen wie Chemiebetriebe, Papierfabriken, Säge- und Mühlenbetriebe, Wäschereibetriebe, Lederfabriken, Baufirmen, Eternitwerke, Landwirtschaft und Gummiindustrie. Spezialmaschinen verschiedener Art wurden auf Grund beigestellter Pläne angefertigt, auch konnten die Pläne von unserem Konstruktionsbüro erstellt werden. In der Gießerei wurden Abgüsse für unsere Motorenerzeugung gemacht, ebenso wurden Abgüsse aller Art für fremde Firmen nach Modellen erzeugt. Auch wurden Modelle für fremde Firmen von uns erzeugt.

Von 1922—1926 wurde ich von der Direktion mit der Arbeitsvorbereitung im Motorenbau beauftragt (Errechnung von Material und Arbeitszeit der Operationsfolgen von Werkstücken sowie Führung einer Kalkulationskartei nach Refasystem); Refaschule 1920/21. Von 1921—1925 absolvierte ich die 4jährige Werkmeisterschule der HTL mit Abendunterricht an der Bundeslehranstalt für Maschinenbau, Elektrotechnik und Hochbau in Linz, Goethestraße. Direktor war Prof. Dipl.-Ing. Palzarek.

Vom 2. Juni bis 4. Juni 1925 legte ich die staatliche Meisterprüfung an obiger Lehranstalt ab. Ich arbeitete anschließend an der Arbeitsvorbereitung wieder weiter. Als nun 1926 die Werft mit den Motorenwerken in Liesing fusioniert wurde, erhielt sie den Namen „Climax Motorenwerke und Schiffswerft Linz AG". Dies brachte in den Werkstätten und Büros große Unruhe. Die neue Geschäftsführung änderte gleich den Stand der Arbeiter und Angestellten sowie der Meister. Es wurden Umstellungen aller Art im Betrieb und in den Büros vorgenommen. Ebenso wurde in der Produktion viel geändert. Im technischen Büro arbeitete man fieberhaft an der Konstruktion und Verbesserung des kompressorlosen Dieselmotors (dem Motor der Zukunft). Die Geschäftsführung legte großen Wert auf den Export der Motoren, da zu diesem Zeitabschnitt eine große Anfrage an Motoren war und auch viele Aufträge bereitlagen. Auch der Schiffbau war mit Aufträgen versorgt. Direktor Letzner legte großen Wert auf den Versand der Motoren und Ersatzteile und gab auch gleich den Auftrag, eine gut eingerichtete Versandabteilung zu schaffen, und einen Meister der technisch und kaufmännisch versiert war, zu nominieren. Nach den Besprechungen bei der Direktion wurde ich zum Versandleiter bestellt. Direktor Letzner gab mir freie Hand, eine Versandhalle großzügig einzurichten. Ich begann auch gleich mit der Arbeit, dazu verlangte ich gleich 12 Mann und eine Hilfskraft. Da 1924 der Betrieb Stahlgießerei aufgelassen wurde, schlug ich vor, die Halle als Versandhalle einzurichten, was mir gleich bewilligt wurde. In der Halle waren auch 2 Kräne montiert, welche ich notwendig brauchte. Alle Gießereieinrichtungen wurden abgetragen, bis auf das Eisenpodest der Gießpfannen, welche ich beim Verladen der Motoren in die Waggons benutzte (der Tisch hatte gleiche Höhe wie eine Waggontür). Ich mußte nun einen Platz für die Schlosser, Lackierer und Verpacker schaffen. In einem geschlossenen Raum richtete ich die Lackiererwerkstätte mit einer staubfreien Spritzkabine ein, beschaffte mir Werktische und alle Materialien und Werkzeuge sowie Spritzpistolen. Dazu mußte ich Preßluftanschlüsse montieren lassen. Auch hatte ich zum Waschen der Motorteile große Wannen erhalten, welche in einem eigenen Raum untergebracht waren und mit Spülvorrichtungen versehen waren. Für die Motorenschlosser hatte ich einen günstigen Platz eingerichtet. Ich beschaffte mir neue Werkbänke mit Laden, gute Schraubstöcke und neue Werkzeuge. Auch sorgte ich für gute Beleuchtung und Beheizung der Räume. Für die Schlosserwerkstätte erhielt ich eine Bohrmaschine, eine Schleifmaschine und einen Schleifbock zum Polieren. Auch war für die Reinigung der Rohrleitungen und das Ausblasen derselben mit Preßluft gesorgt. Für den Zimmermann montierten wir eine Kreis- und Bandsäge zum Kistenerzeugen und zum Verpacken des Motors und der Zubehörteile. Kleine Motoren wurden als Ganzes in einer Kiste verpackt, hingegen große Motoren zerlegt und in 10 bis 15 Kisten und Verschlägen verpackt wurden. Zum Anfertigen der Kisten und Verschläge machte ich für den Zimmermann eigene Zeichnungen. Bei großen Motoren wog die Kiste allein 1 bis 2 Tonnen. Bei großen Motoren mußte man das Kistenholz stark genug nehmen, bei Seetransport wegen der Stürme und wegen des vielen Umladens.

In die Versandhalle wurde ein Bahngeleise gelegt, und der Waggon konnte somit gleich zur Verladerampe gestellt werden. Vom Probierstand führte ein Schmalspurgleis in die Versandhalle und Lackiererei.

Arbeitsgänge in der Versandhalle mit einem erprobten Motor ab Prüffeld bis zur Verladung: Der erprobte Motor kam auf Rollwagen zur Versandhalle (mit beigegebenem Kontrollblatt). Die Schlosser demontierten den Motor und gaben sämtliche Teile zur Waschwanne. Die Gußteile kamen gleich zur Lackiererei zum Grundieren, Kitten und Spachteln, weiters Schleifen von Kitt und 2mal Grundanstrich und dann Lackierung. Die gereinigten Motorteile wurden genauestens untersucht und schadhafte Stücke (Stellen) wurden nachgearbeitet und in Kontrollbögen vermerkt. Sämtliche Lagerstellen und Lager von Kurbelwelle und Pleuelstangen wurden genau untersucht. Auch die Kolben und Kolbenringe wurden nachgesehen. Alle Mängel wurden am Kontrollblatt vermerkt (nach Versand des Motors wurde das Kontrollblatt dem Prüffeld-Ingenieur übergeben). Nachdem alle Motorteile genauestens überprüft und Schadhaftes nachgearbeitet wurde, begann der Zusammenbau des Motors. Inzwischen waren auch die Gußteile lackiert. Beim Zusammenbau mußten auch die Rohrleitungen ausgeblasen und poliert sein. Blanke Stahl- und Eisenteile wurden mit einer Rostschutzfarbe gestrichen. Die Lackierung von Grundplatte und Gehäuse wurde nochmals untersucht.

Der nun fertig montierte Motor wurde dem Verpacker zum Festschrauben in der Kiste übergeben. Der Motor wurde mit Kanthölzern und Latten an den Wänden der Kiste gut verstrebt. Bei größeren Motoren wurden die Stücke in 10 bis 15 Kisten verpackt und gut befestigt. Blanke Teile wurden gut konserviert oder auch mit Rostschutzmitteln gestrichen (abwaschbar). Sperrige Güter wurden zum Teil in Verschläge verpackt oder auch lose mitgegeben. Jeder Kiste wurde eine Packliste beigegeben. Auch die zugepackten Teile der Motorkiste mußten gut befestigt sein. Es mußte auch alles netto gewogen werden. In der Versandliste waren alle Gegenstände genau beschrieben, besonders bei Überseetransporten. Bei Verlust einer Kiste mußten genau die Gegenstände nach dieser Versandliste nachgeliefert werden können. Nach erfolgter Verpackung mußte jedes Kolli, sei es Kisten, Verschläge oder lose Stücke, signiert und brutto gewogen werden. Das Signo, Nummer und Bruttogewicht mußte mit Farbe aufgemalt werden, bei Kisten an zwei Seiten. Die Aufschriften auf den Kisten mußten nach den internationalen Vorschriften der verschiedenen Staaten und Sprachen erfolgen (die Aufschriften wurden vom Spediteur bekanntgegeben). Bei großen Kisten (10 bis 15 Tonnen) mußte zum Heben durch Kräne das Hebeseil an der Kistenwand beiderseits mit Farbe gekennzeichnet sein. Das hatte den Zweck, daß die Last am Kranhaken beim Verladen nicht schräg hängt. Die nun in der Versandhalle nach den Vorschriften fertiggestellten Kolli wurden mit allen Papieren dem Spediteur zur Weiterleitung übergeben. Entweder erfolgte die Verladung der Kolli per Bahn in der Versandhalle, oder sie wurden vom Spediteur mit Lastwagen abgeholt.

Zu meiner Tätigkeit, wie bereits geschildert, gehörte auch noch die Führung des Ersatzteillagers: Ersatzteile, die einem großen Verschleiß unterlagen, mußten ständig auf Lager liegen. Deshalb mußte ich stets immer Inventur halten und ehebaldigst zu Ende gehende Gegenstände von der mechanischen Abteilung fordern. Die von der Kunde nach Prospekt oder Versandliste bestellten

Ersatzteile wurden von mir nach Zeichnung-Prospekt und Kontrollblatt genau überprüft und dem Verpacker übergeben. Die Verpackung geschah so wie bei den Motoren.

Zu meinem Arbeitsbereich gehörte auch die Ausrüstung der Schiffe: Die fahrbereiten Schiffe wurden von mir ausgerüstet mit Maschinen und Deckinventar. In dem von mir erstellten Inventarbrief wurden alle Inventargegenstände genau eingetragen. Ebenso wurden die technischen Daten der Motoren und Aggregate im Inventarbuch eingetragen. Auch wurden alle Einrichtungen von Maschinenraum und Deck eingetragen, wie Kabinen, Speiseraum, Bäder, Waschräume, Schlafräume, Küche und Magazine. Ebenso wurde die gesamte Einrichtung an Deck mit allen Daten eingetragen: wie Steuerhaus, Axiometer und Steuerleitung, komplette elektrische Anlagen und Heizung. Pumpenanlagen, Ruderanlagen, Ankerwinde und Anker, eventuell auch Schleppseilwinde, Propellerwellenleitung mit Propeller komplett.

Das nun im Inventarbuch enthaltene Maschinen- und Deckinventar wurde von mir im Beisein vom Kapitän, Betriebsleiter und Bootsmann Punkt für Punkt durchgegangen und beiderseits unterschrieben. Ein unterschriebenes Inventarbuch blieb am Schiff und ein unterschriebenes Inventarbuch kam zur Werftdirektion. Die Ausstattung der Schiffe und Übergaben erforderte viel Praxis und langjährige Erfahrung. Ab 1932 wurden die Schiffe von der Betriebsgesellschaft Overhoff & Co. selbst ausgerüstet.

Meine Tätigkeit in der Versandhalle blieb weiterhin wie bisher. Als 1936 die Aktiengesellschaft still liquidiert wurde, mußte ich den Abverkauf der Arbeitsmaschinen übernehmen, auch führte ich die Spedition mit Kassa bis 1938 selbständig. Mit 1938 wurden aufgelöst: „Climax Motorenwerke mit Schiffswerft Linz AG" (1919 bis 1932 und 1938) und die „Betriebsgesellschaft Overhoff & Co." (1932 bis 1938).

Die „Climax Motorenwerke und Schiffswerft Linz AG" hatten am 1. Dezember 1932 die Schiffbauabteilung an die Betriebsgesellschaft Overhoff & Co. verpachtet. Die Überlegung, daß bei Wegfall der hohen Verwaltungskosten die Werftabteilung Schiffbau auch dann lebensfähig sein müßte, wenn sie nur Reparaturen von Schiffen ausführte, veranlaßte die leitenden Beamten dieser Abteilung, Dipl.-Ing. Walter Overhoff, Ing. Max Hinz und Heinrich Klöpner, zur Pachtung des Werfteiles des Unternehmens. Unter dem Namen „Schiffswerft Linz Betriebsgesellschaft Overhoff & Co." wurde am 1. Dezember 1932 der Betrieb übernommen. Schon der erste Winter brachte eine Reihe von Reparaturen und später konnten auch, dank der engen Verbundenheit zwischen Belegschaft und Leitung, wieder Neubauaufträge in Arbeit genommen werden. Bis zum Frühjahr 1938 wurden viele Schiffsreparaturen und Aufträge aus verwandten Gebieten ausgeführt und außerdem von der „Schiffswerft Linz Betriebsgesell-

schaft Overhoff & Co." abgeliefert; zusammen waren es 19 Bauten: 8 Tankboote, 2 Motorschlepper, 1 Schwimmfloß, 1 Bagger, 1 Motorfrachtschiff,
1 schwimmendes Pumpenhaus, 2 Schuten, 3 Steintransportschiffe. In den 6
Jahren wurden 19 Bauten mit 150 Arbeitern erzeugt.

Schiffswerft Linz unter
„Reichswerke Hermann Göring"

So war der März des Jahres 1938 herangekommen, die Systemregierung brach
zusammen. Die Deutsche Wehrmacht besetzte Österreich, somit war der Anschluß vollzogen. Auf Befehl der militärischen Führung entstand als Nachfol-
gerin der nach ruhmvollen Kämpfen im Ersten Weltkrieg untergegangenen
k. u. k. Donauflottille, die Donauflottille des Großdeutschen Reiches. Als
Bauwerft wurde die Schiffswerft Linz ausersehen. Der Pachtvertrag mit der
Betriebsgesellschaft „Overhoff & Co." wurde einvernehmlich gelöst, die drei
Gesellschafter der bisherigen Betriebsgesellschaft, Dipl.-Ing. Walter Overhoff,
Ing. Max Hinz und Heinrich Klöpner, traten als Vorstand und Abteilungs-
direktoren wieder in den Dienst der „Climax Motorenwerke und Schiffswerft
Linz AG", die nunmehr, ausschließlich dem Schiffbau gewidmet, den Namen
„Schiffswerft Linz Aktiengesellschaft" annahm. Mit Unterstützung des Ober-
kommandos der Kriegsmarine und des Hauptaktionärs „Österreichische Creditanstalt Wiener Bankverein" wurden die vorhandenen Anlagen einem durch-
greifenden Ausbau unterzogen. Die Gefolgschaft wuchs auf das Vielfache und
war weiter im Steigen. So schritt die Schiffswerft Linz, nach wechselvollem
Schicksale nun gestärkt dem 1000sten Neubau entgegen. In den Jahren 1938—
1945 hatte die „Schiffswerft Linz Aktiengesellschaft" 174 Neubauten geliefert:
46 Tankkähne, 1 schwimmender Bootshafen, 82 Militärfahrzeuge, 5 Motor-
Radzugschiffe, 12 Landeanlagen, 2 Pontons, 24 Motor-Schraubenschlepper,
1 Schottertransportschiff, 2 Schwimmdocks.

Im Jahre 1938 wurde ich vom Schiffbau übernommen und als Werkzeugmeister
eingestellt. Ich mußte mit meinen Werkzeugschlossern die Werkstätte, den
Werkzeugbau, die Härterei und die Werkzeugausgabe komplett neu einrichten.
Ich mußte auch dafür sorgen, daß neue, moderne Werkzeuge, Hand-und Preßluftmaschinen etc. bestellt wurden. Handmaschinen und Werkzeuge aller Art
mußten immer betriebsfertig in der Werkzeugausgabe liegen. Ich mußte auch
die großen Werkstättenmaschinen überholen, damit die Produktion keinen
Aufenthalt hat. Ich mußte auch sorgen, daß neuzeitliche Maschinen bestellt

wurden. Auch führte ich für die ganzen Werkzeuge und Produktionsmaschinen eine Kartei mit allen technischen Daten. Ich hatte auch die Aufgabe, eine Lehrwerkstätte einzurichten, mit Werkbänken, Maschinen und Werkzeugen. Auch führte ich bis 1941 die Einschulung mit den Lehrjungen praktisch und theoretisch durch. Von 1938 bis 1941 war mein Arbeitsbereich Werkzeugbau und Lehrwerkstätte.

Infolge einer Änderung im Materiallager, wegen mangelhafter Führung des ehemaligen Lagerleiters, wurde ich 1941 von Herrn Generaldirektor Overhoff zum Lagerverwalter bestellt und ersucht, hart durchzugreifen, damit die Mißstände im Lager bald beseitigt wurden. Die Buchhaltung konnte nämlich keine Kommissionen mehr abrechnen, da soviele Eingangsscheine fehlten. Für mich war es natürlich nicht so einfach, der altverzopften Leute und Einrichtungen im Lager Herr zu werden. Zuerst mußte ich Leute auswechseln, was nicht so leicht war. Anstelle der hölzernen und schon morschen Stellagen fertigte ich eiserne an. Dann begann eine gründliche Inventur. Die schon monatelang ungeöffneten Pakete und Kisten mußten aufgemacht werden und die Teile mit allen genauen Daten am Materialübernahmeschein eingetragen werden. Die nun erstellen Übernahmescheine wurden gleich an die Materialverrechnung weitergegeben. So war es innerhalb eines halben Jahres möglich, Kommissionen zeitgerecht abrechnen zu können. Zu meiner Tätigkeit im Lager gehörte auch noch die Ausrüstung der Schiffe für die Marine mittels eines Inventarbuches, welches von mir erstellt wurde.

Die Schiffswerft Linz — ein verstaatlichter Betrieb

Ende 1940 wurde die Schiffswerft Linz in den Verband der „Reichswerke Aktiengesellschaft für Binnenschiffahrt Berlin" übernommen. Nach dem Zusammenbruch des Zweiten Weltkrieges 1945 wurde die Schiffswerft Linz AG unter öffentliche Verwaltung gestellt und durch das erste Verstaatlichungsgesetz verstaatlicht. Generaldirektor Bauer wurde öffentlicher Verwalter der Werft. Aktionär wurde die Republik Österreich (Verstaatlichungsgesetz BGBl. 168/46 vom 16. September 1946). Im Aufsichtsrat waren: Vorsitzender Generaldirektor Richard Ryznar, Stellvertreter LH-Stv. Ludwig Bernaschek, Richard Feichtner, Dir. Dr. Franz Fillitz, Dir. Dr. Helmut Foltinek, Karl Hurch, Dir. Alfred König, Peter Reveretera, Rudolf Vollath, Dr. Robert Wayda, Dir. Otto Walla.

Vorstände waren: Dir. Obering. Anton Namorsch, Dir.-Ing. Max Peterseil.

Prokuristen: Obering. Josef Nagl, Ober-Buchhalter Alois Weiß.

Abteilungen:
Buchhaltung: Prok. Alois Weiß; Einkauf: Franz Feszkowski; Vorkalkulation: Ing. W. Helmonseder; Arbeitsbüro: Johann Niederhametner; Technisches Büro für Schiffbau: Dipl.-Ing. Zvitkovic; Technisches Büro für Maschinenbau: Prok. Obering. Nagl; Betriebsleitung: Dir. Klöpner, Dir.-Ing. Peterseil; Ausbildungswesen: Dir.-Ing. Peterseil; Gemeinkostenkontrolle: Ing. Lidl.

Meine Tätigkeit im Lager sowie die Ausrüstung der Schiffe blieb wie bisher mein Arbeitsbereich, nur kam eine Aufgabe neu hinzu: der Abverkauf von Materialien und Beutegüter mit Führung der Kassa. Auch mußte ich die im Krieg verlagerten Güter von den Außenlagerstellen wieder in die Werft zurückbringen, neu inventarisieren und im Hauptmagazin einordnen sowie mit der Materialverrechnung abstimmen. 1954 wurde im Betrieb, wie auch in den technischen und kaufmännischen Abteilungen eine umfassende Reorganisation durchgeführt. Die Herren Ing. Anton Namorsch und Ing. Max Peterseil wurden zu Direktoren ernannt. Im Zusammenhang mit dieser Reorganisation wurde ich am 21. Mai 1954 schriftlich vom öffentlichen Verwalter, Herrn Generaldirektor Bauer, zum Abteilungsleiter der Arbeitsvorbereitung und Nachkalkulation unter Beibehaltung der Oberaufsicht des Materiallagers und Ausstattung der Schiffe ernannt. Dazu wurden mir auch Angestellte beigestellt. 1957 erhielt das Unternehmen große Aufträge im Sektor Schiffbau (Rheinschiffe). Infolge dieser Großaufträge mußte auch das Materiallager stark vergrößert werden. Um diesen großen und schwierigen Aufgaben gerecht zu werden, mußte ich die Arbeitsvorbereitung und Nachkalkulation einem anderen Kollegen übergeben.
Ich begann mit dem Um- und Aufbau im Lager. Neue Einrichtungen in den Magazinräumen sowie Büroeinrichtungen, eiserne Stellagen mit Fächern, Hebevorrichtungen für Kisten und Fässer, Pack- und Verladetische, eiserne Stellagen für Wellen und Rohre, Ständerstellagen für Bleche (Metall), eigene Fächerkästen für Armaturen und Nieten etc., Magazinwerkzeuge aller Art. Rollkarren und Rollwagen, Winden und Seile, Waagen etc. Alle Lagerplätze zusammen hatten ca. 50.000 Artikel. An Lagerplätzen gab es: Hauptmagazin mit Einrichtung und Kaltsäge; Großeisenlagerplatz für Schiffbaubleche, Winkel, Profile U, T und Stangenmaterial; Holzlagerplatz mit Halle für Faserplatten und Furniere; Stahllager und Rohrmagazin mit Kaltsäge; Nieten- und Schraubenmagazin; Bunker für Farben, Öle, Fette, Terpentin, Benzin, Spiritus, Schmierfette und Stapellauffette; Kohlenlager; Lagerraum für Sauerstoff- und Gasflaschen mit Autogenwerkzeug und Schläuche; Bunker für Abfallmaterial (Eisen- und Metallschrott).
Mit neuer Karteiführung und den erforderlichen Hilfskräften im Lager und Büro konnte ich ohne Aufenthalt der Produktion im Schiffbau in kurzer Zeit

eine reibungslose Abwicklung der Arbeitsgänge erzielen. Eine Hauptaufgabe für alle Lager ist nämlich das rechtzeitige Bestellen von Material, damit keine Lücken in der Produktion entstehen, deshalb mußte ich stets auf allen Lagerplätzen Kontrolle halten und mit den Meistern der Werkstätten zusammenarbeiten.

Nach wie vor gehörte die Ausrüstung der Schiffe noch zu meinem Arbeitsbereich. 1957—59 mußte ich den Versand der 11 Rheinschiffe in der Linzer Werft durchführen und auf der Baustelle in Straßburg das Einlagern der Gegenstände im Magazin übernehmen. Bei Übergabe dieser Rheinschiffe mußte ich nach Inventarbuch in Straßburg das Inventar dem Kapitän übergeben.

Montage in Straßburg von 1957 bis 1959

Unser Montageplatz der Schiffswerft Linz AG befand sich in der SCAR-Werft in Straßburg Neudorf. Desgleichen eine große Wohnbaracke für die Monteure. Die Anschrift war: Fa. Societè des chantiers et ateliers du Rhin, SCAR Straßburg Neudorf, Rue du Rhin-Napoleon, Frankreich.
Die Schiffswerft Linz AG baute 11 Schiffe in Sektionsbauweise für den Rhein. Die Schiffskörper (Sektionen) wurden in der Linzer Werft am Helling zusammengebaut, geprüft und auch mit allen Sachen, die zur Montage in Straßburg gebraucht wurden, wie Hängevorrichtung etc., versorgt.
Wenn nun der Schiffskörper am Helling fertig war, wurde nun mit dem Zerschneiden (autogen) der Sektionen begonnen. Die Sektionen sowie Aufbauten, Kabinen, komplette Wellenleitung, Dieselmotor, Axiometer- und Steuerleitung, Anker und Winden, sämtliche Leitungen und Installationen für Brennstoff, Öl und Wasser sowie die komplette Einrichtung für Maschinenraum und Deck wurden auf Spezialwaggons verladen. Pro Schiff benötigte man 8 Waggons. Das Verladen mußte genau nach Bahnvorschrift im Beisein eines Bahnbeamten durchgeführt werden (zwecks Höhen- und Breitenmaße). Auch mußten bei allen Stücken die Gewichte aufgemalt sein; eine genaue Versandliste mußte ebenfalls mit Kolliverzeichnis mitgehen.
Nun ging die Sendung von einem Schiff, verladen auf 8 Waggons, zu unserem Montageplatz nach Straßburg. Bei Ankunft der Waggons wurden die Waggons so aneinandergereiht, wie sie zur Montage gebraucht wurden. Das Abladen unter der Kranbahn geschah mit großen, schweren Flaschenzügen, die an einem starken verankerten Galgen befestigt waren (Sektionen bis zu 10 Tonnen Gewicht). Die Sektionen wurden auf große, starke Holzbaustöcke aufgelegt

und genau in die Waage gestellt und dann zusammengeschweißt zu einem Schiffskörper. In den nun geschweißten Körper wurden die Propeller-Wellenleitungen mit Lager eingebaut und zugleich der Antriebs-Dieselmotor montiert. Ebenso wurden die Aggregate und Pumpen eingebaut. Sämtliche Saug-, Druck- und Lenzleitungen wurden auch angepaßt. Ebenso wurden die Heizungskörper mit allen Rohrleitungen montiert. Sämtliche Rohrleitungen für Brennstoff, Öl und Wasser für Antriebsmotor und Aggregat sowie Pumpen wurden montiert und überprüft. Mit der Komplettierung im Maschinenraum wurde gleichzeitig mit den Deckarbeiten begonnen. Es wurden an Deck montiert: Steuerhaus, die komplette Ruderanlage, sämtliche Kabinen mit deren Ausstattung und Installation, die komplette Axiometerleitung, Ankerwinde und Anker, Kamin, sämtliche elektrische Leitungen und Anschlüsse sowie Heizkörper und Rohrleitungen, Maschinentelegraph und Kompasseinrichtung, Masten- und Positionslampen. Eß- und Schlafräume mit Inventar, komplette Magazinseinrichtung und Kapitänskanzlei mit kompletter Einrichtung, Radio und Fenster etc. Auf der Kommandobrücke die komplette Ausstattung, Scheinwerfer Backbord- und Steuerbordseite, Bug- und Hecklaterne, Zug- und Aufklampfteile, komplette Signaleinrichtung. Das Schiff wurde an Land fertiggestellt und die Dichtigkeitsprobe im Beisein des Inspektors der Reederei durchgeführt. Es sei auch bemerkt, daß vom Anfang der Schweißarbeiten bis zur Fertigstellung und Erprobung alle Arbeiten vom Inspektor genauestens kontrolliert und in den Schiffsprotokollen vermerkt wurde. Auch im Maschinenraum wurde alles überprüft. Wenn nun alle Proben an Land durchgeführt waren, wurde das Schiff zu Wasser gelassen. Das geschah folgend: Es wurden jeweils vier elektrische Slipwägen zwischen den Baustöcken eingezogen, der Schiffskörper wurde auf den Slipwägen aufgekeilt, die losen Baustöcke entfernt. Das Schiff stand nun frei auf den Slipwägen und wurde nun elektrisch mit Winden zu Wasser gelassen. Im Wasser erfolgten dann die Standproben und die Probefahrt. Während den Proben wurden dem Betriebsleiter der Maschinen und dem Steuermann an Deck sämtliches Inventar und sämtliche Reserveteile für Maschinen und Deck mit Unterschrift übergeben. Nach Überprüfung und Unterschrift vom Schiffskapitän und Schiffsinspektor sowie einem Beamten der Linzer Werft blieb ein Inventarbuch am Schiff und das zweite Inventarbuch kam in das Werftarchiv. Die Bauaufsicht der Montagearbeiten wurden von Ing. Lidl und Fahrer durchgeführt. Die Versendung der 11 Schiffe von der Linzer Werft zur Baustelle und komplette Einlagerung in den Magazinen sowie die Inventarübergaben an den Kapitän wurde von mir durchgeführt.

1959 Eröffnung des Filialbetriebes der Schiffswerft Linz AG in Fußach am Bodensee am Mündungsgebiet der alten Bregenzer Ache. Die Anschrift war: Filialbetrieb der Schiffswerft Linz AG in Fußach am Bodensee, Bregenz, Vorarlberg. Beginn der ersten Lieferung am 18. Dezember 1959 auf unserem Montageplatz in Fußach. Die erste Sendung beinhaltete Maschinen für die Werkstätte, Dieselkompressor, Werkzeuge und Vorrichtungen aller Art, Einrichtungsgegenstände für Werkstätte und Magazin, Kühlschrank, E-Schalttafel, E-Motoren, Installationsmaterial für Strom, Wasser, Preßluft und Heizung. Komplettes Inventar für Wohnbaracke und Kanzlei sowie Magazin. Die Arbeit wurde mit 17 Arbeitern begonnen, welche gleich die Arbeitsmaschinen aufstellten, mit E-Motoren und kompletter Installation. Ebenso wurden die Einrichtungsgegenstände und Vorrichtungen für die Werkstätte montiert; dann wurde die Montage der Wasserversorgung und Heizung durchgeführt. Auch für Stromanschlüsse und Licht in den Räumen und am Gelände war vorgesorgt. Weiters wurden die Baracke und das Magazin sowie die Kanzlei eingerichtet. In der Baracke waren für 17 Mann Betten mit Ausstattung, auch Tische mit Sitzgelegenheiten. Es war auch für Waschgelegenheiten und Brausen gesorgt. Während der Einrichtung in den Räumen wurde schon am Gelände gearbeitet. Es waren schon Reparaturen an Baggern, Schuten und Schiffen durchzuführen. 1960 und 1961 brachte ich weitere Sendungen mit Material, Werkzeugen, Maschinen und Installationsmaterial auf unseren Montageplatz und für die Reparaturen der Schiffe.

Am 27. März 1963 bis 2. April 1963 brachte ich abermals eine große Sendung zum Montageplatz und machte auch zugleich die letzte Inventuraufnahme in Fußach, vor meinem Übertritt in den Ruhestand.

Rückblick

Über die Erlebnisse, Erfahrungen und Betrachtungen in ruhigen und bewegten Zeiten von Anbeginn meiner Lehrzeit 1913 bis zum Austritt in den Ruhestand 1963.

Die Lehrzeit brachte mir schon eine andere Einstellung im täglichen Leben. Man fühlt sich nicht mehr in der Schule, sondern unter so vielen Menschen verschiedener Nationen, was ja während des Ersten Weltkrieges im Betrieb Schiffswerft der Fall war. Es hatten Italiener, Tschechen, Deutsche und Ungarn dort gearbeitet. Auch der Umgang mit den Leuten war für einen neuen Lehrling nicht so einfach. Das verspürt man ehebaldigst mit dem rauhen Benehmen und der Tonart, was der Lehrling noch nicht gewohnt ist. Man verliert im Laufe der Zeit die angeborene Weichheit und man wird härter und selbständiger, bis man sich dem Klima angepaßt hat. Der Lehrling mußte sich fügen, er durfte nicht frech sein, sondern mußte den Gesellen zugetan sein, höflich und fleißig bei der Arbeit sein. Der Lehrling in einem solchen Großbetrieb kann sehr viel lernen, wenn er selbst die Augen und Ohren stets offenhält. Ich habe mir viele Notizen gemacht über die Arbeitsmethoden und berufliche Erklärungen der verschiedenen Arbeiter. Eines hatte ich bald los gehabt: Man muß sich viel mit den Augen abstehlen; denn alles wird dir nicht gesagt, das ist jedem sein Geheimnis. Auch wenn der Lehrling etwas ungeschickt anpackte und sich wehtat, so war das eine Lehre für das nächste Mal. Ich habe auch die Beobachtung gemacht, wenn man fleißig, höflich und strebsam ist, dann ist man bald in der Partie willkommen und es wird einem auch alles gesagt. Bei allen erfahrenen Arbeitern kann man viel lernen, besonders beim Demontieren, Reparieren und wieder Montieren, bei Werkzeugmaschinen und Produktionsmaschinen. Alle Achtung vor den Meistern, die jedem Lehrling an die Hand gehen und ihn gut unterrichten. Der Lehrling soll sich auch in der Freizeit Gedanken machen, was man tagsüber nicht gut gemacht hat. Ich habe auch in der Freizeit Kurse besucht, besonders Mathematik, das jeder Fachmann braucht. Man muß so manches entbehren, was lustiger wäre als Lernen, aber in späteren Jahren hat man seinen Nutzen. Früher gab es ja keine Lehrwerkstätte. Da mußte der Meister und die Gesellen den Jungen alles beibringen. Theoretische Ausbildung bekam der Lehrling in der Berufsschule und in den verschiedenen Abendkursen. Auch Zeichnungen von Maschinenteilen sollten gemacht werden.

Ich hatte auch Gelegenheit, einen Sanitätskurs zu machen, was auch wichtig war in unserem Betrieb, da viele Unfälle waren. Eine Zeit war ich auch als Sanitäter tätig und mußte immer Urlaubsvertretungen machen.

Was das Werkzeug betrifft:
Besonders wichtig war es, daß der Lehrling in seiner Feilbanklade das Werkzeug gereinigt und geordnet hatte, aber nicht Schneide auf Schneide, wie es gewöhnlich vorkommt, oder Hammer auf Meßwerkzeuge. Wenn man die Lade öffnete, sah man gleich, wie der Mensch war. Auch ein Sprichwort sagt: „Musterhafte Ordnung ist schon halbe Arbeit". Spezialwerkzeuge wie Mikrometer, Fühllehren, Schiebelehren, Gewindelehren etc. gehörten in ein Etui. Das Messen selbst ist eine eigene Sache, besonders mit Mikrometer, denn das sind Feinmeßwerkzeuge, die mit Gefühl behandelt werden müssen. Bei Erzeugung von Kontrollwerkzeugen müssen Handschuhe genommen werden; erstens spielt die Temperatur eine große Rolle, zweitens sind die bloßen Hände vom Schweiß salzig. Bei Leuten, die schweißige Hände haben, ist das Werkzeug immer rostig. Sehr wichtig ist auch das Auftuschen zu glatten Flächen mit der

Tuschierplatte oder Tuschierlineal. So werden auch die Anschlagwinkel und Meßlineale bearbeitet. Bei Stahlschablonen und Feinmeßwerkzeugen wird nur mit Staubfeilen, Schaber, Karborundfeilen und Ölsteinen gearbeitet. Bei diesen Meßwerkzeugen geht die Genauigkeit auf tausendstel Millimeter. Auch wichtig ist es, wenn man blanke Sachen bearbeitet, daß man zum Einspannen im Schraubstock Blei-, Aluminium- oder Kupferbacken nimmt, was oft der Dringlichkeit halber nicht gemacht wird. Dasselbe geschieht oft beim Biegen eines Rohrstückes im Schraubstock, das muß zuerst mit Sand oder Pech (Kolofonium) gefüllt werden, sonst bekommt man einen Knick.

Auch werden immer Sünden gemacht beim Festziehen von Schrauben und Muttern mit dem Mutterschlüssel, die im Sechskant oder Vierkant nicht passen: erstens verletzt man die Kanten und zweitens kann man abrutschen und sich sehr verletzen. „Ein Schlüssel muß im Sechskant oder Vierkant passen“. Ein tüchtiger Fachmann behandelt ein blankes Werkstück nicht mit einem Stahlhammer, sondern mit einem Blei- oder Holzhammer. Wenn man solche Werkstücke zu Gesicht bekommt, erkennt man gleich die Qualität dieses Fachmannes. Diese wichtigen Dinge müssen bei Lehrlingen in Fleisch und Blut übergehen, denn sonst wird er ein Murkser und jeder Unternehmer wird ihn entlassen.

Jeder Schlosser oder Dreher soll sein Handwerkzeug wie Meißel, Durchschläge, Schaber etc. selbst schmieden, härten und schleifen können. Dasselbe beim Dreher, auch er soll seine Dreh- oder Fassonmesser selbst schmieden, härten und schleifen. Bei Großbetrieben hat man's leicht, man geht in die Werkzeugausgabe und holt sich ein neues Werkzeug, aber bei Kleinbetrieben und auswärtigen Montagen geht das nicht, das muß der Mann schon selbst können. Bei Großbetrieben, in denen es eine Lehrwerkstätte gibt, da wird dem Lehrling das alles gezeigt und gelehrt, das hätte es früher nicht gegeben. Das sind Dinge, die oft übergangen werden, dem Lehrling das beizubringen. Das sieht man erst auf Montagen, wo man sich selbst überlassen ist, wie wichtig es ist, wenn man sich selbst die Werkzeuge machen kann.

Über die Mathematik:
Der Lehrling soll auch in seiner Freizeit sich mit Mathematik beschäftigen, denn ein tüchtiger Fachmann muß auch gut rechnen können. Er muß sich die Gewinde ausrechnen können. Bei Fräser, Zahn- und Schneckenrädern, was oft sehr schwierig ist, muß er sich die Teilung (Modul) und Grade errechnen können; dazu ist auch Algebra notwendig. Sehr von Vorteil ist auch das Rechnen mit dem Rechenschieber, was man auch in der Freizeit üben kann. Mein Meister im Werkzeugbau war einer der tüchtigsten Mathematiker und ich hatte oft Gelegenheit, mit ihm schwierige Gleichungen für Zahnräder und Getriebe zu lösen. Auch bei Transmissionen mit verschiedenen Vorgelegen und Touren-

zahlen ist viel zu rechnen. Man sieht, daß zur manuellen Facharbeit auch die theoretische Ausbildung notwendig ist. Auch soll man in der Freizeit Zeichenkurse für Maschinenbau besuchen. Ich habe mich mit Theorie sehr befaßt, in der Annahme, später die Meisterprüfung abzulegen. Dazu absolvierte ich die Werkmeisterschule (Lehrstoff wie HTL) und zwei Semester Handelsschule. Ich habe 1924 die staatliche Gesellenprüfung und 1925 die staatliche Meisterprüfung für Maschinenbau abgelegt. Zur Gesellenprüfung machte ich eine Umsteuerkulisse mit Führungsstein, alles händisch ohne Maschine. Zur Meisterprüfung mußte ich einen Federmesserhalter mit Messer selbst schmieden und ausarbeiten und theoretisch mußte ich nach Maßangabe einen Schraubstock zeichnen und Gewicht, Arbeitszeit, Materialpreis und Gesamtkosten berechnen.

Ich kann nur eines sagen: Daß ich es nie bereue, so viele Kurse gemacht zu haben, das war mir von großem Nutzen, teils bei Prüfungen, teils dann beim Gehalt. Ich habe bis zum 45sten Lebensjahr immer gelernt.

Zur Politik dieser Zeit: Eines kann ich als alter „Werftler" sagen, daß es bei der Belegschaft immer ein ehrliches Zusammenarbeiten gab. Es waren alle Arbeiter, Angestellte und auch die Lehrlinge sozialistisch organisiert. Ich war auch eine Zeit lang Schriftführer bei Versammlungen und war in der Freizeit des öfteren im Partei-Sekretariat (Spittelwiese) mit Schreibarbeiten beschäftigt. Früher hatte man alle Arbeiten für die Partei ehrenamtlich ohne Bezahlung gemacht. Im Betrieb selbst gab es oft Lohnstreitigkeiten oder Akkordstreitigkeiten mit der Betriebsleitung und den Meistern. In der Kriegszeit, 1914 bis 1918, gab es Versammlungen und Aufmärsche wegen Lebensmittelmangel und dergleichen. Der Betrieb stand unter dem militärischen Leiter Kapitän Höchsmann.

Alles in meiner Niederschrift habe ich ja als junger Mensch mit 18 Jahren erlebt und ich mache mir noch oft Gedanken über die politischen und auch oft grausamen Handlungen, aber es wurde mir auch klar, daß sich der Mensch auch politisch mehr kümmern muß, wenn es um Gerechtigkeit und um das Wohl der arbeitenden Menschen geht. Dasselbe traf auch bei den Kämpfen um den 8-Stunden-Tag zu. Wie viele brave Familienväter hatte es den Posten gekostet, und noch dazu die Not der Familie, weil sich der Mann für den 8-Stunden-Tag eingesetzt hatte. Das waren eigentlich die Vorkämpfer für den heutigen Wohlstand; dasselbe gilt für den Urlaub und die Pension, was heute nicht gewürdigt wird.

Um so wichtige soziale Einrichtungen für den arbeitenden Menschen zu erreichen, ist eine starke geschlossene Organisation unbedingt notwendig, die mit Verstand arbeitet, aber nie mit Gewalt, das wäre gerade das Gegenteil eines Erfolges.

In den 7 Jahren von 1938 bis 1945 wurden 174 Schiffe gebaut, ausgerüstet und geliefert. In den Jahren ab 1940 wurde Linz und Urfahr stark bombardiert. Auch in der Werft wurde es schon unruhig wegen des häufigen Fliegeralarms. Ich mußte als Abteilungsleiter im Materiallager beginnen, wertvolle Güter und Maschinen, auch Motoren, zu verladen. Ich hatte 6 große Lagerstellen zur Verfügung im Innviertel und Mühlviertel, wo ich die wertvollen Gegenstände lagern konnte (Bauernhöfe etc.)

1945 brach das nationalsozialistische Regime zusammen und somit hatte der Zweite Weltkrieg sein Ende. Nach dem Zusammenbruch der Deutschen Wehrmacht marschierte das amerikanische Militär ein. Die ganze Gefolgschaft nahm Abschied vom Betrieb. Ich war mit Direktor König der letzte, der das Tor verließ. Wir beide wurden mit angesetzter Pistole auf Waffen durchsucht, dann konnten wir passieren.

Auch die Werft blieb vom Plündern nicht verschont. Da ich nach einer Woche erst den Brückenpaß bekam, mußte ich in Urfahr bleiben. Nach Erhalt des Passes ging ich gleich in die Werft. Beim ersten Anblick sah ich, daß die Magazine ziemlich geplündert worden waren. Auch die Ami hatten fuhrenweise weggeführt. Nach einigen Tagen wurden die Plünderungen vom Ami-Militär eingestellt, auch in der Stadt. In der Werft war ein amerikanischer Offizier als Kommandeur und Chef aufgestellt worden. Es dauerte einige Wochen, bis alle Gefangenen, Franzosen, Russen, Polen, abtransportiert waren. Nun konnte die Werft mit ihren wechselvollen Schicksalen die Arbeit wieder beginnen. Langsam sammelten sich Arbeiter und Angestellte im Betrieb und machten Ordnung in den Werkstätten und am Gelände, auch ich mußte als Abteilungsleiter im Lager gründlich Inventur machen über die Gegenstände und Maschinen, die von der Plünderung noch übrig blieben. Die Belegschaft vermehrte sich, da die Werftarbeiter von den Fronten heimkamen und wieder im Betrieb zu arbeiten begannen.

Ich mußte mit einigen Leuten die im Krieg verlagerten Güter wieder zurück ins Lager bringen und dann im Hauptmagazin einordnen. Zu meinem Leidwesen mußte ich feststellen, daß auch auf den Verlagerungsorten teilweise geplündert worden war. In Obermühl fehlte mir von einem Schlepp ca. 60 % der Güter. So hatte ich nach einigen Wochen wieder alle noch vorhandenen Güter in die Werft gebracht und im Hauptmagazin eingeordnet. Nach gründlicher Inventur und neu angelegter Standkarten war ich wieder in der Lage, mit der Materialverrechnungskartei die Kontrolle durchzuführen. Nach durchgeführter Inventur und Kontrolle konnte im Lager wieder abgefaßt werden. In diesem Zeitabschnitt konnte die Kriegsindustrie wieder auf Friedensproduktion umgestellt werden. Auch die Maschinen in den Werkstätten wurden erneuert.

Im Laufe der Zeit wurde auch die Währung von Mark auf Schilling geändert, da gab es wieder Lohnstreitigkeiten. So verging ein Jahr, bis wieder richtig gearbeitet werden konnte. 1946 wurde der Betrieb verstaatlicht und unterstand dem öffentlichen Verwalter, Herrn Generaldirektor Bauer.

In den ersten Jahren wurden von der Abteilung Schiffbau die halbfertigen Schiffe fertiggestellt. Von der Motorenschlosserei wurden die Antriebsmotoren und Aggregate samt kompletter Installation eingebaut. Nach Fertigstellung erfolgten die Proben und Ausrüstung zur Lieferung des Schiffes. Der Schiffbau erzeugte auch Kessel, Behälter aller Art, Masten, Eisenkonstruktionen etc. Die mechanische Werkstätte arbeitete für Bierbrauereien, chemische Betriebe, Papierfabriken, Gummiwerke, Wäschereien, Pressen für Metallindustrie, Gas- und Sägewerke, Kleinbetriebe und Gleisstopfmaschinen.

Die Schlosserei arbeitete an Baumaschinen und Waggons für die Bundesbahn, Ankerwinden, Schleppseilwinden, Seilbahnen, Pressen und Aggregate aller Art. Auch hatten die Schlosserei und der Prüfstand viel Arbeit mit Beutegütern von der Landesregierung. So ungefähr 1950 hatte der Betrieb mit ca. 600 Leuten ziemliche Vollbeschäftigung. Da schon viele Aufträge vorlagen, wurde der Betrieb auch ausgebaut; das richtete sich nach den Einnahmen. Es wurden moderne Maschinen am Schiffbau und Maschinenbau eingestellt. Neue Preßluftmaschinen und Preßlufthämmer und dgl. wurden gekauft.

Nach dem Umbruch 1945 waren in der Marineausrüstungsstelle am Hafen und auch an der Werft viele Güter wie Maschinen, Motoren und Schiffsausrüstung vorhanden. Nach mehreren Verhandlungen hatte die Landesregierung von der amerikanischen Militärkommandatur die Beutegüter angekauft. Es konnten diverse Firmen davon etwas kaufen. In erster Linie aber die Schiffswerft Linz. Bei einer Sitzung und Versammlung in der Werft im Beisein von Landeshauptmann Gleißner und Generaldirektor Bauer wurde ich beauftragt, Beutegüter wie Motoren, Maschinen und Schiffsausrüstungsgegenstände, welche die Werft brauchen konnte, in einer Liste mit Durchschlag festzuhalten und mit der Landesregierung über den Preis zu verhandeln. Nach Preisvereinbarung mit der Landesregierung hatte ich sämtliche Güter laut Liste übernommen und in die Werft gebracht. Das war für die Werft ein großes Plus. Einerseits hatten wir viel Arbeit mit dem Komplettieren, andererseits eine gute Einnahme mit dem Abverkauf.

Trotz der wechselvollen Entwicklungen nach den schweren Verlusten durch zwei Weltkriege und durch die wirtschaftlichen Schwierigkeiten der zwanziger und dreißiger Jahre und im Jahre 1945 hatte die Schiffswerft Linz an der Weiterentwicklung im Schiffbausektor gearbeitet.

1952 wurden mit der Einführung der Sektionsbauweise im Schiffbau völlig neue Wege beschritten und eine erhebliche Produktionssteigerung erreicht. Der 1.000-Tonnen-Güterkahn, Bau-Nr. 1.000, war der erste in dieser Bauweise ausgeführte Schiffsneubau an der Donau. Am 7. März 1952 konnte die Linzer Schiffswerft ihren tausendsten Stapellauf feiern. Mit der Sektionsbauweise im Schiffbau war es möglich, Motorschiffe für den Rhein und Passagierschiffe für verschiedene Schweizer Seen zu liefern und damit die Durchführbarkeit des „weiträumigen Schiffbaues" im großen Maßstab zu beweisen. In diesem Fall werden die Schiffe in der Bauwerft praktisch fertiggestellt, sodann in einzelne Sektionen zerlegt, auf dem Schienenweg zum Bestimmungsort gebracht und dort endgültig zusammengebaut. Das Produktionsprogramm der Schiffswerft Linz war aber nicht nur auf den Neubau und die Reparatur von Schiffen beschränkt, sondern hatte daneben noch eine Reihe anderer Zweige, wie Eisen- und Stahlbau, Maschinenbau, Behälterbau und Fahrzeugbau. Nach Lizenz wurden Baukräne und Müllwagenaufbauten erzeugt. Desgleichen wurden auch nach Lizenz Gabelstapler in verschiedenen Größenordnungen mit einer Tragkraft von 1 bis 7 Tonnen erzeugt und geliefert. Von 1945 bis 1963 wurden von der Schiffswerft Linz 184 Bauten erzeugt und geliefert.

1954 wurde im Betrieb, auch in den technischen und kaufmännischen Abteilungen, eine umfassende Reorganisation durchgeführt. Obering. Anton Namorsch und Ing. Max Peterseil wurden zu Direktoren ernannt. Ich erhielt von Generaldirektor Bauer ein Schreiben, daß ich am 20. Mai 1954 zum Abteilungsleiter der Arbeitsvorbereitung und Nachkalkulation bestellt wurde, wohl aber unter der Beibehaltung der Oberaufsicht im Materiallager und Schiffsausrüstung. Auch in den Werkstätten wurden Änderungen durchgeführt. Tüchtige Vorarbeiter wurden zu Meistern ernannt. Da viele Aufträge vorlagen, hatte die Direktion zur Produktion Maschinen und Werkzeuge neu bestellt. In diesem Zeitabschnitt waren 850 Leute beschäftigt. 1957 bekam die Schiffswerft Linz einen Großauftrag für 11 Schiffe für den Rhein und für Schweizer Seen. Die Schiffe wurden auch in Sektionsbauweise erzeugt. Da viel Material angekauft werden mußte und die Magazine zu klein waren, hatte man sich entschlossen, den Ausbau respektive Umbau im Lager zu forcieren, was auch mich als Leiter betraf. Um aber den großen und schwierigen Aufgaben gerecht zu werden, mußte ich die Arbeitsvorbereitung und Nachkalkulation einem anderen Kollegen übergeben. Ich hatte die Lagerplätze und das Hauptmagazin völlig neu gestaltet und in Lagerräumen und Büros reorganisiert. Nebenbei mußte ich noch die fahrbereiten Schiffe mit Inventar ausrüsten. Zu meinem Arbeitsbereich gehörte auch noch die Versandfertigstellung der Rheinschiffe im zerlegten Zustand per Bahn nach Straßburg zu unserem Montageplatz.
1957/58 mußte ich des öfteren nach Straßburg fahren, um die fertigen Schiffe auszurüsten und im Lager Inventur zu halten sowie für das nächste Schiff die Montageteile vorzubereiten. Von der Direktion erhielt ich den Auftrag, mit Ing. Lidl in Fußach am Bodensee unsere Filialwerft einzurichten. Am

18. Dezember 1959 führte ich den ersten Transport durch. Auch dorthin mußte ich des öfteren mit Transporten zum Montageplatz fahren.

1963 machte ich die letzte Inventur in Fußach auf unserem Montageplatz. Zu meiner Tätigkeit in der Werft Linz gehörte auch der Abverkauf von Schrottmaterial und die Abwertung von Gegenständen, die nicht mehr verwendet werden konnten (auch wegen Konstruktionsänderungen).

Wie jedes Jahr, machte ich auch 1963 gründliche Inventur im Hauptmagazin und auf allen übrigen Lagerplätzen. Meine Arbeit und Organisation auf allen Lagerstellen wurde von den Herren des Rechnungshofes überprüft und im Bericht an die Direktion als einwandfrei bestätigt. Mit 30. September 1963 endete meine 50jährige Dienstzeit ohne Unterbrechung und ich ging in den Ruhestand.

Geschichtliche Entwicklung
der Schiffswerft Linz 1840—1909

Ignaz Mayer wurde am 19. Juni 1810 als Sohn eines Handelsmannes in Niederösterreich geboren. Als junger Bursch trat er bei seinem Oheim, dem wohlangesehenen Linzer Bürger und Schiffmeister Paul Lüftenegger, ins Geschäft ein. Durch Begabung, Fleiß und Kenntnisse rückte Ignaz Mayer noch vor seiner Großjährigkeit vom bescheidenen Schiffschreiber zum allmächtigen Führer des Geschäftes auf, das in dem Patrizierhaus Untere Donaulände 18 zu Linz betrieben wurde. Aus täglicher Anschauung lernte Mayer die Mängel des bestehenden, wie die Möglichkeiten des künftigen Donauverkehrs gründlich kennen. Er hatte klar erkannt, daß der uralte Ruderschiffverkehr auf der Donau mit dem hölzernen „Kehlheimer" und den Plätten überholt war und zu einem entscheidenden Wendepunkt führte. Die zunehmende Verknappung des Bauholzes, Versandung des Strombettes, Verteuerung des Pferdezuges führten zum Bau leichterer Plätten an Stelle der schweren „Kehlheimer" auf der Donau. Auch die Gegenzüge wurden immer seltener. Auch der Wettbewerb der Dampfschiffe machte sich deutlich fühlbar. 1807 war Fulton die erste Dampferfahrt geglückt. 1813 sicherte die österreichische Regierung jedem, der ein Schiff auf der Donau, ohne Zugvieh zu benutzen, stromaufwärts schaffen konnte, besondere Rechte zu. 1816 fuhr der erste Dampfer auf dem Rhein, 1818 der erste auf der Donau. 1829 wurde die „Erste privilegierte Donau Dampfschiffahrts-Gesellschaft" (1. DDSG) gegründet. 1830 machte deren erster Dampfer die Probefahrt zwischen Wien und Pest. 1836 entstand die Schiffswerft der 1. DDSG in Ofen. 1837 erreichte der erste dort gebaute Dampfer Linz, damit setzte der Siegeszug der Dampfschiffahrt nun auch auf der oberen Donau ein. Inzwischen war Mayers Lehrherr gestorben. Der junge Geschäftsführer Ignaz Mayer führte mit der Witwe Martha seit 1836 das Geschäft weiter. Ein bürgerlicher Schiffmeister war damals Großkaufmann, Reeder und Schiffbauer in einer Person. Der rührige Mayer kam zum Entschluß, statt der bisherigen hölzernen, besser gebaute eiserne Donaufrachtschiffe zu verwenden. Daheim fand er für diesen Plan kein geeignetes Vorbild. So machte er sich auf die Reise nach den damals führenden Weststaaten: Frankreich, Belgien, Holland und England und entdeckte endlich im Hafen von London einen eisernen „Leichter", der seinen Zwecken so ziemlich entsprach. Sofort nach Rückkehr ging Ignaz Mayer entschlossen und großzügig an die Verwirklichung seiner Pläne und gründete die Linzer Werft.

Die Werft entstand am rechten Donauufer inmitten wilder Auen. Dort waren vom Kapplgut, Lustenau 377, 2 Joch 1319 Geviertklafter Grund käuflich erworben worden. Dort wurde eine Werkstätte gebaut. Als erster Werkführer war der Kesselschmied Josef Styersky, ein gebürtiger Ungar, der bereits in der Werft der 1. DDSG zu Ofen gearbeitet hatte. Die Belegschaft war einmalig und hatte auch bei den völlig neuen Aufgaben nicht versagt. Am 12. November 1840 trat der Erstling der Linzer Weft, der erste eiserne Donaufrachtkahn überhaupt, mit 2.000 Zentnern Salz seine Jungfernfahrt nach Wien an (reine Fahrzeit 16,5 Stunden).

Am Wiener Schanzl-Tor bildete er das große Ereignis. Mit 1.100 Zentnern Fracht kehrte das angeblich „Stadt Linz" getaufte Schiff in 10 Tagen, am 21. November wieder zurück. Der Kahn wurde mit 8 Pferden stromaufwärts gezogen. Am 3. Dezember 1840 setzte er seine Fahrt mit 1.200 Zentnern nach Regensburg fort. Ignaz Mayer war mit dem Ergebnis zufrieden, das eiserne Frachtschiff erfüllte seine Erwartungen und begründete gleichzeitig den Ruf der jungen Werft. Die Linzer Werft hatte mit ihrem ersten Eisenbau (als Eisenschlepp) einen solchen Treffer erzielt, daß sie in den folgenden 15 Jahren fast nur solche Kähne baute. Ignaz Mayer hatte große Schwierigkeiten bei der 1. DDSG, die eigenen Frachtkähne mit eigenen Zugdampfern befördern zu dürfen. Die oberösterreichischen Schiffmeister versuchten vergeblich, bei den Wiener Behörden ihren Standpunkt durchzusetzen. Schließlich umgingen die zwei angesehensten, Michael Fink in Braunau und Ignaz Mayer in Linz, dieses Hindernis. Sie taten sich 1856 mit dem bayrischen Schiffmeister Johann Georg Riedl zur Dampfschiffahrtsgesellschaft „Riedl und Comp." zusammen und befuhren nun auf Grund einer bayerischen Konzession den Inn und die Donau auch mit Dampfschiffen.

1840 bis 1874

Das neue Unternehmen verlegte seinen Verwaltungssitz nach Linz, und zwar in
dasselbe dem Schiffmeister Ignaz Mayer gehörige Haus an der Unteren Donaulände, in welchem bis dahin die Agentie der 1. DDSG untergebracht war. Nun
ging die Linzer Werft auch zum Bau eiserner Dampfer über. Die ersten „Re-
morqueure", nämlich die Raddampfer „Inn", „Braunau" und „Salzach" wiesen
auch im Namen deutlich auf das junge Schiffahrtsunternehmen hin. Eine
zweite Schwierigkeit tauchte mit der Eisenknappheit auf, welche um die Mitte
des 19. Jahrhunderts die österreichischen Maschinen- und Fahrmittel-Erzeu-
gung abzuwürgen drohte. Nach vielfältigen Bemühungen erreichte Mayer, der
auch diesmal wieder der Wortführer der Geschädigten war, die zollfreie Ein-
fuhr englischen Eisens, für alle jene Erzeugnisse der Linzer Werft, die vom
Ausland bestellt wurden. So wurde er wettbewerbsfähig mit allen Werften jenseits der Grenze und lieferte von nun an meist nach den Ländern der unteren
Donau und des Schwarzen Meeres, mit denen er ja seit langem schon Handels-
beziehungen unterhielt. So erlebte dann die Linzer Werft einen gewaltigen Aufschwung. 1863 waren 180 Arbeiter beschäftigt, 1868 bereits 450 und 1869 gar
550 Arbeiter. 31 Dampfer und 57 Frachtkähne wurden in diesen sechs Jahren
geliefert. Nur durch Verwendung neuer zahlreicher Maschinen war eine solche
Leistung möglich geworden. Die durch den Deutsch-Französischen Krieg und
die zunehmende Gärung in den Balkanstaaten eintretende allgemeine Beunru-
higung der Wirtschaft führte freilich in der Folgezeit zu einem fühlbaren Rück-
schlag. Ende 1870 wurden nur mehr 169 Arbeiter vermerkt. Aber Mayer blieb
aufrecht und zuversichtlich, verschaffte sich Aufträge für Bauträger, Brauküh-
len, Behälter und ähnliche Gelegenheitsarbeit im Inland und überwand glücklich die Krise. Eben schien die Werft wieder guten Zeiten entgegenzugehen, da
traten Ereignisse ein, die ihrem bisher unermüdlichen Gründer und Herren die
Arbeits- und Besitzfreude nahmen.
Es ist begreiflich, daß ein so ruhiger und erfolgreicher Geschäftsmann wie
Ignaz Mayer rasch ins öffentliche Leben gezogen wurde. Schon 1848 war er
Hauptmann der Linzer Nationalgarde. 1851 kam er in den Gemeinderat, 1854
in die Handelskammer und 1866 in den Landtag, 1867 in den Reichsrat und
1869 wurde er einstimmig zum Präsidenten der OÖ. Handels- und Gewerbe-
kammer gewählt. In all diesen Ämtern wirkte Mayer selbstlos und verdienst-
lich für die Allgemeinheit.
Besonderes Geschick und beachtlichen Weitblick bewies er stets in Verkehrs-
fragen. Der Bau der eisernen Linzer Donaubrücke und der Bahn Linz—Gais-

bach waren zum guten Teil sein Verdienst. Dabei blieb er allen Würden und Bürden zum Trotz stets der schlichte, bürgerlich einfache Schiffsmeister. Da traf ihn 1871 eine Woge gehässiger politischer Angriffe in Presse und Versammlungen, dies vergrämte ihn umso mehr, als seine bisherigen Gesinnungsfreunde dahinter steckten. Verbittert ob solchem Undank schied Mayer für immer aus dem öffentlichen Leben. Als nun gar sein 1863 zum Prokuristen ernannter und zum Nachfolger bestimmter Sohn 1873 nach langem Siechtum starb, entschloß sich Mayer schweren Herzens zum Verkauf der Werft. Am 20. November 1874 wurde Ignaz Mayer im neuen Handelsregister als Schiffmeister-Rohprodukthändler und Schiffbauer erwähnt. Im Jahre 1874 ging nach längeren Verhandlungen die Linzer Werft in den Besitz der „Allgemeinen Österreichischen Baugesellschaft Wien" über. Die Kaufsumme mußte ansehnlich groß gewesen sein, da ein Rest von 75.000 Gulden zu Mayers Gunsten auf dem Unternehmen liegenblieb.

Mayer stand zeitlebens als der „Herr" inmitten seiner „Leute" aus denen er sich einen tüchtigen Grundstock seßhafter Facharbeiter heranzog. Zeitlebens blieb es sein besonderer Stolz, ohne ernste Zerwürfnisse mit seinen Untergebenen ausgekommen zu sein, und er fühlte sich für deren Wohl und Weh wie ein Vater verantwortlich. Er schuf eine Reihe sozialer Einrichtungen, z. B. eine Krankenkasse, und machte auch den letzten Weg am 31. August 1876 auf den Schultern von sechs „Schiffswerftlern", die es sich nicht nehmen ließen, ihren einstigen Brotgeber zu Grabe zu tragen. Linz verlor in ihm einen seiner tüchtigsten und besten Söhne.
Die Gesamtleistung des Unternehmens in den 34 Jahren unter Mayers Führung betrug insgesamt 252 Bauten: 179 Frachtkähne, 31 Radschleppdampfer, 18 Radfahrgastdampfer, 7 Schraubenschleppdampfer, 6 Militärtransportschiffe, 8 Sandbarken, 2 Fährschiffe, 1 Kanonenboot.

Die Linzer Werft im Besitze der
Allgemeinen Österreichischen Baugesellschaft in Wien
(1874 bis 1909)

Unbekannte Aktionäre waren nun die Herren der Werft. Zunächst blieb alles ziemlich beim Alten. Die Zahl der Maschinen wurde vermehrt, die der Arbeiter vermindert. Im übrigen aber baute das Linzer Unternehmen unter selbständiger Leitung weiter Schiffe für die untere Donau aus zollfrei eingeführtem Eisen und daneben Boote, Sudkessel und was sonst der bescheidene inländische Bedarf erforderte. Aber die überragende Führergestalt des Gründers fehlte. So geriet das Werk mit Nachlassen der Auslandsaufträge immer mehr in Schwierigkeiten. Als nun gar der Russisch-Türkische Krieg die Schiffahrt auf der unteren Donau lahmlegte, blieb 1877 jede Bestellung aus. Die Wiener Gesellschaft legte daher den Betrieb mit 31. Dezember 1877 still. Erst nach einem dreiviertel Jahr, am 1. Oktober 1878, wurde er in bescheidenem Ausmaß wieder aufgenommen. Die Zahl der Arbeiter betrug daher 1880 bloß 116 und auch 1886 nur 136 Mann. Auch in den Folgejahren blieben die Geschäftsergebnisse noch unbefriedigend, kaum die Eigenkosten konnten herausgewirtschaftet werden. Der übermächtige Wettbewerb des Auslandes drückte die Preise, die Unsicherheit auf dem Balkan sperrte die Aufträge. Erst 1888 hob sich der Betrieb wieder und erreichte 1894 einen Höhepunkt. In diesem Jahr wurden bei einem Stand von 6 Beamten, 5 Werkmeistern und 650 Arbeitern 1 Radschleppdampfer, 2 Schraubenfahrgastdampfer, 13 Frachtkähne, 4 Petroleumtankboote, insgesamt also 20 Neubauten, fertiggestellt. Außerdem wurden die beiden Donaumonitore „Maros" und „Leitha" durchgehend erneuert und das erste aus Deutschland zerlegt gelieferte Flußkanonenboot der k. u. k. Donauflottille zusammengebaut. Zu diesen Erfolgen trug die tatkräftige Leitung des Direktors Rotpart wesentlich bei. Unter ihm wurde das 17.500 Geviertmeter messende Werftgelände durch Ausbaggerung des Werftarmes und Anlage eines Schutzdammes gegen Verschotterung verbessert. Auch die Arbeitsmaschinen wurden vermehrt.

Von 1895 ab ging das Geschäft der Linzer Werft abermals zurück und wurde bald so gering, daß die Jahresabschlüsse namhafte Verluste auswiesen. Um den Betrieb nicht abermals stillegen zu müssen, entschloß sich die „Allgemeine Österreichische Baugesellschaft in Wien" zur weiteren Ausgestaltung der Anlagen ihres Linzer Werkes. Eisen- und Kupferkessel, Wasserbehälter, Landwirtschafts- und Eisenbahnbedarf wurden nun nebenbei erzeugt und eine Eisengießerei angegliedert. Zugleich erklärte die Gesellschaft eindeutig: Sollte dieser Versuch scheitern, so werden wir diese einzige auf der österreichischen Donau bestehende Schiffbauanstalt auflassen. An die österreichische Regierung wurde gleichzeitig die Forderung gerichtet, die 1. DDSG fortan nur mehr unter der Bedingung zu unterstützen, daß sie ihren Schiffsbedarf bei der Linzer Werft decke. All diese Erwartungen und Forderungen blieben unerfüllt, und so ententschloß sich der bisherige Besitzer schließlich, den Verlustbetrieb abzustoßen. Laut Kaufvertrag vom 25. Februar 1909 wurde die Schiffswerft Linz vom „Stabilimento Tecnico Triestino in Triest" (deutsch: Triester Technische Anstalt) übernommen. In den 35 Jahren ihrer Zugehörigkeit zur „Allgemeinen Österreichischen Baugesellschaft in Wien" lieferte die Linzer Werft insgesamt 248 Bauten: 64 Frachtkähne, 33 Radschleppdampfer, 33 Schraubenschleppdampfer, 13 Chalands, 13 Radfahrgastdampfer, 11 Versenkplätten, 11 Dumbasse, 10 Rettungsboote, 3 Heckradfrachtdampfer, 3 Hebepontons, 2 Schraubenfährschiffe, 1 Querhelling, 1 Elevatorponton, 9 Plätten, 8 Schraubenfahrgastdampfer, 5 Rohrpontons, 5 Fährschiffe, 4 Bagger, 4 Rollfähren, 4 Petroleumtankboote, 3 Anlegebrücken, 3 Kessel, 2 Strombäder, 2 Schwimmkräne und 1 Rennboot.

Erzeugungsprogramm der
Linzer Schiffswerft AG um 1960

Schiffe: Motor-, Schrauben- und Radschiffe, Schleppkähne, Tankkähne, Eisbrecher, Rollfähren, Rohrpontons, Landungsanlagen, Eimer- und Pumpenbagger, Baggerschuten, Schwimmkräne. Kleinere Seeschiffe, Motorboote, Bugsierboote, Werkstättenschiffe, Mannschaftsplätten, Schwimmdocks, Strombäder, schwimmendes Pumpenhaus, Schutenentleerer, Militärfahrzeuge für die Donau und sonstige Einheiten.
Schiffszubehör: Ankerwinden, Verladewinden, Kessel für Dampfmaschinen, Propelleranlagen, Pumpen und Lenzstationen.
Schiffsreparaturen: jeder Art.
Stahlbau: Brückenteile, Dachkonstruktionen, Gerüst für eiserne Hallen, Kranbahnen, Masten für Hochspannungsleitungen und Seilbahnen.
Kessel-Behälter und Apparate: für chemische Industrien, Brauereien, Papier- und Nahrungsmittelindustrie, Gasgeneratoren, Konverter, Absorptionstürme.
Maschinenbau: Gleisstopfmaschinen, Pressen für Metallindustrie, maschinelle Einrichtung für Brauereien, Wasserturbinen und Maschinenteile, Motorreparaturen, Hubstapler (Linde Gabelstapler).
Schienenfahrzeuge: Waggon- und Lokomotivreparaturen sowie Umbauten, Spezialfahrzeuge.
Spezialanfertigungen: Baukräne Lizenz „Liebherr". Müllwagenaufbauten Lizenz „Haller", Zementsilos.
Die Werft besitzt zwei eigene elektrische Schiffsaufzüge, drei Turmdrehkräne, Cantileverkran mit 30 t Tragfähigkeit.

Erzeugungsprogramm Rollfähren:
Rollfähren kommen überall dort zur Verwendung, wo der Bau einer festen Brücke nicht in Frage kommt oder unwirtschaftlich erscheint, es aber trotzdem eine Möglichkeit geben muß, Straßenverkehrsmittel oder Personen von einem Ufer ans andere zu befördern.
Die donauübliche Anlage sieht die Verspannung eines auf zwei Türmen montierten Tragseiles vor, auf dem an einem kleinen Laufwagen das Gierseil der

Rollfähre verheftet ist. Durch die Strömung wird die Fähre jeweils von der einen Seite zur anderen gedrückt.

Die Werft ist in der Lage, Rollfähren jeder gewünschten Größe zu bauen, ebenso die Erspannungsanlagen dazu. Gebaut und geliefert wurden: Rollfähre „Aschach" für 40 t Decklast, etwa 350 Fahrgäste. Detto „Grein", „Melk", „Ybbs", „Marbach" u. dgl.

Maschinenbau, Maschinenanlagen, Maschinenteile und Reparaturen jeder Art: die modernst eingerichteten Maschinenbau-Werkstätten ermöglichten es uns, neben Schiffsmaschinen auch Maschinen-Anlagen jeder anderen Art in einwandfreier fertigungstechnischer Ausführung herzustellen oder zu reparieren. Die Erzeugung kann auf Grund von beigestellten Fertigungsplänen erfolgen, jedoch verfügen wir auch über ein eigenes Maschinenbau-Konstruktionsbüro und sind in der Lage, Spezialmaschinen für bestimmte geforderte Aufgabenbereiche selbst zu entwerfen und anzufertigen. In Zusammenarbeit mit verschiedenen Spezialfirmen erzeugen wir unter anderem auch alle Arten von Pressen — insbesondere für die pulvermetallurgische Industrie. Wasserturbinen bis zu mittleren Leistungen (Freistrahl-, Francis- und Kaplanturbinen) und Gleisstopfmaschinen für den neuzeitlichen Bahnbau, auch Stopfaggregate.

Erzeugungsprogramm Querslipanlagen:
Die Querslipanlage besteht aus neun Gleisen mit einer Spurweite von je 1435 mm. Die Slipwagen (Tragkraft je 50 t) werden von elektrisch angetriebenen Winden aufgezogen oder zu Wasser gelassen. Diese Winden sind einzeln wahlweise schaltbar und jede wird von einem 8-kW-Motor über ein Untersetzungsgetriebe von 1:50,7 angetrieben. Die Werft verfügt über zwei Anlagen dieser Art, auf denen die größten auf der Donau üblichen Schiffe aufgezogen werden können. Die Länge der Gleise unter Wasser ist so bemessen, daß auch bei niedrigstem Wasserstand das Aufsetzen von Schiffen auf die Slipwagen gewährleistet ist. Die Anlagen wurden in der Werft selbst gebaut und solche Anlagen können in jeder gewünschten Ausführung geliefert werden.

Baggerungsanlagen:
Die Werft ist auf Grund langjähriger Erfahrung in der Lage, sämtliche für den Naßbaggerbetrieb notwendigen Einrichtungen zu liefern, wie Eimerkettenschwimmbagger mit und ohne schiffseigenem Antrieb in dieselmechanischer und dieselelektrischer Bauart, bei Leistungen von 5 bis 500 m³ pro Stunde und Baggertiefen bis zu 18 m. Saugbagger mit denselben Antriebseigenschaften und Leistungen bis zu 600 m³ pro Stunde bei Baggertiefen bis zu 20 m. Schuten (Transportschiffe) für den Transport des Baggergutes mit und ohne schiffseigenem Antrieb und zwar als Elevier- oder Klappschuten (mit Bodenentleerung)

oder kombinierter Elevier-Klappschuten. Zugschiffe für die Verstellung der Bagger und Schuten in jeder gewünschten Größe und Ausführung sowie Eisbrecher mit und ohne Umwuchtanlage und Stampfeinrichtung.

Erzeugungsprogramm Müllwagenaufbauten:
In geschlossenen Siedlungsgebieten ist es heute eine zwingende Notwendigkeit, die Abfuhr von Kehricht und Haushaltsabfällen staubfrei durchzuführen. Diesem Gebote folgend, hat sich die Werft entschlossen, Müllwagenaufbauten nach dem System „Haller" in Lizenz herzustellen. Für jedes LKW-Fahrgestell entsprechender Größe werden diese Aufbauten mit einem Fassungsraum von 6, 8, 10 und 13 m³ aus Stahlblech erzeugt und montiert.

Baukräne:
Für die Bauindustrie erzeugt die Werft verschiedene Baumaschinen, unter anderem auch einen Drehkran in der für den österreichischen Bedarf am meisten üblichen Form 24 B in Lizenz der Firma Liebherr. Baukran „Liebherr" Form 24 B Hubhöhe 38 m, Ausladung 20 m, maximale Tragkraft 3 t. 30 t Cantileverkran, erbaut fürs eigene Werk.

Fahrzeugbau:
Da durch den Bau von Personenschiffen die handwerklichen und maschinellen Voraussetzungen gegeben waren, hat sich die Werft nach dem Zweiten Weltkrieg entschlossen, bei Erneuerung des Wagenparks der österreichischen Bahnen mitzuwirken. Der Neubau und Umbau der Wagenkasten einschließlich Innenausstattung, wird gemäß den Vorschriften nach eigenen oder fremden Entwürfen von der einfachsten Ausführung bis zum Salonwagen durchgeführt. Auch die Reparatur der Kessel und maschinellen Einrichtungen von Lokomotiven fällt in das Arbeitsgebiet der Werft, da ähnliche Anlagen auch im Schiffbau in Verwendung stehen.

Erzeugungsprogramm Stahlbau, Masten, Stahlgerüste, Stahltragwerke:
Durch den Schiffbaubetrieb besonders leistungsfähigen Niet- und Schweißwerkstätten können wir alle Arten von Stahlkonstruktionen anfertigen. Auch verfügen wir über bestens eingearbeitete Montagetrupps zur Aufstellung von Stahlgerüsten für Hallen und Stahltragwerke; ebenso Leitungsmaste für Hochspannungs-Überlandleitungen.

Kessel und Behälter:
Durch die Erfahrung im Bau von Schiffskesseln sind wir in der Lage, die Anfertigung aller Arten von Kesseln und Behältern, so z. B. für die chemische Industrie, Brauindustrie und ähnliche zu übernehmen. Ein Spezialgebiet ist hier

die Erzeugung von Hochbehältern für die Mineralölindustrie, sowohl in genieteter als auch in geschweißter Form und von Lagerbehältern für Tankstelleneinrichtungen.

Erzeugnisse: Benzindichter Hochbehälter, genietet, Fassungsraum 2608 m³, Höhe 10,25 m, Durchmesser 18 m. Absorptionstürme, Höhe 8,7 m, Durchmesser 4,9 m, Gewicht 19,5 t. Konverter, Höhe 7,6 m, Durchmesser 3,2 m, Gewicht 9 t. Zweiflammrohrkessel für 10,5 atü Dampfdruck. Behälter für Tankwagen, ca. 150 hl (für Bahn). Zementsilos.

Zur wirtschaftlichen und verlustarmen Lagerung von Zement auf Großbaustellen sind die Zementsilos bestens geeignet. Sie werden mit einem Fassungsraum von 12,5, 15, 20 und 25 t erzeugt, wobei die letztere gebräuchlichste Größe meist lagernd ist.

STABILIMENTO TECNICO TRIESTINO
SCHIFFSWERFTE
LINZ A/D.

Beim Austritt aus der Arbeit
zurückgeben!

Begutachtet
Zl. 923/1912.

K. k. Gewerbe = Inspektorat
Linz.

Arbeits=Ordnung

der

Schiffswerfte Linz.

Verleger: Schiffswerfte Linz a. D.

Druck von J. Wimmer Gesellschaft m. b. H., Linz. — Nr. 157.

Arbeitsordnung der Schiffswerft Linz
aus 1911 (Auszug)

2. Aufnahme.

4. Zur Aufnahme ist die Beibringung des gesetzlich vorgeschriebenen Arbeitsbuches, welches für die Dauer der Beschäftigung in Verwahrung der Werftleitung bleibt, erforderlich.

7. Kinder unter 14 Jahren werden nicht aufgenommen.

3. Arbeiter-Kategorien.

10. Die im Betriebe beschäftigten Arbeiter-Kategorien sind: Schiffsschmiede, Hammerschmiede, Schiffbauer, Kesselschmiede, Kupferschmiede und Spengler, Schiffs- und Maschinenschlosser, Dreher, Schiffs- und Maschinen-Modelltischler, Möbeltischler, Zimmerleute, Anstreicher, Tapezierer, Segelmacher, Takler, Arbeiter an verschiedenen Ausrüstungsdetails, Elektroarbeiter, Maschinenmeister, Monteure, Heizer, Magazinsarbeiter, Hilfsarbeiter.

4. Kündigung und Auflösung des Arbeitsverhältnisses.

15. Das Arbeitsverhältnis kann ohne Kündigungsfrist am Schlusse der täglichen Arbeitszeit von beiden Seiten durch einfache Anzeige gelöst werden, soferne nicht schriftlich eine besondere Kündigungsfrist vereinbart ist.

Für jene Personen, mit welchen eine Kündigungsfrist vereinbart wurde, ist eine sofortige Lösung des Arbeitsverhältnisses nur unter folgenden Voraussetzungen zulässig, wenn sie:

a) bei Abschluß des Arbeitsvertrages den Gewerbeinhaber durch Vorzeigung falscher oder verfälschter Arbeitsbücher oder Zeugnisse hintergangen oder ihn über das Bestehen eines anderen, die Personen gleichzeitig verpflichtenden Arbeitsverhältnisses in einen Irrtum versetzt haben;

b) zu der mit ihnen vereinbarten Arbeit unfähig befunden werden;

c) der Trunksucht verfallen oder wiederholt fruchtlos verwarnt wurden;

d) sich eines Diebstahls, einer Veruntreuung oder einer sonstigen strafbaren Handlung schuldig machen, welche sie des Vertrauens des Gewerbeinhabers unwürdig erscheinen lassen;

e) ein Geschäfts- oder Betriebsgeheimnis verraten oder ohne Einwilligung des Gewerbeinhabers ein der Verwendung beim Gewerbe abträgliches Nebengeschäft betreiben;

f) die Arbeit unbefugt verlassen haben oder beharrlich ihre Pflichten vernachlässigen oder die übrigen Arbeiter oder die Hausgenossen zum Ungehorsam, zur Auflehnung gegen den Gewerbeinhaber, zu unordentlichem Lebenswandel oder zu unsittlichen oder gesetzwidrigen Handlungen zu verleiten suchen.

5. Arbeitszeit.

16. Die regelmäßige wöchentliche Arbeitszeit beträgt 54 Stunden, und zwar wird an den Wochentagen von Montag bis inklusive Freitag von 7 bis 12 Uhr vormittags und von ½2 bis 6 Uhr nachmittags ohne jede Pause und an S a m s - t a g e n von 7 bis 10 Uhr und von ½11 bis 2 Uhr nachmittags gearbeitet. Die Pause von 10 bis ½11 Uhr wird in die Arbeitszeit nicht eingerechnet.

20. Die Arbeiter sind verpflichtet, die angeordneten Überstunden zu leisten. Die Überstunden werden besonders entlohnt.

22. An sonstigen Feiertagen wird nur nach Bedarf gearbeitet, doch wird den Arbeitern auf Wunsch die zum Besuche des Vormittags-Gottesdienstes erforderliche Zeit freigegeben. Diese Feiertagsarbeiten werden unter Beachtung der gesetzlichen Bestimmungen von Fall zu Fall spätestens am Vortage bekanntgegeben.

28. Verspätetes Erscheinen zur Arbeit wird in folgender Weise bestraft: Bis zu 5 Minuten Verspätung eine Viertelstunde Lohnabzug und bis zu einer Viertelstunde Verspätung eine halbe Stunde Lohnabzug. Eine Viertelstunde nach Arbeitsbeginn wird der Einlaß vollkommen geschlossen. Nach dieser Zeit kommende Arbeiter können nur nach Anmeldung und Entschuldigung der Verspätung und nur mit besonderer Erlaubnis des Meisters eingelassen werden.

7. Allgemeine Pflichten der Arbeiter.

a) A l l g e m e i n e s.

49. Sämtliche Arbeiter sind verpflichtet, die ihnen übertragenen Arbeiten mit Fleiß und Sorgfalt auszuführen, den Vorteil der Schiffswerfte nach besten Kräften zu wahren und zu fördern und alles zu vermeiden, was die Arbeit und die Ordnung auf dem Werke stören und demselben Nachteil bringen könnte.

50. Den Anordnungen der Vorgesetzten haben die Arbeiter jederzeit Folge zu leisten.

51. Niemand darf einen anderen in der Arbeit stören oder seinen Arbeitsplatz unnötigerweise verlassen.

52. Das Betreten anderer als der dem Einzelnen zugewiesenen Arbeitsräume ohne dringenden Grund ist verboten. Insbesondere dürfen die Kessel- und Betriebsmaschinenräume nicht unbefugterweise betreten werden.

53. Andere als die übertragenen Arbeiten dürfen nicht verrichtet werden. Die Ausführung von was immer für Arbeiten zu Privatzwecken und eigenem Nutzen ist untersagt.

54. Müßiges Zusammenstehen, Plaudern oder unnützes Lärmen während der Arbeitszeit ist verboten.

55. Für die Verrichtung der Notdurft sind nur die Aborte zu benützen, in denen auf größte Reinlichkeit geachtet werden muß.

d) Verhalten der Arbeiter.

62. Das Mitnehmen von Druckschriften auf die Arbeitsstellen oder das Verteilen von Druckschriften ist im ganzen Betriebe untersagt.

63. Jeder Arbeiter ist berechtigt, seine allfälligen Wünsche und Beschwerden beim Betriebsleiter oder dessen Stellvertreter und notfalls bei der Werftleitung vorzubringen.

64. Handelt es sich um Wünsche und Beschwerden der gesamten Arbeiterschaft des Betriebes oder eines größeren Teiles derselben, so können dieselben entweder schriftlich oder mündlich, jedoch von nicht mehr als drei Personen vorgebracht werden.

13. Strafen.

96. Übertretungen der Bestimmungen dieser Arbeitsordnung werden bestraft:
a)   mit Verweis oder
b)   mit Geldbußen bis zur Höhe eines halben Taglohnes im Zeitraume einer Woche oder
c)   mit Entlassung.

97. Sämtliche Geldstrafen werden in ein Verzeichnis eingetragen, dessen Einsichtnahme der Behörde und den Arbeitern offen steht.

98. Die betreffenden Beträge werden der Arbeiter-Unterstützungskasse überwiesen.

14. Befugnisse und Obliegenheiten des Aufsichtspersonals.

100. Die Meister und Vorgesetzten haben das Recht, Arbeiter, die nach der einen oder anderen Richtung Fehler sich zuschulden kommen lassen, zu rügen,

Geldstrafen zu verhängen und der Werftleitung die wiederholt Disziplinierten anzuzeigen.

107. Jeder Arbeiter ist zur pünktlichen Befolgung dieser Arbeitsordnung verpflichtet.

L i n z, am 9. Dezember 1911.

STABILIMENTO TECNICO TRIESTINO

SCHIFFSWERFTE
LINZ A/D.

Im Auftrage:

W. Overhoff m. p.   Hierhammer m. p.

Auszug aus dem Bericht des Arbeiter-Betriebsrats
der Schiffswerft Linz AG

Für volle Ausnützung unseres Betriebes!

Es war in den vergangenen Jahren gewiß nicht immer leicht, die oft sehr berechtigten Anliegen und Wünsche unserer Kollegen zu realisieren. Allzuoft standen Verhandlungen unter dem Druck der wirtschaftlichen Verhältnisse unseres Betriebes.

In wohl keinem Industriezweig zeichnen sich die Schwankungen des Wirtschaftslebens so stark ab, als dies in einem Werftbetrieb der Fall ist. Es ist ganz gleichgültig, ob es sich dabei um die Werft Linz, Korneuburg oder andere Werftbetriebe handelt. Wenn sich auch die Auftragslage gegenüber den vergangenen Jahren verhältnismäßig gebessert hat, so kann man trotz allem Optimismus nicht sagen, daß die gesamte wirtschaftliche Situation der beiden österreichischen Werftbetriebe auf alle Fälle gesichert sei, auch dann nicht, wenn selbst die Werksleitung der Auffassung ist, daß eine weitere Reduzierung des Belegschaftsstandes nicht mehr in Frage kommen könnte.

Die Erzeugungskapazität der beiden Werften ist selbst bei dem verringerten Belegschaftsstand immer noch wesentlich größer als der Bedarf der gesamten österreichischen Schiffahrt.

Um beide Werften entsprechend auslasten zu können, wäre eine Zusatzproduktion, die annähernd 50 Prozent des gesamten Auftragsstandes erreichen müßte, auf Dauer notwendig oder es müßten entsprechende Auslandsaufträge auf längere Sicht getätigt werden. Da beides aber nur vorübergehend der Fall ist, kann von einer unbedingten Sicherheit der wirtschaftlichen Verhältnisse nicht gesprochen werden.

Es wäre ein gefährlicher Trugschluß, auf Grund der derzeitigen Situation eine auf Dauer gesicherte Entwicklung anzunehmen. Die letzten sechs Jahre haben uns gelehrt, daß die Sicherung des Arbeitsplatzes und der damit verbundenen Existenzgrundlage eines großen Teiles unserer Belegschaft noch immer ein durchaus ernst zu nehmendes Problem darstellt. Darüber leichtfertig hinwegzugehen, wäre eine nicht zu entschuldigende Verantwortungslosigkeit.

Es darf in der Zukunft nicht nur Angelegenheit der Vorstände sein, hier Abhilfe zu schaffen; diese haben in den letzten Jahren alles getan, um beiden Betrieben eine entsprechende Auftragslage zu sichern. *Es wird darüber hinaus notwendig sein, daß sich auch das Bundeskanzleramt (Sektion IV, Verstaatlichte Betriebe) damit befaßt, um für die österreichische Schiffahrt und für die mit dieser in engem Zusammenhang stehenden Werften entsprechende Vorkehrungen zu treffen, die geeignet sind, die seit Jahren bestehende unzulängliche Auslastung dieser Betriebe einer für die österreichische Volkswirtschaft nützlichen Lösung zuzuführen.*

Die seit Ende des zweiten Weltkrieges oft unter großen Opfern erbrachten Leistungen für den Wiederaufbau der österreichischen Wirtschaft, ferner der unter besten Voraussetzungen herangebildete Nachwuchs an Facharbeitern und letzten Endes die auch in schweren und schlechten Tagen erbrachte Betriebstreue eines großen Teiles der Belegschaft ermuntern und berechtigen uns zu der Forderung: *die im Besitze des österreichischen Staates befindlichen Betriebe, ihren qualitativen und technischen Voraussetzungen entsprechend, zum Nutzen des gesamten Volkes voll auszulasten!*

Beschäftigtenstand

Die intensiven Bemühungen, den seit 1955 entstandenen Ausfall an Schiffbauaufträgen durch zusätzliche Aufträge anderer Art zu ergänzen, hat gerade in den letzten beiden Jahren dazu beigetragen, den Stand der Beschäftigten zu konsolidieren.

Wenn es auch nicht möglich war, die Zahl der Arbeiter und Angestellten auf ein den betriebswirtschaftlichen Voraussetzungen notwendiges Maß zu bringen und damit auch nur annähernd den Beschäftigtenstand früherer Jahre zu erreichen, so können wir mit dem derzeitigen Stand auf Grund der Gegebenheiten zufrieden sein.

Die in den Jahren 1960/61 errichtete Montagewerft am Bodensee scheint eine günstige Entwicklung zu nehmen. Dadurch könnte es für die Zukunft durchaus möglich sein, nicht unwesentlich zur Verbesserung der Auftragslage beizutragen. Notwendig wird allerdings die kompromißlose Mitarbeit aller Beteiligten sein. Es wird manches Opfer von den Kolleginnen und Kollegen erbracht werden müssen, es wird aber auch die Werksleitung beispielgebend das Ihre dazu beitragen müssen, um das von allen gewünschte Ziel zu erreichen. Nur gemeinsame Anstrengungen mit allen Konsequenzen werden den notwendigen und gewünschten Erfolg bringen.

Das Erzeugungsprogramm einer für die Werft vollkommen neuen Zusatzproduktion, die Herstellung von Hubstaplern, hat die in sie gesetzten Anforderungen mehr als erfüllt. Einer verhältnismäßig kleinen Anzahl von Beschäftigten ist es trotz vieler Schwierigkeiten und Hindernisse gelungen, alle Erwartungen voll zu erfüllen.

Wenn sich die gewünschten Erfolge am Absatzsektor nicht in dem Ausmaß eingestellt haben, wie dies vielleicht von manchen erwartet wurde,
so zeigt dies deutlich, wie sehr uns die Entwicklungsjahre der österreichischen Wirtschaft in den Jahren von 1945 bis 1955 fehlen. In dieser

Zeit, in der es dem Großteil der neu entwickelten Industrien möglich
war, Fuß zu fassen, wurde die Werft in erster Linie zum Wiederaufbau
und zur Instandsetzung der Donauflotte herangezogen. Eine andere
Möglichkeit zur Erneuerung der schwer beschädigten und sich in einem

katastrophalen Zustand befindlichen österreichischen Schiffahrt war nicht gegeben.

Es wird daher in der weiteren Zukunft größter Aufmerksamkeit und Anstrengung bedürfen, um die zusätzliche Produktion, die in fast allen Werften üblich ist, entsprechend zu entwickeln und mit diesem Produktionszweig in der österreichischen Wirtschaft und darüber hinaus Fuß zu fassen.

Es werden unter Umständen, ja sogar aller Wahrscheinlichkeit nach, so manche Rückschläge eintreten und nicht wenige Hindernisse und Unannehmlichkeiten verschiedenster Art zu überwinden sein, um ein für die Gesamtheit befriedigendes Ergebnis zu erreichen.

Wenn in diesem Jahr unter dem Kapitel des Beschäftigtenstandes zwei sehr kleine Gruppen von Arbeitnehmern herausgenommen wurden, die kaum mehr als zwei Dutzend Beschäftigte aufweisen, so soll dies auf keinen Fall zu dem Irrtum führen, daß ein Werftbetrieb und der damit zusammenhängende Produktionszweig nicht in erster Linie vom Schiffbau abhängig sind. Der Schiffbau stellt grundsätzlich das Lebenselement dar. Dieser Hinweis soll vielmehr dazu dienen, und die nachstehende Aufstellung wird dies zum Ausdruck bringen, daß es notwendig ist, darauf hinzuweisen, eine in der Vergangenheit oft stiefmütterlich behandelte zusätzliche Entwicklung mit dem notwendigen Interesse zu verfolgen und in Zukunft auch zu verwerten.

Die nachstehende Aufstellung über den Beschäftigtenstand der letzten zehn Jahre ergibt folgendes Bild:

Jahr	Arbeiter	Angestellte	insgesamt
Oktober 1951	805	104	909
Oktober 1952	794	104	898
Oktober 1953	817	104	921
Oktober 1954	838	109	947
Oktober 1955	796	106	902
Oktober 1956	773	105	878
Oktober 1957	808	109	917
Oktober 1958	769	115	884
Oktober 1959	642	113	755
Oktober 1960	628	115	743
Oktober 1961	627	114	741

Trotz einer in den letzten Jahren eingetretenen Belebung der Auftragssituation war es also nicht möglich, den Belegschaftsstand auf das in den vergangenen Jahren normale Maß zu bringen.

Lohnbewegungen

Die Frage einer gerechten Entlohnung aller arbeitenden Menschen hat in der Vergangenheit und auch in der gegenwärtigen Zeit immer wieder, und zwar im größten Ausmaß, Arbeitgeber und Arbeitnehmer, Soziologen und Gewerkschaften beschäftigt.

Der Verdienst aus der erbrachten körperlichen oder geistigen Leistung bildet nicht nur die Lebensexistenz der Arbeiter und Angestellten, er ist darüber hinaus auch der tragende Pfeiler der Volkswirtschaft eines Landes überhaupt. Dies wird auch in aller Zukunft so sein, nur wird dann der Kampf um die Entlohnung auf einer anderen Ebene ausgetragen werden. Allein das wünschenswerte Ziel, eine für jeden arbeitenden Menschen als gerecht empfundene Entlohnung für die erbrachte Arbeitsleistung und die fachlichen Fähigkeiten wird wohl nie erreicht werden können, denn der dabei wichtigste Faktor läßt sich weder berechnen noch errechnen.

Mit der Einführung des Leistungslohnsystems im Spätherbst des Jahres 1958 wurde von der Werft auf dem Gebiete der Entlohnung ein für alle Belegschaftsangehörigen vollkommen neuer Weg beschritten. Das im Jahre 1948 eingeführte und als Übergangslösung gedachte Prämiensystem war in ein Stadium getreten, wo weder eine Mehrleistung noch ein Mehrverdienst möglich waren. Der Einfluß des einzelnen, durch eine erbrachte Mehrleistung eine Veränderung in der Höhe seiner Leistungsprämie herbeizuführen, war so gering und dauerte so lange, daß von einer Leistungsentlohnung im allgemein üblichen Sinn keine Rede mehr sein konnte. Eine Veränderung in der Höhe des Lohnes war in der Regel nur durch eine Neueinstufung in eine andere Qualifikationsgruppe möglich. Eine Zusammenballung eines großen Teiles der Belegschaft in den oberen und obersten Lohngruppen war die zwangsläufige Folge.

Eine in den ersten Nachkriegsjahren eingeführte und damals auch verhältnismäßig gut funktionierende Entlohnungsart hat in der sich sehr rasch, ja fast stürmisch gestaltenden Aufwärtsentwicklung der Wirtschaft ihren Wert verloren. Es war daher notwendig, eine den neuen Gegebenheiten angepaßte Entlohnungsart zu finden.

Es war ein langwieriger Weg. Es war sehr schwer, eine Lösung zu finden, die den Gegebenheiten unserer Werft einigermaßen entspricht, da gleichgeartete als Beispiel nicht vorhanden sind. Nach langwierigen Verhandlungen, die sich fast ein ganzes Jahr hingezogen haben, wurde endlich ein Abschluß erreicht, der beiden Seiten Rechnung tragen sollte. Rückblickend auf die letzten drei Jahre kann man sagen, daß unsere

Erwartungen, soweit man sie in dieser verhältnismäßig kurzen Zeit-. spanne beurteilen kann, im wesentlichen erfüllt wurden. Natürlich ist noch so manches zu tun, um bestehende Mängel und Unzulänglichkeiten zu bereinigen.

Nachstehend angeführte Aufstellung soll nun einen zusammengefaßten Überblick über die in den letzten Jahren erfolgten Lohnbewegungen geben (Arbeitnehmer über 18 Jahre).

	1955	1957	1959	1961
	Höchstlohn in Schilling			
Gruppe Facharbeiter	11.21	12.60	13.44	17.30
Gruppe angelernte Arbeiter	7.70	9.17	9.43	12.24
Gruppe Hilfsarbeiter	6.87	8.37	9.—	11.52

	1955	1957	1959	1961
	Mindestlohn in Schilling			
Gruppe Facharbeiter	5.95	7.01	8.64	10.87
Gruppe angelernte Arbeiter	5.24	6.94	8.32	9.60
Gruppe Hilfsarbeiter	5.10	6.12	7.25	8.69

Da die Entwicklung der obersten und untersten Lohngruppen zu falschen Schlüssen führen könnte, weil es sich dabei oft nur um einzelne handeln kann, ist es eine Notwendigkeit, auch die Durchschnittsverdienste der letzten Jahre anzuführen, um so einen zur gesamten Lohnbeurteilung richtigen Überblick zu erhalten.

Die Entwicklung der Durchschnittsverdienste hat in diesen Jahren folgende Veränderungen ergeben:

1955	1957	1959	1961
in Schilling			
8.—	9.42	10.58	12.47

Die Entwicklung am Lohnsektor war in den letzten zwei Jahren von drei wesentlichen Faktoren gekennzeichnet:

Die betrieblich durchgeführten Verhandlungen über die kollektivvertragliche Erhöhung der Mindest- bzw. Istlöhne im Jänner 1960 und im März 1961.

Ferner 302 auf innerbetrieblicher Basis durchgeführte Lohnnachziehungen.

Und nicht zuletzt die erbrachten Leistungen, die in der seit drei Jahren durchgeführten Leistungsentlohnung doch bereits sichtbare Erfolge zeigen. Wenngleich durch noch immer bestehende Mängel und Kinderkrankheiten die Erwartung: *für die richtige Zeit auch das richtige Geld zu bekommen* noch nicht erfüllt wurde, so sind wir dem doch ein gutes Stück nähergekommen. Neben diesen Veränderungen der Löhne und Verdienste sollen aber auch die kleineren Regelungen, die zwar nicht die Gesamtheit, aber doch einen erheblichen Teil davon betreffen, erwähnt werden. So wurde die Nachtschichtzulage über das kollektivvertragliche Ausmaß hinaus von 1.22 auf 1.50 Schilling pro Stunde erhöht. Die Außendienstzulagen bei Fernmontagen wurden von 38 auf 46 Schilling erhöht. Im entsprechenden Verhältnis dazu erhöhten sich auch die Zulagen bei Nahmontagen.

Die Regelung der Überstundenpauschale für die Kraftfahrer hat ebenfalls eine weitere Verbesserung erfahren.

Wenn bisher in diesem Bericht nur die reinen Arbeitslöhne behandelt wurden, die immerhin in den letzten beiden Jahren eine Steigerung von mehr als drei Millionen Schilling oder 18 Prozent erreicht haben, so ist ein weiterer, bestimmt nicht unerheblicher Teil des Verdienstes

Kolleginnen und Kollegen!

Mit dem vorstehenden Bericht wurde versucht, in ganz kurzer Form die Probleme unseres Betriebes bzw. unserer Kollegenschaft innerhalb des Berichtszeitraumes noch einmal zu behandeln, und es bleibt jedem einzelnen selbst überlassen, die entsprechenden Überlegungen anzustellen.

Mit einem gewissen Recht können wir bei ehrlicher Beurteilung den Schluß ziehen, daß wir trotz mancher Unzulänglichkeiten doch wieder ein gutes Stück vorwärtsgekommen sind. Dies war nur möglich durch unser Tun und Handeln sowie durch die Mithilfe aller im gewerkschaftlichen Geist arbeitenden Kolleginnen und Kollegen des Betriebes.

Weit über den Rahmen unseres Betriebes hinausgehend, gilt es, das Ziel einer von uns allen angestrebten neuen und der heutigen Zeit entsprechenden Wirtschafts- und Sozialordnung zu erreichen. Diese Bestrebungen zu verwirklichen, wird auch weiterhin die volle Mitarbeit von Arbeitern und Angestellten verlangen. Es wird aber auch, und das vor allem, weitestgehend Aufgabe des Österreichischen Gewerkschaftsbundes sein, seinen ganzen Einfluß geltend zu machen, daß in den gesetzgebenden Körperschaften die Gesetze in erster Linie nach den Bedürfnissen der gesamten Bevölkerung erstellt und die Notwendigkeiten der arbeitenden Menschen entsprechend berücksichtigt werden.

Wenn wir heute die Neuordnung wichtiger Gesetze einer genauen Prüfung unterziehen, dann muß man oft den Eindruck gewinnen, daß mit einer Hast und Energie versucht wird, den sozialen und gesellschaftlichen Erneuerungsprozeß zu verhindern. Daneben wird aber auch deutlich, daß ein erheblicher Teil der arbeitenden Menschen nicht genügend interessiert ist, um den Ursprung dieser gegen die Arbeitnehmerschaft gerichteten Bestrebungen zu erkennen. •

Wie wäre es sonst möglich, daß eine Besteuerung der unselbständig Erwerbstätigen solche Formen annehmen konnte. *Gab denn Gott, der Herr, dem Finanzminister deshalb seine zwei Hände, um gerade in den Taschen der Arbeiter doppelt zugreifen zu können?*

Die Arbeiterschaft unseres Landes hat in den letzten 15 Jahren unter Zurückstellung oft sehr berechtigter Forderungen für die österreichische Volkswirtschaft so manches Opfer gebracht. Arbeiter und Angestellte waren sich ihrer staatserhaltenden Aufgabe durchaus bewußt. Die Anerkennung dieser Leistungen soll aber nicht nur Lippenbekenntnis sein und bleiben, sie soll vielmehr ihren realen Ausdruck in einer für die Arbeitnehmer Österreichs schon längst notwendigen Wirtschaftspolitik finden, die mehr als in der Vergangenheit auf die wirtschaftlich schwächere Gruppe ihrer Staatsbürger Rücksicht nimmt.

Der Bericht über die abgelaufene Funktionsperiode wäre aber unvollständig und auch unsachlich, ohne das Verständnis, das die Vorstände unseres Betriebes für viele Belange der Arbeiterschaft gezeigt haben, zu erwähnen. Manches Problem wurde durch ein entscheidendes „Ja" gelöst.

Zum Abschluß des Berichtes über die Funktionsperiode 1959 bis 1961 des Betriebsrates möchten wir allen Kolleginnen und Kollegen, die in diesen zwei Jahren mitgeholfen und mitgearbeitet haben, Dank und Anerkennung aussprechen.

Durch gemeinsame Arbeit sind wir auf dem Wege zur Erreichung wirtschaftlicher und sozialer Sicherheit ein gutes Stück vorwärtsgekommen. Die erreichten Verbesserungen ermutigen uns, den beschrittenen Weg weiterzugehen und an dieser guten Sache weiterzuarbeiten, ihr weiter zu dienen mit all unserer Kraft.

In diesem Sinn überreichen wir Euch diesen Tätigkeitsbericht mit allen guten Wünschen und einem „Glück auf!"

Für den Arbeiterbetriebsrat   Josef H u b e r e. h.

Schiffswerft Linz um 1900

Gewerkschaftsversammlung der Arbeiter der Schiffswerft Linz (1911)

Stapellauf „Stella Maris" (1911)

Gießerei der Schiffswerft Linz (um 1918)

Mechanische Werkstätte (um 1918)

Gesamtansicht Schiffswerft Linz nach 1922

227

Schiffswerft Linz um 1935

Um 1935

Besuch von Bundesminister Waldbrunner in der Schiffswerft Linz ...

...anläßlich Übergaben „Ostarichi" und „Johann Strauß" um 1950

231